Religion,
Art,
Kitsch
Death and a New Way

죽음과
새로운 길

; 종교적 키치, 예술적 키치, 그리고 구원

Religion,
Art,
Kitsch

Death and
a New Way

조중걸 지음

죽음과
새로운 길

: 종교적 키치, 예술적 키치,
그리고 구원

지혜정원

Die Ereignisse der Zukunft können wir nicht aus den
gegenwärtigen erschließen.
Der Glaube an der Kausalnexus ist der Aberglaube.

— Ludwig Wittgenstein

미래의 사건을 현재의 사건에서 추론할 수는 없다.
인과관계에 대한 믿음이 미신이다.

— 루트비히 비트겐슈타인

Religion, Art, Kitsch Death and a New way

종교와 신앙은 기술과 과학이 다르듯이 다르다. 종교는 하나의 공동체적 현상으로서 지적 탐구와 분석의 대상이며 또한 실증적인 것이지만, 신앙은 우리의 심적 경향이고 개인적인 행위와 지향의 문제이다. 종교는 따라서 역사학자, 인류학자, 고고학자, 신학자의 관심사이고 신앙은 철학자, 윤리학자의 연구영역이다. 종교는 "말해질 수 있는 것What can be said"이고, 신앙은 "보여져야 할 것What must be shown"으로 그 성격이 완전히 다르다. 한 저명한 신학자의 '초기 교회사'는 이를테면 종교에 대한 것으로서 신앙의 편견은 전혀 개입하지 말았어야 했다. 누구도 자기 패와 사랑에 빠지면 안 된다.

교파는 종교의 문제이다. 그것의 다양함은 신에 대한 이해와 해석의 다양함을 전제한다. 각각의 교파는 서로 다른 신을 주장한다. 교파간의 배타적 갈등은 두 가지 이유에서 문제가 있다. 하나는 서로 다른 신을 가정하는 데에 있다. 다양한 교파는 다양한 신을 가지고 있고 각각의 서로 다르게 창조된 세계를 주장한다. 다양한 종교는 여러 신과 다양한 세계를 전제한다. 각각의 교파는 화해할 수도 없고 분쟁을 겪을 수도 없다. 서로 화해한다면 신과 관련한 타협compromise — 있을 수 없는 타협인바 — 이고, 분쟁을 겪는다면 비관용이다. 타협은 무관심 혹은 이익을 전제한다. 교파가 서로 타협하기를 바라는 사람들은 종교적 무관심 혹은 회의 때문이거나 분쟁의 비용이 두려워서이다.

문제는 여기에 그치지 않는다. 다양한 종교와 하나의 종교 가운데에서의 다양한 교파는 교리의 차이에 입각한다. 교리는 신을 안다는 것을 전제한다. 이것은 작은 문제가 아니다. 우리가 신을 알 수 있을까? 종교에 의해 이익을 얻는 사람들은 신과 인간 사이의 중개자 노릇을 자처함에 의해 두 가지 이득을 얻는다. 하나는 권위와 오만의 충족이고 다른 하나는 물질적 번성이다. 이들은 이를테면 영혼의 장사꾼이다. 신을 안다는 것을 전제해야만, 다시 말하면 신과 관련한 차별적 지식과 권위를 이용해야만 그들의 거짓 예언자 행각이 호소력 있기 때문이다.

위대한 오컴William of Ockham이 보편개념의 실재성에 대한 신념을 붕괴시켰을 때 신은 지상에서 퇴거했다. 오컴은 신을 천상으로 보내고 신과 인간 사이의 지식을 매개로 한 사다리를 없앰에 의해 신을 보호하고자 했다. 신이 자기를 닮은 영혼을 창조했는가? 누가 이것을 주장하는가? 신이 무엇을 했는가를 누가 아는가? 신은 인간 세계에 개입하지 않는다. 개입한다면 그 주체는 더 이상 신이기를 그친다. 인간 세계에는 과학만이 있을 뿐이다. 오컴이 보호한 것은 신뿐만 아니라 신앙이었다. 그는 종교를 없애고 신앙을 불러들이고자 애썼다. 신은 교리의 문제가 아니다. 이론으로 정립된다면 그 대상은 이미 신이 아니다. 어떻게 무한자가 유한자의 그물에 들어오는가?

교회는 보편개념의 실재에 대한 인간의 믿음 ― 동시에 오만이기도 한 바 ― 이 없을 때 존재 의의를 잃는다. 만약 신앙이 교리를 전제로 작동한다면 그것은 신앙이라기보다는 종교인바, 교권계급은 결국 천국과 지옥에 대해 그리고 교리와 지상세계에서의 삶의 연계성에 대해 말할 수밖에 없게 된다. 그러나 인간과 신은 분리된 차원에 존재한다. 낮은 차원에 대해 높은 차원은 전적으로 무관심하며, 따라서 신은 지상에 스스로를 드러내지 않는다. 오컴은 신에 대한 우리의 지식을 붕괴시킴에 의해 신을 종교의 영역에서 신앙의 영역으로, 신에의 추구를 앎의 영역에서 행위의 영역으로 옮겨 놓는다. 이때 누군가가 계속 이해할 수 있는 바의 신을 믿는다면 그것은 미신이고, 그 이해하는 바를 행한다면 주술을 한다.

종교와 신앙은 신에 대한 인과율the law of causality의 설정과 관련하여 그 차이가 가장 분명하게 드러난다. 종교는 신과 신의 의지에 대해 필연적 인과율을 형성한다. 종교는 이를테면 유사과학의 성격을 지닌다. 무엇인가에 대해 말하며 그것이 과학적 언명이 아닐 수는 없다. 그 경우 종교적 언명은 실증적인 것이 될 수밖에 없다. 어떤 신학자가 교리에 대해 말한다면 그는 이미 신앙에 대해 등을 돌리고 있다. 신앙은 과학이 아니다. 과학에서조차도 어떤 언명이 사실이며 동시에 필연일 수는 없다. 지상세계는 사실로서 존재한다. 따라서 과학적 필연을 위한 자리가 거기에 없듯 신학적 필연을 위한 자리도 없다. 신앙을 종교로, 예술을 예술작품으로 바꿀 때 대부분의 사람들은 거기에서 안일한 행복을 느낀다. 그러나 올바름은 만족감과 상관없다. 이러한 변경 가운데에 우리의 신앙, 우리의 예술은 소멸한다. 현대의 새로운 이념은 이것을 용납하지 않는다.

신앙은 선험적a priori 존재에 대한 믿음이므로 무시간적timeless이고 따라서 신앙은 단일한 것이며 인간과 역사를 초월한 것이라 말한다면 먼저 성경의 계속된 변경의 문제가 해명되어야 하며, 다음으로 성 안셀무스의 신앙과 윌리엄 오컴의 신앙이 어떻게 다를 수 있는가가 해명되어야 한다. 신은 초월적일 수 있다. 그러나 인간은 세계를 벗어날 수 없다. 신앙은 신과 동시에 믿음을 전제한다. 믿음은 우리의 것이다. 우리는 세계 밖에 있을 수 없다. 따라서 '우리의 신앙'은 하나가 아니다.

성 안셀무스와 윌리엄 오컴의 신앙이 다르듯이, 교황청의 신앙과 루터의 신앙은 달랐으며, 19세기의 신앙과 20세기의 신앙은 다르다. 물론 각각은 자신의 신앙 이외에 다른 어떤 신앙도 존립근거가 없다고 말할 것이다. 그러나 이것은 분쟁 이외에 아무것도 아니다. 우리는 시대를 벗어날 수도 없고 그 시대의 세계관을 벗어날 수도 없다. 시대착오는 어리석음이다. 따라서 우리에게 가능한 신앙은 '현대의 신앙' 이외에는 없다.

필자는 현대의 신앙과 대립하는 신앙 전부를 무의미하거나 수상스러운 것으로 치부한다. 시대착오적 신앙은 아마도 오만이나 탐욕에 기초한 것이다. 신으로 가정되는 존재는 인간의 겸허와 소박함을 원할 것이다. 따라서 필자도 철저히 현대의 입장에서 종교와 신앙에 대해 말할 것이다. 이것은 물론 과거와 거기에 속한 신앙이 무의미했다고 말하는 것은 아니다. 그것은 당시에 의미 있었고 더 이상은 아니라고 말할 뿐이다.

신에 대한 모든 언명은 신성모독이다. 인간의 언어는 신을 포착할 수 없다. 신과 신앙과 관련하여 우리가 할 수 있는 모든 것은 먼저 종교와 신앙을 분리하고, 다음으로 종교를 역사학의 한 주제로 만들고, 신앙을 단지 우리의 심적 태도와 무한자에 대한 희구로 바꾸는 것이며, 다음으로 새로운 신앙은 어떠한 것이 되어야 하는가에 대한 새로운 탐구 — 엄밀히 말하면 신앙은 어떠한 것이 되어서는 안 되는 이유에의 탐구 — 를 개시하는 것이다.

이때 신앙은 종교에서 연역되기를 그친다. 신앙은 교리에 무심하다. 오히려 그것을 두려워한다. 그것은 언어에 의한 신의 규정이다. 교리에 무지한 아낙네도 진실한 신앙을 추구하고, 교리에 정통한 신학자도 타락한 영혼을 가진다.

새로운 시대의 새로운 예술 역시 종교와 신앙의 분리와 같은 종류의 운명을 겪는다. 예술작품과 예술은 전적으로 다른 것이 되었다. 우리는 예술적 행위에 의해 예술작품을 대체해야 하는 상황에 처하게 되었다. 현대예술에 대한 이러한 측면으로의 고찰은 현대예술뿐만 아니라 현대 시대정신의 이해를 위해 놀랍지만 필요불가결한 통찰이다.

심미적 영감을 작품 속에 응고시키는 것은 세계가 아직 의미 — 실재가 품고 있다고 믿어진 — 로 가득 차 있었을 때의 문제이다. 20세기 들어 세계는 빛을 잃었다. 예술은 모방의 대상을 잃었다. 예술은 다른 모든 의미들, 즉 윤리와 신앙과 형이상학 등과 더불어 전통적인 의무와 권력을 모두 잃었다. 예술이 할 수 있는 일은 이제 마음속의 미적 갈망 이외에는 없게 되었다. 그러나 이것은 무형적인 것이다. 그것이 대상 속에 응고될 수는 없다.

이 책은 신앙과 예술을 부정하기 위한 것이 아니다. 오히려 반대이다. 신앙과 예술이 경험적 실증성을 지닌 것은 아니라는 사실이 사람들에 의해 동의된 이래 그것들은 심지어 비웃음의 대상이기도 했다. 그러나 이 비웃음은 인간성의 악덕에서 비롯된다. 그것은 실재의 소멸을 자신들 향락의 정당화로 보고자 하는 사람들에 의해 제기된 야유이다. 오히려 향락주의야말로 비웃음의 대상이다. 인간성의 내면에 어떤 성실성이라도 자리 잡고 있다면 우리는 무한자에의 희구와 아름다움에의 열망에서 자유롭지 않다. 어떤 것이 경험의 대상이 아니라는 사실과 그것이 어떤 것의 대상도 아니라는 사실은 같은 말이 아니다. 시각예술과 관련하여 우리 시지각의 어디에도 그러한 대상은 없다. 그러나 그것이 우리 존재 의의와 거기에의 열망의 대상이 아닌 것은 아니다.

필자는 종교와 예술작품이 우리 시대에 하나의 고형적 응고물로서 존재할 수 있다는 일반적인 견해를 근대에나 가능했던 시대착오적 견해로 본다. 그러나 이것은 신앙과 예술의 존재 의의를 부정하기 위한 것이 아니다. 오히려 반대이다. 이 책은 신앙과 예술을 구원하기 위해서이다. 우리 시대의 진정한 신앙과 예술은 어떠한 것이어야 하는가의 탐구가 이 책의 주제이다.

구원에의 희구가 우리를 독단과 회의 사이 어딘가에 가져다 놓고, 감동에의 열망이 우리를 향락과 무심 사이 어딘가에 가져다 놓는다. 이 책은 이러한 유예에 대해 결판을 내리려는 시도이다. 우리가 구할 무엇인가가 증발했다면 그 이유에 대한 이해와 거기에 따르는 우리 영혼의 지침을 구하고자 한다. 신과 예술에 대한 독단적 믿음도 경박한 냉소도 어리석음이다.

어떤 진정한 철학자도 신과 예술을 부정하지 않았다. 그들이 부정한 것은 신과 예술에 종교와 작품의 의미를 씌우는 것이었고, 알 수 없는 것을 안다고 말하는 사람들의 어설픈 자의식이었다. 이 책은 이들의 이러한 탐구의 결과가 신앙과 예술과 관련하여 결국 무엇이 되느냐에도 초점을 맞춘다.

신과 예술에 대한 향락주의적 태도가 올바른 것이 아니라고 할 때 다른 종류의 허위의식으로 신앙과 예술을 대체하고자 하는 시도 역시 경계하여야 한다. 이것은 독소이다. 어떤 사람들은 향락주의와 거기에 맺어진 통속적 신앙과 예술을 비웃는다. 문제는 이러한 비웃음의 기초가 때때로 진정한 신앙과 예술에의 추구에 입각한 것이 아니라 허위의식과 자만심에 입각한 것이라는 사실이다. 이들은 통속성을 기만적 고상함으로 대체한다. 이 고상함은 쓰레기에 씌워진 채색된 포장지이다. 이것이 가능한 것일까?

물론 가능하지 않다. 통속성은 용인되거나 부정되지 오만의 옷으로 각색되지 않는다. 기원은 모두 유형적(고형적) 통속성에 있다. 향락주의자들은 고상한 사람들을 비웃고, 고상한 사람들은 향락주의자를 경멸한다. 이 고상한 사람들이 키치에 잠겨있는 사람들이다.

신앙과 예술은 물론 같은 것이 아니다. 그것은 두 개의 상이한 그림이다. 그러나 이 상이함은 단지 색깔의 차이일 뿐이다. 신앙과 예술이라는 인간정신의 두 영역은 이를테면 디자인은 같고 색깔이 다른 영역이다. 하나의 영역에서 다른 영역이 연역되지 않는다. 그래도 이 둘은 동일한 운명을 지닌 채로 나란히 병렬된다. 종교와 예술은 물적 속성에 있어서의 유사성을 지니지는 않는다. 다른 어떤 것인들 서로 같을 수 있겠는가?

이것들은 그러나 우리 정신적 열망이라는 동일한 주제에 대한 두 개의 변주곡이다. 이 둘은 이를테면 같은 논리적 형식을 가진다. 필자는 내적 구성에 있어 서로 닮은 두 영역을 제시함에 의해 두 영역 모두가 좀 더 밝은 빛을 받게 한다. 따라서 동일한 주제에 대한 다층적 설명을 제시한다. 이 책에 제시되는 주제들과 그 분석은 쉽게 이해되지 않는 것들이다. 이것이 여러 각도에서의 설명을 요구했고 얼핏 중복되는 것처럼 보일 수도 있다. 변주는 그러나 단순한 중복은 아니다.

미망은 큰 고통이다. 신앙과 예술 두 영역은 실증적 탐구대상이 아니지만 동시에 삶에 없어서는 안 될 우리 정신 활동의 소산이다. 자기 영혼에 무관심할 수는 없다. 누군들 실증적 사실을 모르겠는가? 비실증적인 세계에 대한 추구가 우리 조건이다. 그것이 축복이고 재앙이다. 미망의 포착과 그 극복에의 분투가 우리의 운명인 이유의 제시가 이 책의 긴 논증의 목적 중 하나이다.

필자는 종교와 예술의 병렬과 이 두 영역에 대한 가장 저급한 해결책인 통속적 향락주의와 가장 역겨운 해결책인 키치를 제시함에 의해 우리 삶이 적어도 어떤 것이어서는 안 된다는 사실을 고취하고자 한다. 누군들 그것이 어떠해야 하는가에 대해 말할 수 있겠는가? 신과 의미가 퇴거한 이 지상세계에서.

조중걸

Chapter **I** 종교적 키치 Religious Kitsch
; 믿음 Faith, 과학 Science, 주술 Incantation, 실존 Existence

Chapter **II** 전통예술과 키치
Traditional Art and Kitsch

종교적 키치 ;

믿음,
과학,
주술,
실존

Religious Kitsch;

Faith,
Science,
Incantation,
Existence

CHAPTER

01

1

종교와
과학

Religion

and Science

쇼펜하우어(Arthur Schopenhauer, 1788~1860)가 신앙을 "무식한 사람들의 철학"이라고 말하고 마르크스(Karl Marx, 1818~1883)가 "신앙은 일종의 아편"이라고 말할 때, 그리고 프로이트(Sigmund Freud, 1856~1939)가 "신은 전능한 아버지라는 개념의 확대"라고 말할 때, 이들은 유감스럽게도 진정한 신앙과 그 행위에 대한 완전한 무지와 편협함을 보여주고 있다. 확실히 위의 세 사람이 말하는 바의 저급한 신앙이 있다. 그러나 문화와 인간 활동의 모든 영역에 저급한 수준이 있다는 것을 고려하면 신앙만이 유일하게 폄하될 이유는 없다. 저급한 음악도, 저급한 미술도, 저급한 가족관계도, 저급한 철학도 있다. 신앙이 저급한 것이 아니라 저급한 신앙이 있을 뿐이다.

신앙과 종교의 구분이 필요하다. 이 두 개념은 자주 혼동된다. 신앙faith은 말 그대로 믿음, 절대자 혹은 무한자에 대한 믿음을 뜻한다. 신앙은 두 가지를 전제한다. 하나는 그 믿음의 대상이 반드시 인격신일 필요는 없다는 것이다. 신앙은 이를테면 우주를 지배하는 일반적이고 포괄적인 것에 대한 믿음, 즉 우주 전체는 어떤 계획된 법칙에 준해 설계되었다는 믿음일 수도 있는바, 이러한 신앙이 일반적으로 이신론Deism이라고 불리는 것으로 뉴턴(Isaac Newton, 1642~1727)이나 아인슈타인(Albert Einstein, 1879~1955) 등의 자연과학자들의 신념이었다. 두 번째로 신앙은 거기에 반드시 성스러운sacred 대상을 전제한다. 성스럽다는 것은 초월적이고 무관하며 전능한 모든 역량이 보여지는 것이고 무엇보다도 무한대의 선이 전제되는 것이다. 종교도 물론 성스러운 대상을 전제한다. 그러나 종교적 성스러움은 조건적이다. 그것은 신이 기적을 통해 보여진다는 사실을 통한 성스러움으로서 신앙의 무조건적 대상으로서의 성스러움은 아니다.

　종교는 신앙과 다르다. 종교는 사회적이고 규범적인 이론적 틀을 전제하는 것으로 물론 신앙을 전제하지만 먼저 논리적이고 신학적인 공동체의 동의이다. 신앙은 반드시 공동체적일 필요가 없지만 종교는 반드시 공동체적이다. 따라서 종교는 종종 강제된다. 그것은 규범이기 때문이다. 아직 공동체에 다른 종류의 규범이 확립되지 않았거나 확립되어 있다 할지라도 그 규범이 공동체 구성원의 일반적인 동의를 얻지 못하고 있을 때, 집단적 종교는 그 공동체의 성문적 법률보다 훨씬 더 큰 영향력을 행사한다. 하나의 국가가 그 국가의 법률보다는 종교적 교의에 더 많이 지배받을 때 그 국가는 아직 제정분리의 과정을 거치지 못한 것으로, 체계적이지 않은 관습법이 체계적인 성문법의 적용을 방해하고 있다. 관습법도 물론 체계적일 수 있다. 어떤 국가가 성문법을 채택하는 것은 그 국가의 역사가 짧거나 국가가 뒤늦게 소위 민족국가에 진입했을 때이다. 관습법은 오랜 역사와 동시에 오랜 정치적 훈련을 전제한다. 성공적인 관습법은 영국에서만 가능했다.

따라서 법률에 대한 종교의 우위는 종교가 관습법을 대체한 경우로 그 국가가 아직 근대국가에 진입하지 못했다는 것을 의미한다. 근대로의 이행은 먼저 종교가 법률로 대체되어야 한다. 이때 종교의 의미는 법률과 더불어 혹은 법률에 보조적인 윤리적 명령으로 바뀌게 된다. 종교는 또 하나의 윤리이다.

실재론 혹은 합리론의 시대에는 종교가 의미 있는 행위의 규범으로서 법률을 대신해서 혹은 법률과 더불어 사회의 윤리적 기능을 행사할 수 있다. 실재론은 보편개념의 실재성과 더불어 하나의 보편개념인 신의 실재성을 확신하는바, 그 신은 인간의 지성에 의해 포착되는 신이다. 이때 종교와 신앙, 즉 교리와 영혼은 일치한다. 종교와 신앙 사이에는 어떤 갈등도 없다.

문제는 유명론 혹은 경험론의 시대에 발생한다. 이때 종교와 신앙은 충돌한다. 교권계급이 독점하는 것은 신앙이 아니라 종교이고, 신을 향하는 심적 태도가 아니라 신을 대변하는 신의 의지의 이해이다. 그러나 유명론 혹은 경험론은 불가해가 신의 본질이라고 말함에 의해 신학적 이론도 교권계급도 미사 전례도 없애길 원한다. 이때 종교와 신앙은 충돌한다. 경험론자가 부정하는 것은 신이 아니다. 신에 대한 인간의 이해 가능성이다. 교권계급은 신의 이해의 주장에 의해 번성하고 그 이해를 교리로 확립시킨다.

일반적으로 신앙에 대한 첫 번째 편견은 그 출신성분을 주술magic로 단정 짓는 데 있다. 먼 옛날에 인류는, 자기 희망을 터무니없는 방식으로 실현하려 했다고 우리는 단정 짓는다. 예를 들면 미워하는 사람의 인형을 만들어 그 가슴에 송곳을 꽂음에 의해 그 사람을 살해할 수 있다고 믿거나, 들에 물을 뿌리면 거기에 비가 내리고 풀이 자라고 들소들이 다시 몰려들 것이라는 믿음 등이 하나의 주술적 행위라고 현대의 고고학자, 역사학자, 미술사가는 말한다.

이러한 편견은 전혀 통찰력을 지니지 못한 문학인류하자나 고고학자 혹은 고미술사학자(이러한 학문영역이 별개로 존재할 이유가 없는바)가 주조한 것이다. 신앙은 주술에서 기원하지 않았다. 신앙이 희망 혹은 좀 더 전문적인 용어로 원망충족wish fulfillment과 관련된다는 것은 사실이다. 그러나 신앙에 있어서의 원망충족은 기술에 있어서의 원망충족과 전적으로 다르다. 우리는 모두 자기 기대가 현실화되기를 원한다. 인간 행위 중 어느 것이 우리 희망과 독립적으로 존재하는가? 과학이나 기술도 희망의 표현이다. 우리가 무엇인가 인과율의 원인을 구성하며 그 종속변수가 우리 희망대로 되기를 원할 때 그것은 일종의 원망충족이다. 과학이나 기술은 신앙과는 전적으로 다르다. 그러나 주술과는 그 본래 성격에 있어 같다. 주술은 노골적인 원망충족이다. 그러나 종교적 희망은 믿음에 의한 것이고 세계의 운명과 자기 원망의 충족을 전적으로 신에게 돌린다는 점에 있어서 스스로 희망의 충족을 위해 무엇인가를 행하는 주술과는 완전히 차별된다.

신을 기쁘게 하고, 신에게 자기 희망을 알리기 위한 어떤 행위를 많은 사람들이 하고 있다. 그러나 본래적이고 유의미한 종교적 행위에는 이러한 것이 개입되어서는 안 된다. 측량술과 기하학은 다르다. 이것은 인간을 제외한 다른 동물들이 인간과 다른 만큼 다르다. 측량술은 전적으로 실천적 요구에 부응하지만 기하학은 순수한 지적 추론의 유희이다. 주술은 실천적 요구에 입각하지만 신앙은 무목적적이다. 만약 거기에 실천적 요구가 있다면 — 심지어는 영혼의 구원과 같은 — 그것은 이미 종교는 아니다. 기하학이 순수하듯이 신앙은 순수하다. 기독교의 보편성은 이렇게 획득된다.

그것은 맹약the Covenant 따위의 문제가 아니다. 맹약은 상업적 행위이다. 신과 인간이 거래를 했다. 인간은 충성과 승복을 내놨고 신은 번성의 축복을 내놨다. 이 두 개의 교환으로 성립하는 신앙은 인간적 차원에 머문다. 그러나 신은 인간적 차원에 머물 수 없다. 그는 차원을 달리해야 한다. 전통적인 신앙은 지상세계에도 머물렀다. 그 신은 올림포스의 신과 다르지 않다. 그러나 진정한 신앙의 대상은 이와는 다르다.

▲ 루브르 박물관 소장, 13개의 핀이 박힌 주술 인형, AD4세기경(이집트)

그 신은 인간 세계에 머물지 않으며 그에 대한 인간의 믿음은 무조건이다. 신을 믿는다면 그것은 신에 내재한 전능성과 무한대의 선 때문이지 신이 우리의 요구와 관련 맺기 때문은 아니다. 기독교의 신이 인류 최초의 보편종교를 가능하게 한 것은 그가 인간에게 해준 약속 때문이 아니라 그 신의 내재적 의미 때문이다. 기하학이 거기에 내재한 치밀하고 상상력을 자극하는 논리에 의해 하나의 순수학문이 되듯, 기독교는 그 신에 내재한 미덕 때문에 종교가 된다.

문제는 진정한 신앙의 저급한 잔류물들이 종교라 불리는 데 있다. 저급한 신앙은 현실적 원망충족을 종교에 끌어들인다. 이때 신앙은 거래의 형태를 띤다. 육아를 채찍과 당근의 문제로 생각하는 부모는 진정한 부모는 아니다. 마찬가지로 인간과의 관계를 징벌과 축복의 문제로 만드는 신 역시 진정한 신은 아니다. 신앙은 그렇게 간단한 문제도 손쉬운 문제도 아니다. 진정한 믿음은 실존적 삶이 고달픈 만큼 고달픈 심적 태도와 결의를 전제한다. 이러한 믿음은 한때 유럽의 신교도들이 보여준 바 있다.

이러한 측면에서 보자면 카톨릭교(일반적으로 구교라고 불리는)는 전체적으로 주술이며, 개신교 역시도 그 본래의 이념과 신앙이 어쨌건 현재 주술이 되고 말았다. 미신은 주술의 다른 이름일 뿐이며 교황청과 교회와 모스크는 단지 주술사들의 은거지일 뿐이다. 이들의 것이 진정한 의미에서의 신앙이라 불릴 수는 없다. 만약 종교가 과학자들이 규정하는 바의 물리적 인과율을 벗어난 다른 종류의 인과율에 의해 우리 삶이 규정된다고 믿는 문화구조물이라고 정의된다면 많은 종교나 많은 종교인이 있다고 말할 수 있다. 그러나 이것은 진정한 신앙과는 별개의 문제이다. 엄밀한 의미에서라면 그들은 주술에 잠겨있는 것이지 신앙에 따르고 있지는 않다. 과학은 그때 종교와 대립하게 된다. 풍요와 건강의 문제는 세속의 문제이다. 그러나 지상에 머물며 인간사에 개입한다면 그것은 진정한 신은 아니다. 신은 이러한 물리적 문제와 동일 차원에 있지 않다. 세계는 단일 차원에 있다. 더 고차적 명제는 없다. 모든 사실들은 옆구리를 맞대고 있을 뿐이다.

주술은 과학을 닮았지 신앙을 닮지는 않았다. 주술은 동시대의 공동체가 일반적으로 규정하는 바의 인과율을 벗어난 다른 종류의 인과율이 가능하다고 믿는 체계이며 동시에 그 인과율을 행하는 의식이다. 다시 말하면 주술과 과학과는 배반관계contradictory relation에 있다. 주술은 신앙과는 관련되지 않는다. 정통으로 알려진 교파가 어떤 다른 종류의 믿음 체계를 우상숭배로 규정하거나 주술을 경계하고 그것을 이단시하는 것은 사실상 종교적 견지에서는 부당하고 무의미한 행위이다. 어떤 종교가 주술과 경쟁한다면 그것 자체도 이미 주술이거나 주술화하고 있기 때문이다. 진정한 신앙에 입각한 종교라면 주술에 관심을 둘 이유가 없다. 주술에 대한 경계는 오히려 과학의 몫이다.

주술의 본질에 대한 이해를 위해서는 과학에 대한 정의를 분명히 해야 한다. 과학이 더 이상 세계의 물리적 실재physical reality에 관한 것이 아님은 분명하다. 근대와 현대는 실재의 상실에 의해 서로 구분된다.

근대에 실재로 일컬어진 것은 현대에 와서 규약agreement으로 바뀐다. 과학은 단지 과학자들의 동의와 일반인들을 향한 요청demand의 문제이다. 다시 말하면 "과학은 세계의 물리적 총체성에 대한 어떤 공동체의 신념의 규약"이라고 정의될 수 있다. 신념은 사실일 수 없다. 누군가가 과학적 명제에 보편성과 필연성을 부여한다면 과학은 사라지고 미신만이 남는다. 진정한 과학은 단지 현상의 문제이며 확률의 문제이다.

이때 누군가가 혹은 일군의 사람들이 이러한 일반적 규약과는 다른 종류의 규약을 믿을 때, 또한 거기에 입각한 원인을 시행할 때 그것이 바로 주술이다. 모든 것은 믿음을 필연적 원칙으로 바꿀 때 발생한다.

하나의 예가 모든 것을 선명하게 한다. 어떤 공동체가 다음과 같은 종류의 규약적 과학을 가지고 있다고 가정하자. 그들은 어떤 미운 사람을 살해하기 위해 그 사람의 인형을 만들고 그 인형에 여러 개의 송곳을 치명적인 부위에 꽂는다고 하자. 이와 비슷한 종류의 인과율로 그 공동체가 물들어 있다고 하자. 그들에게는 이것은 분명한 인과율들이다. 인과율의 총체가 과학 교과서이다. 그러므로 그들의 이러한 종류의 인과율은 과학에 속한다. 그들이 또한 들판에 물을 뿌리면 비가 오고 초지가 무성해지고 사라졌던 들소들이 다시 출현한다고 믿으며 그 공동체의 과학자(우리가 medicine man이라고 부르는)가 그 행위를 시행한다고 하자. 이것 역시도 그들에게는 하나의 과학이었다.

이러한 인과율의 확고함은 분명하다. 그 미운 상대는 반드시 죽는다. 병사하든지 객사하든지 익사하든지. 이것 모두가 아니라고 해도 결

국 노환으로 죽는다. 그러므로 그들의 과학은 매우 엄밀하게 인과율을
충족시킨다. 또한 들판에 비가 내린다. 내일이 아니라면 그 다음 주에.
그것도 아니라면 그 다음 달에. 더 엄밀하게 들어맞는 인과율을 상상할
수도 없을 정도이다. 그러므로 우리가 그들의 과학을 주술이라고 부른
다면 그것은 오만과 우월에 찬 편견일 따름이다. 그들의 인과율도 그 전
개는 우리의 인과율 못지않다.

2

과학과
주술

Science

and Incantation

시점을 근대의 과학혁명 시기로 옮겨보자. 17세기 중엽에는 누구도 위와 같은 인과율을 믿지 않는다. 그들은 오히려 그것을 이상한 시대 혹은 이상한 공동체의 문제로 돌리며 주술이라는 오명을 거기에 씌운다. 그러나 그들이 말하는 의미에서의 주술은 없다. 다시 말하면 공동체의 절대다수가 믿고 있는 바의 주술이란 없다. 절대다수의 주술은 과학이기 때문이다. 그러므로 "주술을 믿는 공동체"라는 가정 자체가 환각이다. 과학과 주술이 나누어지는 것은 다수결에 의하여서이지 과학과 주술 자체에 내재한 어떤 본질에 의해서는 아니다. 과학과 주술이 나뉘는 것은 무정부주의적인 우연에 의한다. 이것은 비단 과학과 주술에만 해당되는 것도 아니다. 어떤 인과율이 어떤 시대 어떤 공동체에 의해 채택될 때 그것은 그 인과율의 내재적 "의미"에 의해서는 아니다. 우리는 의미에 대해 모른다. 그것은 따라서 존재한다고조차 말해질 수 없는 어떤 것이다. 근대인들은 존재나 인과율에는 내재적 의미가 있으며 거기에 있어 우월한 가설이 공동체의 과학으로 채택된다고 믿었다. 그러나 이것은 잘못된 가정이었다. 이러한 가정이 계몽서사와 파시즘의 원인이다. 의미는 선험적 가치체계이기 때문이다.

하나의 예. 근대와 현대는 화폐의 태환성에 대해서 서로 다른 생각을 했다. 근대는 화폐는 마땅히 태환되어야 한다고 믿었다. 현대는 그렇게 생각하지 않는다. 만약 화폐가 내재된 가치를 반드시 실현해야 한다면 화폐의 발행은 매우 제한되고 따라서 경기는 활력을 잃게 된다. 브레튼우즈 협정Bretton Woods agreement에서의 금본위제는 결국 폐지된다. 화폐는 경제라는 화폐 외적 문제에 의해 규정되어야 한다. 어떤 주화가 어떤 가치를 실현한다면 그것은 그 주화에 적힌 숫자에 의해서이지 그 숫자를 뒷받침하는 금속의 재료에 의해서는 아니다. 그 주화의 가치는 규약에 의한 것이지 규약에서 독립한 금속에 의해서는 아니다. 이때 금속이 이를테면 그 주화의 내재적 의미이다. 의미를 믿는다면 주화의 가치는 거기에 새겨진 숫자에 의해서가 아니라 그 저변을 이루는 금속에 의해서 결정된다.

이것은 과학적 가설에서도 마찬가지이다. 어떤 과학적 가설이 스스로의 독립된 내재적 의미를 지닌다고 생각하는 것은 시대착오이다. 인간에서 독립한 것은 없다. 프톨레마이오스(Claudius Ptolemaeus, AD90~AD168)의 천문학과 뉴턴의 천문학 사이에 내재적 의미의 차등은 없다. 그것들은 공동체의 선택의 문제일 뿐이다. 구석기시대 사람들의 과학이 내재적 동기에 의해 주술로 규정되는 것은 부당하다. 우리 시대의 과학 역시도 우리 후손들에 의해 편견과 어리석음에 찬 이상하고 낯선 세계의 주술로 규정되지 않을 거라고 말할 근거가 없다.

현대의 과학자는 말한다. 우리 시대의 과학은 실증적인 인과율이지만 구석기인들은 서로 관계없는 두 사건을 인과율로 묶었다고. 그러나 그렇게 말하는 과학자는 흄(David Hume, 1711~1776)이 "인과율이란 단지 습관의 누적" 이외에 아무것도 아니라고 말한 사실, 그리고 비트겐슈타인(Ludwig Wittgenstein, 1889~1951)이 "하나의 요소명제에서 다른 요소명제를 추론할 수는 없다"고 말한 사실을 상기해야 한다. 어떤 과학자는 하나의 인과율은 다른 인과율에 비해 내재적 의미에 있어 더 우월하다고 생각하고 있다. 그러나 그 과학자는 자신이 "실증적"이라고 말할 때 무엇을 말하고 있는가를 생각해야 한다. 그 실증성이 흄이 말하는 화석화된 습관적 감각인식이다. 그것 역시도 결국 과학에 내재한 것은 아니다.

3

현대
예술

Contemporary

Art

　　전통적인 예술은 내재적 미에 의해 예술이었다. 마사치오
(Masaccio, 1401~1428)나 라파엘로(Raffaello Sanzio, 1483~1520)의 회
화는 독립적인 의미를 구현한다. 거기에는 지성의 응고물로서의 인간이
소우주로서 존재한다. 그때 그것들의 가치는 내재적 의미에서 연여된
다. 주화의 예를 다시 이용해서 말하자면, 그 작품들은 이를테면 주화의
저변을 이루는 금속에 의해 값이 정해지는 경우와 같다. 근대까지의 예
술작품은 태환성을 가진다. 그 예술은 의미가 가치를 결정짓는 예이다.
현대예술은 이와는 전적으로 다르다. 현대예술은 내재적 의미를 증발시
켰다. 현대는 작품 속에 예술을 응고시키기보다는 창조 행위의 진행에
의해 예술을 가능하게 한다. 예술은 작품이기보다는 활동이다. 예술은
내재적 고유성을 가지지 않는다. 그것은 예술이라 불림에 의해 예술이

된다.

몬드리안(Piet Mondrian, 1872~1944)이나 칸딘스키(Wassily Kandinsky, 1866~1944)는 추상적 기호를 배치하여 그것들을 세계의 대응물로 우리에게 제시한다. 세계는 확실히 기호sign의 체계이다. 언어가 곧 세계인 바 언어 자체가 추상적 기호체계이다. 논리적 기호체계가 언어로 작동하여 세계를 창조한다면, 심미적 기호체계가 예술로 작동하여 세계를 표상한다. 기호는 각각의 고유한 의미에 의해 세계의 각각의 대상(르네상스)이나 각각의 법칙(바로크)을 대치하지 않는다. 그것은 체계의 창조이지 세계의 사물들이나 국면들을 개별적으로 표상하는 것은 아니다. 현대예술은 세계를 먼저 분절articulation시키지 않는다. 스스로가 분절하여 세계를 대체할 뿐이다. 그러므로 현대예술은 모두가 실험적 시도이며 새로운 세계(과거의 세계를 대체할)의 창조이다.

▲ 마사치오, [세금을 바치는 예수], 1424~1427년

우리는 모두 실재와 유리되었다고 믿어지는 새장에 갇혀있다. 실재와의 유리가 곧 의미의 증발이다. 우리가 아무리 멀리까지 우리의 탐구를 밀고 나간다 해도 이 사실에는 변함이 없다. 실재를 움켜쥘 가능성은 없다. 다시 말하면 우리는 의미 위에 착륙할 수 없다. 우리에게 가능한 것은 의미를 추구하는 그 순간이며 의미를 추구하고 있는 나 자신이다. 삶은 활동 이외에 아무것도 아니다.

예술도 마찬가지이다. 그것은 창조 행위의 소산은 아니다. 모든 소산은 의미이기 때문이다. 예술은 심미적 활동 그 자체이다. 우리는 새장을 갱신할 자유를 지닌다. 그러나 이것은 갱신된 새장에 머무르기 위해서가 아니다. 새로운 새장이 과거의 새장보다 더 낫다는 보장도 없다. 갱신을 위한 활동만이 가능한 삶의 양식일 뿐이다. 그러므로 현대예술에 있어서 작품은 이정표일 뿐이지 안식처는 아니다. 그것은 예술가의

▲ 바실리 칸딘스키, [노랑 빨강 파랑], 1925년

분투의 흔적일 뿐이다. 그 예술가는 아마도 새로운 새장의 구축을 위한 새로운 활동에 처해 있을 것이다. 심지어 그는 자신의 창조 행위의 과거 잔류물에 대해 관심조차 없다. 몬드리안이나 뒤샹은 스스로가 예술가였다는 사실조차 잊는다.

현대예술의 이러한 이념은 포스트모더니즘에 있어 더욱 강렬해진다. 지울 것이 전제되지 않는 포스트모더니즘 예술은 없다. 신사실주의는 지울 것을 전제로 하는 사실주의이다. 앤디 워홀(Andy Warhol, 1928~1987)이나 리히텐슈타인(Roy Lichtenstein, 1923~1997)의 회화, 브라우티건(Richard Brautigan, 1935~1984)이나 코진스키(Jerzy Kosinski, 1933~1991), 레이몬드 카버(Raymond Carver, 1938~1988) 등의 소설, 스티브 라이히(Steve Reich, 1936~)나 존 케이지(John Cage, 1912~1992)의 음악은 감상자로 하여금 거기에 머무르게 하려고 창조되지 않았다. 머무른다면 이미 거기에 의미가 도입되었다. 이 예술가들의 작품은 감상자가 발을 딛고 머무를 곳을 제공하지 않는다. 그것들은 지워진다. 그것들은 연기와 같다. 곧 공중으로 흩어진다. 생명현상의 찌꺼기, 창조행위의 지나간 잔류물. 우리는 거기에서 세계의 실험적 창조 "행위"만을 볼 뿐이다.

4

통속
신앙

C o m m o n

F a i t h

구석기시대 사람들은 그들의 동굴 벽에 화려하고 거대한 벽화를 구현해 놓았다. 현재의 예술사가들은 그것을 구석기인들의 주술의 소산이라고 말한다. 이러한 규정은 대부분의 역사가에 의해 동의된 견해이지만 피상적이고 안일한 무지의 결과이다. 이러한 주장처럼 어리석은 편견은 없다. 동굴벽화는 각각의 색을 지닌 돌을 빻아서 물로 갠 후 그것을 입에 물고 대롱으로 불어서 제작되었다. 당시의 하나의 동굴은 하나의 공동체였다. 그들은 근대가 도시 전체를 하나의 도시계획에 의해 디자인하듯이 그들의 전체 세계를 동굴벽화로 디자인했다. 그들의 인구와 가용 가능한 자원을 생각했을 때 동굴 벽화의 규모는 현재의 도시 전체의 디자인에 뒤지지 않는 규모의 대역사였다. 그것이 어떻게 주류 과학이 아니었겠는가?

말해진 바대로 과학과 주술은 다수결에 의해 갈리는바 그 벽화는 동굴인들의 절대다수가 지지한 대역사였다. 그러므로 이것이 주술일 수는 없다. 그것은 과학이었고 벽화는 그들의 과학 교과서였다. 우리가 과학책에 행성과 항성의 운행에 관한 케플러(Johannes Kepler, 1571~1630)의 다이어그램을 그려 넣듯이 그들은 동굴 벽에 그들의 다이어그램을 그려 넣었다. 근대인들에게 천체의 운행에 대한 이해가 중요했듯이 구석기 시대인들에게는 들소에 대한 이해가 중요했다. 물론 구석기 시대인들의 과학의 성격이 과학혁명기의 과학의 성격과 전적으로 같을 수는 없다. 구석기 시대인들의 과학에는 기술도 결합되어 있었다. 이를테면 벽화는 과학 교과서이며 동시에 기술 교과서였다. 우리 기술 교과서가 황화수소를 얻기 위해 어떤 장치가 필요한가를 다이어그램으로 그려놓듯 구석기인들은 들소를 얻기 위해 어떤 것이 필요한가를 벽에 그려 넣었다. 들소나 사슴들이 창에 맞은 채로 혹은 무릎을 꿇고 죽어가는 모습으로 그려진 것은 들소를 잡기 위한 기술의 표현이었다.

이때 만약 누군가가 들소와 사슴의 세계에 관한 다른 종류의 과학이나 기술을 주장했다고 가정하자. 그가 어딘가의 구석진 데에 날개 달린 들소를 그려놓는다거나, 동물들을 거꾸로 그린다거나, 사람을 뿔로 받는 사슴을 그림에 의해 오히려 그들 세계를 과학적으로 더 올바르게 묘사한다고 주장하거나 그 동물들을 잡기 위한 올바른 기술을 행사했다고 말한다면 그는 비주류 과학자로서 주술을 행하고 있다. 비주류 과학이 곧 주술이다.

▲ 알타미라 동굴 벽화, 상처 입은 들소, 구석기 후기

종교는 그러므로 주술 출신이 아니다. 무엇도 주술 출신이 아니다. 주술은 어느 시대에나 있었다. 그러나 그것이 세월을 뛰어넘어 유의미한 지적이거나 종교적인 체계로 남을 수는 없다. 그랬다면 그것은 과학이다. 중세의 주술은 연금술이었다. 연금술 역시 소멸하고 만다. 그것은 당시의 비주류 과학이었다. 주술과 종교는 그 초점을 완전히 달리한다. 만약 현재의 어떤 종교인가가 다른 어떤 믿음을 주술이라고 얘기한다면 그것은 현재의 그 종교가 이미 스스로 주술이 되었기 때문이다. 신앙은 과학의 영역에 관심이 없다. 그것은 믿음과 귀의의 문제이며 신에 대한 불가지의 문제이지 인과율의 문제가 아니기 때문이다. 주도적 종교는 그렇지 않은 종교를 이단이라고 말한다. 이단은 없다. 단지 다수파와 소수파만 있을 뿐이다. 다시 말하면 거기에 있는 것은 종교가 아니라 다수파의 주술과 소수파의 주술만 있을 뿐이다. 현재의 대부분의 종교는 종교의 본래적인 의미에 있어 하나의 신앙이라기보다는 그 내적 모습에 있어 오히려 과학을 더 닮았다. 그 종사자들은 기술적 인과율을 행사한다.

기복적(祈福的) 종교가 신앙이 아닌 이유는 그것이 인과율을 가정하기 때문이다. 이것은 매우 중요한 문제이다. 그러한 종교의 신봉자들은 먼저 신을 알고 있다고 생각하고, 다음으로 신의 뜻을 안다고 생각하며, 마지막으로 신을 회유하거나 강제해서 자기 의지를 관철할 수 있다고 믿는다. 이러한 믿음이 복잡한 미사 전례의 근거이다. 이러한 것들이 스스로를 신앙의 행위라고 진지하게 말할 때 그것은 이미 신앙이기를 그친다. 그것은 우리 시대의 과학과 대립하는 우리 시대의 새로운 주술이다. 이것이 비트겐슈타인이 말하는바 "말해지지 말아야 할 것"what cannot be said을 말하는 행위이다. 신은 세계에 관한 우리의 규약을 벗어난다. 그것은 그려지지 않는 그림이다. 그것은 우리가 전혀 알 수 없는 세계이다. 거기에 다가가려는 끊임없는 노력만이 유일하게 가능한 신앙이다. 그러므로 신앙은 하나이다. 왜냐하면, 신은 불가지이기 때문이다. 명칭을 달았을 때 그것은 하나의 제도적 종교일 수는 있어도, 또한 같은 말이지만 하나의 주술일 수는 있어도, 신앙이 될 수는 없다.

이 점에 있어 기복적 신앙은 믿음의 영역에 있어, 통속예술이 심미적 세계에서 수행하는 기능과 같은 것을 행할 뿐이다. 그 신앙은 실천적 효용을 믿는다. 통속예술 역시 오락이라는 직접적인 실천적 기능을 위해 존재 의의를 가진다. 기복신앙 역시 헛된 희망의 성취와 감상적이고 구차한 소원의 희구에 의해 실천적 기능을 한다. 나약하고 무식한 사람들이 의존하기에 이것보다 더 좋은 마약은 없다. 이것이 쇼펜하우어와 마르크스가 바라본 신앙이었다.

쇼펜하우어와 니체(Friedrich Nietzsche, 1844~1900)와 마르크스와 프로이트 등이 종교에 대해 비판적이었던 동기는 대부분의 종교적 행위가 지닌 이러한 주술적 측면에 대해서였다. 예술작품보다는 그것이 선물하는 오락과 유희의 측면에 의존할 때 그는 통속예술을 즐기고 있거나 통속예술의 향유방식을 고급예술에 가하고 있다. 멜로드라마가 전자의 예이고, 〈우르비노의 비너스〉에서 성적 환상을 보는 것이 후자의 예이다.

▲ 베첼리오 티치아노, [우르비노의 비너스], 1538년

이것이 종교적 키치는 아니다. 예술 고유의 심미적 의미에 대한 무
관심에 있어서는 통속예술과 키치는 같다. 통속예술의 경우에는 심미적
의미와 오락의 의미가 하나이다. 즉 그 심미적 가치 자체가 소비될 오
락의 가치 밖에는 없다. 키치는 그러나 그 예술의 심미적 가치가 어떻건
간에 감상의 초점이 이동한다는 특징을 지닌다. 키치는 예술 자체에서
예술을 감상하는 자신에게로 관심의 초점을 옮긴다. 이것이 이차적 관
심이고 이차적 눈물이다.

　　종교에서 이러한 일이 발생한다. 종교가 단지 통속적인 기능만을

행사한다면 그것이 한심하고 어리석은 몇 사람의 이익을 위해 봉사하기 하지만 어떤 사람의 인간성과 그 사람 속의 신을 그렇게까지 몰락시키지는 않는다. 통속적 신앙의 행위의 원리로서 기능하는 종교는 신경정신과 의사의 역할의 잔류물을 행하고 있고 이 점에 있어 나름의 사회적 가치를 지닌다. 그것은 심리치료사이다. 통속예술이 근로와 경쟁에 지친 영혼에 오락과 싸구려 원망충족을 제공하듯이 통속적 신앙은 과학이 하지 못하는 원망충족을 가능하게 해준다. 키치적 신앙은 그러나 신을 증발시켜버리고 거기에 신을 믿는 대견스러운 자신을 가져다 놓는다. 자신은 경건하고 깨끗하고 성스러운 사람이다. 신에 대한 이러한 경외감을 품고, 또 신이 명명한 일을 이렇게 훌륭하게 행하니 얼마나 고귀한 스스로인가!

5

종교적
키치

Religious

Kitsch

키치적 믿음은 그러므로 신이 아니라 신을 믿는다고 믿어지는 스스로에게로 관심이 수렴되는 신앙의 심적 태도로부터 나온다. 키치적 신앙은 따라서 자기연민의 이차적 눈물을 흘리게 된다. 이때 키치적 종교에 몰두하는 자칭 독신자는 거기에 "의미"를 끌어들인다. 그리고 그 의미는 죽은 신을 되살려 내는 행위가 된다. 신의 죽음은 우리 지성 속에서이다. 우리는 신이 죽었는지 살았는지 모른다. 그러나 신을 설명하려는 시도가 죽은 것은 맞다. 키치적 독신자는 신을 설명한다. 여기에서 오만이 발생한다. 자기는 신에게서 직접적인 이익을 구하지 않는다. 심지어는 구원도 애걸하지 않는다. 그는 오히려 신을 자신이 조성한 심오한 의미에 처하게 만들며 스스로를 매우 선택받은 독신자라고 여긴다.

신에 대한 그의 겸허는 사실은 오만에 지나지 않는다. 그는 신에게 스스로의 의미를 부여함에 의해 이미 신을 자신의 지성의 그물로 포획했다. 따라서 매우 오만한 독신의 자부심과 통속적 신앙에 대한 경멸을 지니게 된다. 이것은 통속 신앙에 하나의 심각한 악덕을 더했을 뿐이다. 허위의식이라는 악덕을. 물론 그는 신의 종임을 자처한다. 문제는 종은 일반적으로 주인의 뜻과 요구를 이해한다는 사실이다. 고급간부의 비서실장이 전횡을 부리듯 신의 종들은 낮은 데로 임할 수 없다. 신이 종을 원한다는 근거도 없고 비서실장을 필요로 한다는 증거도 없다. 신을 의미의 덩어리로 만듦에 의해 이들의 신앙은 키치적인 것으로 전락한다. 이것은 신이 무의미하다는 얘기가 아니다. 우리는 단지 신이 어떤 의미를 지니는지 혹은 아예 어떤 의미도 지니지 않는지 등에 대해 모른다.

현존의 입장에서 통속예술, 키치예술, 고급예술이 있듯이 신앙에도 주술, 키치적 신앙, 진정한 신앙이 있다. 중요한 것은 키치의 기원이 현대적 성격을 지니듯이 키치적 신앙 역시 그 기반을 현대에 둔다는 사실이다. 다른 모든 것들이 시대에 매이듯 신앙도 시대에 매인다. 근대의 신은 의미의 덩어리였다. 그것이 기독교적 신이건 이신론적 신이건 간에 신은 내재적 의미를 가진 존재Being였다. 근대는 기계론적 합리주의를 믿었으므로 신은 이 기계의 창조자이며 최초의 운행자가 되어야 했다. 이때의 신앙은 그 계율이 의미하는 바가 된다. 즉 인간은 자유의지를 지니며 따라서 자발적으로 그 계율을 지키면 구원될 수 있었다.

물론 이때에도 비주류 신앙이 있었다. 그것은 이단으로 정죄되었다. 이때 신앙은 주술과 과학과 더불어 공존했다. 현대의 입장에서 바라보았을 때 이들의 신앙은 전체적으로 주술이었다. 신의 뜻을 안다고 믿는 순간 인과율이 시작되기 때문이다. 근대의 신앙은 신을 알고 있다는 것을 전제했다. 따라서 신앙은 먼저 주술과 대립하고 다음으로 과학과 대립한다. 주교 버클리(George Berkeley, 1685~1753)가 경험을 기반으로 한 새로운 과학적 세계관이 어떤 회의주의와 불가지론을 불러들이는가를 증명했을 때, 그는 실재론적 신앙이 경험론적 인식론과 대립함을 명백히 보여주었다. 칸트(Immanuel Kant, 1724~1804)는 과학이 근본적으로 경험을 초월한다고 논증함에 의해 과학과 윤리를 동시에 구원하려 한다. 칸트의 시도가 실패함에 의해 종교의 견지에서 현대가 예고되고 있었다. 버클리의 인식론에서 신을 제거하면 그것이 곧 현대의 경험론인바, 흄은 대담하게도 신을 지상에서 제거한다.

이러한 대립에서 신앙과 과학이 똑같이 몰락하게 된다. 신이 죽으며 과학이 살 수는 없었다. 왜냐하면 그 둘은 실재에 대해 알 수 있다는 점에 있어서 같은 입장이었기 때문이었다. 실재론적 입장에서 과학의 대두는 신앙의 경쟁자의 대두를 의미했다. 과학은 신앙이 독점해온 실재의 해명에 있어 신앙을 공격하게 된다. 그러나 실재에 대해 알 수 없다는 새로운 이념이 지배적인 것이 될 때 실재의 해명을 놓고 경쟁했던 두 구조물은 동시에 몰락한다. 현대는 두 파산의 결과이다.

어떤 의미에서는 키치적 종교의 발생은 19세기 중반에 키에르케고르(Søren Kierkegaard, 1813~1855)가 진정한 신앙에 대한 탐구를 개시할 때 이미 시작된다. 그가 진정한 신앙에 대해 말할 때 그는 통속적 신

▲ 쇠렌 키에르케고르, 1813~1855

앙에 그것을 대립시키지는 않는다. 그는 진정한 신앙을 키치적 신앙에 대립시킨다. 통속적 신앙은 어차피 주술이기 때문에 과학자들의 문제였다. 키에르케고르는 새로운 신앙이 동시에 기독교라는 특정한 종교가 될 수 없다는 사실을 간파했지만 그 종교를 벗어난 새로운 신앙, 즉 믿음을 위한 믿음까지는 갈 수가 없었다. 그는 회화에서 세잔(Paul Cézanne, 1839~1906)이 이룩한 성취와 동일한 지점까지 육박했지만 몬드리안의 혁명에까지 갈 수는 없었다. 그러나 중요한 것은 그가 이루지 못한 것이 아니라 이룬 것이다. 그는 몇 권의 저작을 통해 경험론의 이념하에서의 실존적 신앙에 대해 최초로 말한다. 이것과 관련해서는 이 책의 후반부에서 자세히 기술될 것이다.

다른 어느 영역에서보다 신앙의 영역에 있어 키치의 가능성은 더 이른 시기에 그리고 더 전면적으로 대두될 여지가 있었다. 신을 불가해(不可解)의 존재로 보는 새로운 철학이 13세기에 이미 처음으로 발생했기 때문이다. 앞에서 말해진 바와 같이 "신의 죽음"은 사실상 하나의 수사에 지나지 않는다. 신에 대해 알 수 없다는 사실과 "신의 죽음"은 같은 것은 아니다. 물론 신의 죽음은 19세기 니체에 의해 "멋지게" 언급된다. 그러나 니체가 그렇게 말할 필요가 있었을까? 전통적인 신은 이미 오컴(William of Ockham, 1288~1348)에 의해 죽기 시작했고, 종교개혁으로 이미 반쯤은 죽었고, 데이비드 흄에 의해 완전히 죽었다. 니체의 선언은 뒤늦게 발견된 시체에 대한 조사(弔詞)이다.

　인본주의의 주요이념에 있어 그렇듯이 인간은 무엇이건 지성의 포착에 의해 그것을 이해하고 소유하게 된다. 그러나 지성의 붕괴와 인본주의의 몰락은 인간의 기지의 소유물들을 포기하게 만든다. 이 포기를 수사적으로 "죽음"이라고 부른다. 그러나 신은 지성의 그물을 벗어났을 뿐이다. 시체는 발견되지 않았다. 신앙의 문제는 먼저 인간 삶의 궁극적인 양상이다. 그것은 단지 삶의 문제에만 국한되는 것이 아니라 죽음과 구원의 문제에 미치며 따라서 삶을 또다시 규정하기 때문이다. 나쁜 신앙은 없다. 단지 나쁘게 행사되는 신앙만 있을 뿐이다. 신을 믿고 안 믿고의 문제보다 더 근원적인 것은 어떻게 믿고, 어떻게 안 믿고의 문제이다. 올바르게 믿지 않는다면 그것은 올바르지 않게 믿는 신앙보다 올바르게 믿는 신앙에 훨씬 가깝다. 신앙은 지성과 그 신학적 소산인 교리의 문제가 아니다.

　"올바른 믿음" 혹은 "올바른 믿지 않음"은 둘 다 지성에 의한 신의 포착의 불가능성을 수용하면서도 그것을 신의 죽음으로 치부하기보다는 오히려 신의 부활로 치부함에 의해 가능해진다. 여기에서 쇼펜하우어, 니체, 마르크스, 프로이트 등의 피상적 종교관이 잘못되었다는 사실이 드러나게 된다. 그들은 지성 속에 없으면 어디에도 없다고 생각하기 때문이다. 그것은 주지주의 고유의 문제이다. 19세기의 환원주의는 현상의 지적 분석이 최고의 사유양식이라고 생각했다. 현상은 최초의 원인에서 연역된다. "최초의 원인the first cause"이 환원적 분석에 의해 확인되면 현상은 "필연적"으로 거기에서 종합된다. 금화를 제시하면 잔돈푼은 거기에서 낙엽처럼 떨어진다.

▲ 성 아우구스티누스, 354~430

▲ 토마스 아퀴나스, 1224~1274

그러나 제1원인의 정체는 미지이며 종합에 이르는 연역과정은 분석의 가역적 과정은 아니라는 새로운 견해에 의해 근대가 몰락하게 된다. 지성 속의 신은 사라진다. 최초의 원인들이 그 자체로서 자명하다고 할 때 신 역시도 자명할 수 있다. 그것들은 모두 선험적 관념이기 때문이다. 이것이 성 아우구스티누스(Aurelius Augustinus, 354~430)에서 토마스 아퀴나스(Thomas Aquinas, 1224~1274)에 이르는 신학적 주장이었다. 그러나 오컴은 신을 오히려 지성 밖에 둠에 의해 위대한 독신자가 될 수 있었다. 그는 그렇게 함에 의해 신을 "무한자"로 만들었다. 신은 죽지 않는다. 다만 인간의 손아귀를 벗어날 뿐이다.

지성은 개념, 혹은 공통의 본질common nature을 매개로 작동한다. 개념은 여러 개별자가 하나일 수 있어야 한다. 이 하나the one의 가능성만이 실재론적 신의 존재를 가능하게 한다. 이 하나가 감각에 선행하는 개념을 의미하며 따라서 신을 의미할 수 있다. 궁극적인 하나가 곧 신이다. 그것은 모든 경험을 초월한다. 그러나 오컴은 "여럿인 하나"는 없다고 말한다. 그는 존재being는 개별자the particular이며, 그 개별자만이 존재한다고 말한다. 우리는 개별자만을 인식할 뿐이다. 따라서 지성 고유의 소산인 추상적 사유가 선험적 개념을 창조할 수도, 신을 포착할 수도 없다. 비트겐슈타인은 "나는 동일한 대상은 동일성 기호로가 아닌 동일한 기호로 표현한다. 다른 대상은 다른 기호로 표현한다."고 말한다. "삼위trinity"라면 세 개의 서로 다른 개별자이고, "일체"라면 하나의 개별자이다. 세 개의 서로 다른 기호가 동일성 기호에 의해 하나가 될 수는 없다. 이것이 현대의 이념이다.

통속적 신앙은 말해진 바와 같이 일종의 주술로 작동하며 신을 가장 저명하고 비싼 신경정신과 의사로 만들었다. 키치적 신앙은 신에게 새롭고 엄숙한 의미를 부여함에 의해 이차적 신앙을 수행하고 따라서 오만을 범했다. 키치적 신앙은 소멸된 의미를 부활시킴에 의해 신을 본격적으로 죽이고 말았다. 이것이 키치적 신앙의 역겨운 측면이다.

6

종교
개혁

the

Reformation

루터(Martin Luther, 1483~1546)의 종교개혁은 오컴의 유명론 이념의 종교적이고 실천적인 적용이다. 물론 루터나 칼뱅(Jean Calvin, 1509~1564)이 유명론에 대해 하나의 신학체계로서 몰랐을 수 있다. 그러나 중요한 것은 루터의 종교개혁은 이미 "개념으로서의 신"에 대한 포기를 전제하고 있다는 사실이다. 북유럽의 프랑크인들은 고딕이라는 새로운 이념을 불러들임에 의해 지중해 유역에서는 받아들일 수 없는 유명론을 주장한다. 에라스뮈스(Desiderius Erasmus, 1466~1536)는 루터의 혁명이 구교의 개혁이라기보다는 새로운 신앙의 도입이라는 사실을 알게 되고 그의 개혁에서 발을 빼게 된다.

종교개혁은 하나의 갱신은 아니었다. 그것은 전통적인 가톨릭과는 완전히 다른 새로운 종교의 도입이었다. 전통적인 가톨릭의 신학적 기반은 물론 지중해 유역의 실재론, 더욱 정확하게 말하면 플라톤 (Plato, BC427~BC347)의 철학이었다. 개념이 우리에게 있다면 그것은 실재한다는 것이 플라톤 철학의 가장 중요한 국면이다. 플라톤은 이때 이 개념을 이데아라 불렀다. 성 아우구스티누스와 바울(Paulus, 10?~ 67?)과 초기교부들, 그리고 중세 전성기의 성 안셀무스(Saint Anselm of Canterbury, 1033~1109)나 샹포의 기욤(Guillaume de Champeaux, 1070~1121)에 이르기까지의 지속된 신학은 이와 같은 것이었다.

우리 마음속에 신의 개념이 있다면 그 신은 실재하는 것이었다. 철학은 결국 인식과 지성 사이의 선후관계의 문제이다. 지성이 생득적인 것으로서 선재할 때, 개념 역시 선험적인 것이 되며 감각 인식은 지성의 인도하에 그 기능이 제한되어야 한다. 플라톤이 감각인식이 단지 하나의 환각이며 변덕이라고 말한 것은 이를테면 기하학적 지성의 견고성에

▲ 마르틴 루터, 1483~1546

비추어 감각은 상대적이고 주관적인 성격을 지닌다고 보았기 때문이다. 플라톤에게 있어 지혜란 감각인식의 미망에 휘둘리지 않는 견고한 개념의 구축을 의미하는 것이었다.

만약 이와 반대로 지성을 단지 인식의 종합적 기능으로 본다면 우리가 신에 대해 안다고 말할 수

는 없게 된다. 이러한 견해하에서는 감각에 없는 것은 어디에도 없기 때문이다. 다시 말하면 신은 감각인식에 의해 포착될 수 없는 존재이므로 알 수 없는 존재, 비트겐슈타인의 표현대로 말하면 "말해질 수 없는 것 what cannot be said"이 되고 만다. 니체는 이것을 "신의 죽음"이라고 말한다. 그러나 "말해질 수 없는 것"과 그것의 소멸은 같은 이야기가 아니다. 만약 같다고 말한다면 그것이야말로 다른 종류의 "말해질 수 없는 것"을 말하고 있는 것이 된다. 신에 대해 우리는 말할 수 없다. 따라서 그 실재에 대한 이상으로 죽음에 대해서도 말할 수 없다.

플라톤의 이념에 근거했을 때 종교로서의 가톨릭이 가능하게 된다. 이때 비로소 예수는 신이 될 수 있고, 교황청에서 교구사제에 이르기까지의 위계적hierarchical 질서도 가능해진다. 개념의 실재성은 사회에 위계적 질서를 불러들인다. 이것은 논리적으로도 분명하다. x를 사람들로 정의하고 f를 실재에 대한 지식이라고 정의하자. fx는 "실재에 대해 아는 사람들"로 정의된다. 경험론은 인간과 실재의 관계를 $(x)\sim fx$로 정의한다. 누구도 실재에 대해 알 수 없다. 플라톤을 비롯한 실재론자들은 이것을 부정한다. 즉 그들에게 있어 실재와 인간사이의 관계는 $\sim[(x)\sim fx]$이다. $\sim[(x)\sim fx]$는 다시 $(\exists x)fx$로 정의된다. 즉 누군가는 실재를 알 수도 있다. 이 "누군가"가 교권계급이 된다. 물론 경험론에서 비롯된 권위주의적이고 전체주의적인 사회도 위계를 불러들인다. 그러나 이러한 위계는 압제와 철권통치와 직접적 무력에 의해 유지되기 때문에 무력적으로 전복될 수 있지만 지성이 구축한 위계는 합리성이라는 변명을 갖기 때문에 저항과 전복이 더욱 어려운 위계이다. 이러한 위계에 대한 유일한 저항은 존재론적 유명론 그리고 인식론적 경험론 이외에는 없다.

어떤 과학교사를 가정하자. 그 교사는 실재론적 혹은 합리론적 이념에 사로잡혀 있다고 하자. 사실상 전통적인 지성인과 대부분의 교육자들은 이 이념에 사로잡혀 있다. 이때 과학은 권위에 휩싸이게 된다. 그는 과학 교과서를 높이 쳐들고 말한다.

"내가 들고 있는 이 책은 단순한 교과서가 아니다. 이것은 단순한 유희적 체계가 아니다. 이것은 신성불가침하고 천상적인 법칙이며, 우리보다 먼저 세계 속에 구축되어 있는 질서이며, 누구도 거역할 수 없는 법칙이다. 여기에의 도전은 일종의 불경이다. 여기의 존재론과 법칙들은 우리가 존재하기 훨씬 이전부터 거기에 있었으며, 우리 문명이나 이념과는 완전히 독립해서 존재하고 있다. 그러므로 이 교과서에 구축되어 있는 질서는 너희나 나보다 훨씬 위대한 것이다. 물론 나 역시 너희보다 위대하다. 왜냐하면 내가 너희보다 이 질서에 대한 지식에 있어 우월하기 때문이다!"

지성이 위계를 불러들이는 것은 위와 같은 양식에 의해서이다. 페루지노(Pietro Perugino, 1450~1523)의 〈천국의 열쇠를 건네받는 베드로〉는 이러한 이념의 시각적 응고이다. 교권계급에서 평민에 이르는 위계질서는 이와 같이 고정되게 된다. 개념은 실재한다. 그리고 그 개념은 누구에게는 그 비밀의 문을 더 많이 열어준다.

▲ 피에트로 페루지노, [천국의 열쇠를 건네받는 베드로], 1482년

문제는 여기에서 그치지 않는다. 개별자들 자신이 하나의 종적 개념에 속한다. 따라서 실재론은 인간 사이에서도 위계질서를 불러들인다. 추상화abstraction의 정도에 따라 사물의 종적 개념의 위계가 정해지듯, 인간세계에서도 추상화의 정도에 따라 위계가 정해진다. 가장 고도로 추상화된 종은 물론 교권계급의 최상위층, 즉 교황이다. 자연계에 있어서 가장 최상위층은 존재being이다. 그다음은 생명과 무생물, 그리고 생명은 동물과 식물 등으로 추상성의 정도가 하위로 내려가게 된다. 이 추상성은 말단의 개별자에게 와서 끝나게 된다. 말단의 의미는 세계의 물질적 대상에 직접 닿는다는 것이다. 장미꽃은 세계에 닿지 않는다. 그러나 내가 보고 있는 개별적 장미는 세계에 직접 닿는다. 이것이 비트겐슈타인 고유의 대상object이다.

마찬가지로 인간세계에서는 교황이 존재being가 된다. 그 다음으로는 추기경들이 될 것이고 그 교권계급의 말단에는 가난하고 무식한 교구사제가 있다. 물론 세속계급도 마찬가지로 위계를 지어 나간다. 이때 세속적 질서는 교권계급의 질서의 그림자에 지나지 않는다. 왜냐하면 교권계급은 신에 대해 알고 있고 따라서 천국의 열쇠를 쥐고 있기 때문이다. 이러한 이념이 교권과 세속권의 끊임없는 갈등을 불렀다.

　　루터는 교황청의 개혁을 위해 나서지 않았다. 물론 루터는 교황청의 전락에 대해 무려 95개 조의 항의문을 발표한다. 그러나 루터는 교황청의 개혁을 원한 것이 아니라 교황청 자체의 폐기를 원했다. 다시 말하면 루터의 종교개혁은 구교의 개혁을 원한 것이 아니라 구교를 대체할 새로운 종교의 도입을 겨냥한 것이었다. 엄밀한 의미에서는 루터의 반항을 종교개혁the Reformation으로 이름 붙인 것은 루터의 의도와 또 그 의도의 결과에 대한 무지에 의한 것이다. 그것은 새로운 종교의 창시였지 기존 종교의 개혁은 아니었다. 어떤 의미에서 보자면 구교와 개신교의 차이는 구교와 조로아스터교의 차이보다 더 크다.

　　개신교는 심지어 새로운 종교에 그치는 것이 아니었다. 그것은 새로운 세계로의 진입이었다. 루터와 칼뱅의 이념은 확실히 유명론적인 것이었다. 루터가 "오로지 신앙만으로sola fide"를 외쳤을 때 그는 "신앙뿐만 아니라 행위에 의해서" 구원받는다는 구교의 이념만을 반박한 것은 아니다. 루터는 신에 대해 모른다는 것을 전제한다. 신은 우리 지성에 의해 포착되는 존재가 아니다. 지성 속에 있는 개념이라 해도 그 선험성은 수상스럽다. 다시 말하면 우리 마음속에 신의 개념이 자리 잡고 있다고 해도 그것이 우리의 신일 뿐이지 천상의 신이라고 주장할 도리도 이유도 없다. 왜냐하면 신의 개념뿐만 아니라 어떤 개념도 실재의 카운터파트를 가진다는 보증이 없기 때문이다. 삼각형이나 원 등의 선명한 기하학적 개념들이 실재의 보증을 받을 수 없을 때, 신이라는 개념이 어떻게 실재의 보증을 받을 수 있겠는가? 루터의 이러한 이념은 성 안셀무스의 "개념 속에 있으면 실재에도 있다"는 신의 존재론적 증명에 대한 전면적인 도전이었다.

교황청에서의 신의 타락은 그들이 신의 개념을 멋대로 주조했기 때문이었다. 지성이 단지 감각인식의 종합자에 지나지 않는다 해도 물론 지성의 편협한 행사의 위험은 언제라도 있다. 왜냐하면 그때의 세계의 해석은 규약agreement에 지나지 않게 되고 규약은 다수결의 문제나 혹은 강자의 이익이기 때문이다. 그렇다 해도 지성에 단지 종합자의 역할만을 부여하는 한, 그리고 그것을 우리가 의식하는 한 "세계는 단지 우리의 규약"이라는 명제의 가능성에 의해 지성의 횡포에 대한 선험적 규정은 없어진다. 누구라도 다수를 업고 혹은 권력에 의해 규약을 바꿀 가능성은 언제라도 존재한다. 따라서 권력은 가변적인 것이 된다. 교황의 권력은 이때 그 선험성의 이익을 누리지 못한다.

교황청은 물론 전통적인 그리스철학에 입각해 개념을 선험적인 것으로 규정하고 신을 그들의 독점하에 놓으며, 동시에 매우 자의적인 신의 개념을 주조한다. 교황청의 신학은 경험론의 이념에서 보았을 때 지적 "독단"이었다. 신에 대한 이러한 독단이 곧 주술이다. 왜냐하면 루터의 이념에 입각하면 지성은 과학의 문제이지 신앙의 문제가 아니기 때문이다. 따라서 교황청의 신학은 과학과 대립할 문제이지 신앙의 영역에 있지는 않다. 이것은 단순한 교리나 교파의 문제가 아니다. 개신교의 신학이 좀 더 현대의 이념과 들어맞을 뿐이다. 이해될 수 있는 신은 더이상 신이 아니다. 그것은 신학적으로 그럴 뿐만 아니라 논리적으로도 그렇다. 기독교는 신에 대한 소유권 문제에 있어 유태교보다 좀 더 보편적이었고 또 순수했다. 그 새로운 종교는 이를테면 신을 위한 신의 이념에 다가섰다. 그러나 이 새로운 신학 역시도 유명론이나 경험론의 공격에는 붕괴하게 된다.

앞서 말한 바와 같이 주술은 사이비과학 혹은 유사과학pseudo-science이다. 그것은 규약으로 정해진 주류 과학과 대립한다. 과학은 실증성과 검증의 영역에 있다. 다시 말하면 우리가 원하기만 한다면 언제라도 우리 감각인식이 미치는 개별적 사례들에 있어서 적용될 수 있어야 한다. "명제의 참과 거짓은 세계와 비교되었을 때 결정된다." 또한 반례가 하나만 제시된다고 해도 기존의 과학은 폐기된다. 흄이나 비트겐슈타인은 물론 과학적 가설에서 그 필연성the necessity을 제거한다. 이것은 단지 과학적 가설의 선험성을 부정한 것이지 그 검증 가능성 자체를 부정한 것은 아니다. 하나의 정립된 가설은 반례가 제시될 때까지 살아남는다.

교황청의 가설은 신앙의 영역에도 과학의 영역에도 있지 않은 인과율을 가정한다. 신의 존재와 그 성격에 대해 그들은 알고 있다. 따라서 신의 기쁨과 신의 분노와 인간의 구원에 대해 그들은 모든 것을 안다. 인간은 신의 기쁨에 부응하는 행위로 구원받는다. 당시의 일반적인 인본주의자들은 교황청이 개혁될 필요를 느끼고 있었다. 교황청의 행태는 신의 의지를 왜곡하고 있다. 그들은 이익을 위해 신을 제멋대로 해석하고 있다. 교황청의 교리는 인간의 합리적 지성과 배치된다. 이것이 당시의 인본주의자들이 처음에 루터의 개혁에 동조한 이유였다. 그러나 루터가 신과 관련한 교황청의 전횡을 개혁할 의도가 아니라 신에 대한 어떤 해석 — 올바른 해석이건 그렇지 않건 — 도 부정할 의도라는 것을 알고는 그들은 돌아서게 된다. 이것은 인간 지성의 부정이었고, 아예 실재론적 종교가 아닌 낯설고 세련되지 않은 매우 거친 새로운 종교의 도입이었다. 고대의 후손들에게 인본주의적인 인간 지성의 배제는 곧 야만이었다. 조르지오 바사리(Giorgio Vasari, 1511~1574)가 오컴의 유명론에 기초한 고딕양식에 분노와 경멸을 퍼부은 것은 에라스뮈스가 "개신교가 가는 곳에 문예는 소멸한다"고 우려한 것과 같다.

고대 그리스와 로마의 세련되고 우아한 실재론적 철학에 물든 그들은 신에 대한 불가지를 전제로 하는 루터의 새로운 신학에서 조르지오 바사리가 알프스 이북의 고딕성당을 보았을 때 느꼈던 비인본주의적이고 야만적인 신비주의를 알아챘다. 13세기에 파리에서 시작된 유명론은 확실히 지중해 유역의 철학에선 완전히 분리된 프랑크족 고유의 철학이었다. 이것은 이를테면 알프스 이남에 대한 이북의 독립선언이었고, 고대에 대한 최초의 본격적인 이별사였으며, 로마 유산의 영향력의 새로운 세계관에 의한 교체의 예고였다.

이 새로운 철학은 개념의 선험적 실재성을 부정한다. 존재는 단지 개별자로써 확인될 뿐이지 거기에 개별자의 추상화된 "공통의 본질 common nature"이 실재한다고 주장할 근거는 없다. 보통명사는 단지 유사한 것들을 집합적으로 부르기 위한 명칭일 뿐이다. 이것이 위대한 철학적 혁신가인 오컴의 개념 혹은 실재 — 현대의 일반언어학에서는 '의미'라고 일컫고, 언어철학에서는 '기호'라고 일컫는 — 에 대한 견해였다. 그는 물론 개념의 실재를 부정하는 것은 아니다. 그가 부정한 것은 단지 개념의 실재성을 전제로 하는 실재론과 거기에 기초하는 교황청의 신학이었다. 그는 묻는다. 그것이 왜 필요한가? 실재성에 대한 신념 없이도 해 나갈 수 있지 않은가? 이것이 유명한 "오컴의 면도날Ockham's Razor"이다. 개념의 실재성에 대한 인간의 신념은 베어져 나가야 한다. 그런데 정말이지 그것이 왜 필요했을까?

7

오컴의 면도날;
근검의 원칙

고대의 실재론과 그 실천적 적용 관계의 이해를 위해서는 수학적 논리학, 그중에서도 집합론과 관련한 이해가 필요하다. 개념이 실재하지 않는다고 말하는 것은 개념이 실재한다고 말하는 것과 같은 오만이다. 그것 역시도 정언적 명제이다. 유명론이나 경험론에서는 어떤 정언성도 부정된다. 우리는 "안다"고 말할 수 없는 이상으로 "모른다"고 말할 수도 없다. 우리는 아는지 모르는지조차 모른다. 다시 말하지만 오컴이 잘라낸 것은 개념의 실재성에 대한 우리의 신념이었지 실재 자체는 아니었다. 유명론이 실재를 부정하는 이념으로 잘못 알려져 왔다. 유명론은 실재를 부정하지 않는다. 오컴이 주장하는 것은 단순하다. 우리가 그 존재 유무를 모를 때 이제 그 필요를 물어야 한다는 것이다. "쓸모없으면 의미 없다What is useless is meaningless."는 것이 유명론과 경험론의 중요한 전제이다. 실재 유무에 대해 모를 때 어떤 탐구의 의의는 그 유용성에 달려있게 된다. 이것은 실용주의 이념의 중요한 전제이기도 하다. 추구할 실재를 안다고 말할 수 없을 때 기준은 현재로 옮겨져야 하며, 또한 그 기준은 현존에 대한 기여에 의해 정해져야 한다.

소쉬르(Ferdinand de Saussure, 1857~1913)는 언어의 자의성에 대해 설명하며 언어 탐구의 기준 역시도 현재의 유용성에 달려 있다고 말한다. 낱말과 개념, 즉 기표와 기의는 자의적 계약에 의해 맺어져 언어를 형성하게 되었지만, 그 계약의 기원과 동기에 대해 알 수 있는 방법은 없다. 또한, 안다고 해도 언어를 이해하는 데 어떤 유용성을 주지도 않는다. 우리는 기존의 언어를 주어진 것으로 받아들여야 한다. 언어학에 있어서 중요한 것은 과거의 언어에서 현재의 언어를 연역하는 것이 아니라, 현재의 언어의 구조와 작동원리에 대해 살펴보는 것이다. 이것이 공시언어학 linguistique synchronistique의 존재 이유이다. 통시언어학은 언어에 내재한 "의미"가 언어의 본질을 가리킨다는 가정을 전제한다. 그러나 거기에 의미가 있다는 것을 확인할 수 없다. 거기에 있는 것은 음성 신호의 분절에 의한 "가치value"뿐이다.

▲ 페르디낭 드 소쉬르, 1857~1913

우리가 축구의 기원에 관해 원한다면 기나긴 탐구를 해볼 수도 있다. 그리고 전 시대의 축구에서 현재의 축구를 연역해내려는 시도를 해볼 수도 있다. 그러나 이러한 탐구는 축구라는 게임을 더 잘 이해하고 즐기기 위해 어떤 도움도 되지 않는다. 이것도 그나마 그 기원이 찾아졌을 때의 얘기이다. 사실은 모든 것의 최초의 것들 — 비트겐슈타인의 철학에서는 "이름들names" — 은 찾아지지도 않는다. 최초의 것, 혹은 가장 근원적인 것을 발견했다는 자신감은 언제나 좌절을 겪는다. 그보다 더욱 단순한 것이 계속 존재하기 때문이다. 이 경우가 아니라면 그 최초의 것들은 독단에 지나지 않는다. 기하학의 경우에는 최초의 것들이 공준postulate이라고 불린다. 이 공준은 그러나 그 참임이 증명되지 않는다. 이것을 참이라고 주장한다면 그것은 독단이다.

오컴의 주장은 "개념의 실재성의 가정이 필요하지 않다useless"는 것이다. 세계를 군이 이원화할 필요가 없다. 개별자들만으로 해 나갈 수 있는데 그 개별자와 더불어 공통의 본질common nature이라는 또 하나의 세계를 가정해서 세계를 쓸데없이 복잡하게 만들 이유가 없다. "복수성은 필요 없이 가정되지 않는다Pluralitas non est ponenda sine neccesitate.."

그럼에도 불구하고 고대와 중세 내내 이 복수성의 철학이 팽배했던 이유는 무엇일까? 먼저 우리는 "모른다"는 언명을 "안다고 말할 수 없다"는 언명으로 바꾸어야 오컴의 의도에 좀 더 가까이 갈 수 있다. 우리는 "아는 것"과 "모르는 것"으로 세계를 나눌 수 없다. 우리는 무엇을 모르는지 모르기 때문이다. 경험론적 인식론의 견지에서는 우리가 바라보는 것은 우리의 감각 인식이라는 사실은 분명하다. 플라톤은 감각

인식에 눈을 닫고 오로지 추상적 사유만으로 이데아에 다가가기를 권한다. 마치 기하학이 우리의 어떤 감각적 경험에서도 독립한 순수한 정신적 활동에 의해 전개되듯이. 그러나 유명론이나 경험론은 이러한 기하학적 지식은 단지 논증적 지식demonstrative knowledge 혹은 동일률the principle of identity로서 우리에게 새로운 정보를 주지는 못한다고 말한다.

지식은 경험에서 온다. 경험은 우리 감각인식이라는 스크린에 의해 채색된 채로 우리에게 온다. 이것이 실재라고 말할 수 없는 이유는 여기에 있다. 그러나 그것이 실재가 아니라고 단언할 수도 없다. "모른다"는 사실은 긍정과 부정negation 모두에 해당한다. 그것이 실재일 수도 실재가 아닐 수도 있다. 그러므로 우리는 단지 세계를 "말해질 수 있는 것"과 "말해질 수 없는 것"으로 나누어야 한다. 실재는 물론 "말해질 수 없는 것"에 속한다. 따라서 우리는 실재에 대해 "안다고 말할 수 없다."

"안다고 말할 수 없다"의 반대 개념이 "안다고 말할 수 있다"가 아님에 주의해야 한다. "안다고 말할 수 없다"의 반대개념은 "안다고 말할 수도 있다"이다. 이것은 논리학에서 가장 중요한 부분 중 하나이다. "말해질 수 없다"는 명제는 모든 대상에 해당된다. 그러나 그 반명제는 모두에게 적용되지 않을 수도 있다.

집합론에서 이것은 다음과 같이 전개된다. 집합에서 "닫혀 있다"의 반대개념은 "열려 있다"가 아니라 "닫혀 있지 않다"이다. 이때 어떠한 정의에 의한 집합에 있어 그 정의가 성립하지 않음은 반례가 되는 원소 하나로 충분하다. "모든 행성은 항성을 돈다."는 행성의 집합의 정의는 항성을 돌지 않는 단 하나의 행성의 예에 의해서도 깨진다. 즉 "닫혀 있다"는 모두에 대해서 적용되지만 그 반명제는 일부에 의해서도 가능하다. "열려 있다"는 "닫혀 있다"의 반명제가 아니라 그 반명제 중 하나일 뿐이다.

실재에 대해 우리가 주장할 수 있는 것은 그것은 "말해질 수 없는 사실들"의 집합이라는 것이다. 실재에 대한 우리의 처지는 "우리는 닫힌 집합 안에 있다"는 사실이다. 실재에 대한 관계에 있어 우리의 집합적 정의는 "안다고 말할 수 없는 사람들"을 원소로 하는 집합이 된다. 이 닫힌 집합이 이를테면 새장bird cage이다. 인식론적인 새장이 존재론적인 "부조리absurdity"이다.

실재론자들은 "안다고 말할 수도 있다"고 주장한다. 그들은 "안다고 말할 수 있다"고 주장하지 않는다. 그들은 논리적으로 "닫혀 있거나", "닫혀 있지 않거나"가 전체 명제를 포괄한다는 사실을 알고 있다. 따라서 실재론에서는 실존주의도 부조리도 가능하지 않다. 알 수도 있기 때문이다. 그리스 고전비극이 최초의 실존주의 문학으로 잘못 알려져 왔다. 그 비극들의 고뇌는 실재의 가혹함이나 잘못 이해한 실재에서 비롯되는 것이지 거기로부터의 소외에 의한 것은 아니다. 실존주의는 인식론적 경험론의 존재론적 카운터파트이다.

경험론에 있어서의 부정negation은 특권을 인정하지 않는다. 모두가 실재로부터 등거리에 있다. 이 등거리는 "안다고 말할 수 없다"에 의해 규정되는 등거리이다. 이러한 인식론하에서는 무지의 목록을 늘

려가는 것이, 그리고 무지할 수밖에 없는 원인을 탐구하는 것이 유일하게 가능한 지적토대가 된다. 이것이 니콜라우스 쿠자누스(Nicolaus Cusanus, 1401~1464)가 "지적 무지에 관하여De Docta Ignorantia"를 말할 때의 지성의 의미이다.

경험론에서의 인식론은 한편에는 실재를, 다른 한편에는 "안다고 말할 수 없는 우리"를 가정한다. 이 두 세계는 오컴의 면도날에 의해 잘려있다. 다시 말하면 그 면도날은 우리 감각인식이라는 벽으로 작동한다. 우리 감각인식은 실증적 사실에 있어 유효하다. 여기에서 "유효"는 쓸모를 의미한다. 세속적 세계에서는 실증적 사실들을 잘 수집하고 그것을 가설로 만듦에 의해 과학과 법이 가능하게 된다. 이것이 나중에 소쉬르가 말하는 규약agreement이며, 비트겐슈타인이 말하는 바의 '가능성의 명제proposition of possibility'의 총체이다.

반면에 실재의 세계 — 그것이 신이건 이데아건 — 는 우리에게 미지이다. 우리는 이 세계에 대해서는 어떤 언명도 삼가야 한다. 이렇게 두 개의 세계는 각각의 법칙에 따른다. 이것이 이중진리설the doctrine of twofold truth이다.

이와는 반대로 긍정affirmation은 특권을 도입한다. 집합이 아예 열려 있다면 거기에 특권은 없다. 우리는 또 다시 실재에 대해 모두가 등거리에 있게 되는바 이번에는 "말할 수 있다"에 의해 같은 자격을 가진다. 그러나 논리학에 그러한 것은 없다. 실재론에서의 특권은 "안다고 말할 수도 있다"에 의해 도입된다. 집합은 "닫혀 있거나" 혹은 "닫혀 있

지 않거나"이다. 집합은 전체를 열지 않는다. 조그마한 샛문이 생길 뿐
이다. 일부의 사람들은 "좁은 문"을 통해 실재에 닿는다고 주장한다. 이
제 반례가 도입되었고 새장은 더 이상 닫혀 있지만은 않게 되었다. 대부
분의 행성은 여전히 항성을 돈다. 그러나 일부의 행성은 실재로의 여행
을 한다. 따라서 실재론이 관념과 위계를 동시에 불러들이는 것은 집합
론에서 제시하는 논리학에 준한다. 이것이 유비론the doctrine of analogy
이다. 특권적 일부가 제시하는 실재의 세계를 지상세계가 닮아야 한다.
새장 대신에 사다리가 생겨난다.

유명론 혹은 경험론이 도입하는 세계는 우연적인contingent 것이고
따라서 결정론적 세계이지만, 실재론 혹은 합리론이 도입하는 세계는
필연적인necessary 것이고 따라서 자유의지에 의한 세계이다. 우연적 세
계는 필연적 무지를 주고, 필연적 세계는 우연적 지식을 준다. 교황청은
우연적 지식의 수혜자이며 인간 구원의 독자성과 자율성의 장본인이다.

공통의 본질의 실재성이 필요했던 이유는 아마도 이것이었다. 그
것이 의식적 이유는 아닐지 몰라도 적어도 무의식적 동기였다. 거기에
서의 특권적 계급은 실재, 곧 공통의 본질에 대한 지식을 근거로 그 우
월적 지위를 마음껏 누릴 수 있었다. 실재론에 의해 교황청은 많은 이득
을 보고 있었다.

교황청은 복잡한 미사 전례의 준수와 헌금과 면죄부의 구입 등에
의해 인간의 영혼이 천국으로 인도된다고 주장한다. 그들은 신 앞에 벌
거벗은 "단독자"로 나서지 않는다. 매우 복잡한 의례와 복장을 하고 나

선다. 그러한 겉치레를 신이 원한다. 이렇게 신은 타락해 간다. 인간과 소통하는 신은 인간을 닮는다. 인간의 모든 위선과 탐욕과 기만까지도. 오컴이 도입한 새로운 신학에서는 교권계급이 존재해야 할 이유가 없다. 모두가 "안다고 말할 수 없는" 처지에 있을 때 교권계급도 예외일 수는 없기 때문이다. 모두가 신에 대한 지식이나 우월권 없이 벗겨진 채로 신 앞에 나서야 한다.

8

실재론과
유명론

교황청은 신앙을 지닌 것이 아니라 단지 사이비 과학을 가지고서는 사이비 인과율을 행한다. 그것은 신과의 거래이다. 그러므로 신을 안다고 말하는 모든 신앙은 개신교의 견지에서는 주술을 행하는 것이고 이것이 새로운 신앙이 규정하는 바의 미신이 된다. 신앙에 있어서 교리는 어떤 의미에서는 부차적이다. 문제가 되는 것은 언제나 그 교리의 해석과 거기에 따르는 행동에 있다. 기독교의 유태교를 비롯한 기타 모든 고대 종교와의 차별성의 동기는 그것이 보편적catholic이 될 수 있었던 근원적인 이유와 같다. 고대의 모든 종교는 매우 실천적인 것으로서 이를테면 신과 인간 사이의 거래에 입각한 것이었다. 신과 인간 사이의 계약 — 유태교는 그것을 맹약the Covenant이라고 부르는바 — 은 상업적 계약의 정신과 형식을 지닌다. 인간이 신에게 신이 원하는 모종의 것들을 해주면 신은 그 반대급부로 인간에게 무엇인가를 해준다. 그러나 이 계약은 상업적 계약의 효력이 당사자들에게만 미치듯이 특정 민족과 특정 신과의 배타적 계약이었다. 따라서 이러한 종류의 계약이 보편적인 신앙으로 승화될 수는 없다. 이것은 측량술과 기하학이 다르듯이 다르다.

측량술은 순수pure하지 않다. 그것은 실천적인 것이다. 만약 누군가가 측량술에서 기하학적 논리만을 추출해서 그것을 체계화한다면 그것은 모종의 정신적이고 지적인 체계로 변하게 되며 동시에 보편적인 것으로 분화될 가능성을 가진다. 기하학은 실천적이지 않다. 물론 그것이 실천적 목적에 이용될 수는 있다. 그러나 그것 자체로서는 그것은 하나의 정신적 유희이며 지적인 훈련이다.

신앙도 마찬가지이다. 인간이 실천적 목적에서 신을 독립시키게 되면 신은 순수한 것이 되며 단지 신앙을 위한 신앙의 대상이 될 수 있다. 기하학 역시도 수학을 위한 수학이다. 그것은 다른 어떤 동기에 의해서가 아니라 그것이 내재적으로 지니고 있는 논리적 명석성을 위해 추구될 뿐이다. 기독교는 신을 순수한 것으로 재탄생시킨다. 새로운 신은 인간과 어떤 종류의 실천적 계약도 맺지 않는다. 그 신은 그것이 지닌 내재적 이유, 즉 전능함, 사랑, 무한함 등에 의해 추구된다. 다시 말하면 새로운 신은 그것이 지닌 내재적 선, 즉 이데아로서의 선 때문에 추구될 뿐이다. 이것이 기독교의 교리가 그리스 철학을 닮은 모습이며, 그리스 철학이나 수학이 보편적인 것이 될 수 있었듯이 기독교가 보편적인 신앙이 될 수 있었던 이유였다.

기독교가 천 수백 년간 보편적인 종교로서의 독점적 지위를 유지할 수 있었던 동기는 유클리드 기하학이 그 시간만큼 독립적 기하학이 될 수 있었던 동기와 같다. 문제는 이 두 체계, 엄밀히 말하면 기독교와 그리스 철학의 체계가 19세기 이래 생명력을 잃었다는 사실에 있다.

어떤 철학체계 혹은 신학 체계도 그 자체로서 옳거나 그르지는 않다. 현대가 경험론을 선택하듯이 고대 그리스인들과 중세인들은 실재론을 선택했을 뿐이다. 하나의 세계관으로서 택할 수 있는 시대는 동시대the contemporary age밖에 없다. 현대는 경험론이라는 규약에 동의했다. 경험론하에서의 신앙은 마땅히 알 수 없는 실재라는 전제에 입각해야 한다. 이 입장에서 보았을 때 기독교의 전통적인 신학을 현대에 견지한다면 그것은 주술 혹은 미신에 지나지 않게 된다. 세계관은 자의적인 것으로 인정되지만 다른 문화는 거기의 규약에 묶인다.

현대의 세계관이라는 견지에서는 루터의 이념에도 문제가 없는 것은 아니다. 어쩌면 이 문제는 비일관성이라는 더 큰 문제를 지닌다. 루터는 개념의 실재성에 의한 부정에서부터 지성의 대상으로서의 신을 부정한다. 그러나 개념이 실재하지 않는다면 삼위일체는 불가능해진다. 오컴의 철학에 준하면 "개별자만이 존재한다." 만약 그렇다면 성부와 성자는 서로 공유할 수 있는 공통의 본질common nature을 잃는다. 공통의 본질이 곧 실재라는 개념이기 때문이다. 이 경우 예수의 신성은 부정된다. 개별자만이 존재하기 때문에 예수는 예수로서, 신은 신으로서 각각 존재하게 된다.

애송이 신학자는 어설픈 논리를 이용한다. 한 명의 남자가 동시에 아버지이며 남편이며 오빠가 될 수 있듯이, 성령이 성부이며 성자일 수 있다고 말한다. 그러나 이것은 대상을 달리했을 때이다. 그 남자가 아들에게는 아버지이고, 배우자에게는 남편이고, 여동생에게는 오빠가 될 수 있다. 그러나 그 남자가 한 사람에게 그 모든 것이 될 수는 없다. 마찬가지로 하나의 신이 하나의 대상에 대해 동시에 아들과 아버지일 수는 없다. 이것은 간단한 논리적 모순이다. 인간이라는 단일한 대상에 대해 성령이 성부이며 동시에 성자일 수는 없다. 이 경우 삼위일체는 불가능하다.

루터는 그러나 삼위일체를 부정할 수는 없었다. 그의 새로운 종교는 개념의 실재성에 대한 부정에서 출발하지만, 그 논리를 계속 밀고 나가게 되면 기독교 자체의 존립이 위협받게 된다. 루터는 돌아선다. 이것이 유명한 루터의 반동이다. 토마스 뮌처(Thomas Müntzer, 1489~1525)의 농민 반란에 대한 루터의 잔인한 대응은 유명론이 불러올 결과가 어떤 것이 될 것인가에 대한 예측에서 온 것이었다. 모두가 신에서 등거리에 있어야 하지만 어떤 사람들은 더 등거리에 있어야 했다. 마치 나폴레옹 돼지가 "모든 동물은 평등하다. 그러나 어떤 동물을 더 평등하다."고 말하는 것처럼.

물론 당시의 세계에서 루터의 신학은 적절한 것이었다. 개신교는 부르주아를 위한 종교였기 때문이다. 부르주아들은 기존의 특권계급을 공격하기 위해서는 경험론자가 되었지만 하층민에 대해서는 다시 실재론적 이념으로 스스로를 보호한다. 이 새로운 실재론이 로크(John Locke, 1632~1704)의 제1성질이며 칸트의 선험적 감성과 카테고리이다. 로크는 모든 것이 경험에서 온다고 말함에 의해 선험적 우월성을 주장하는 귀족과 교권계급을 해체시키지만, 선험적으로 존재하는 기하학적 요소들이 제1성질로서 존재한다고 말함에 의해 부르주아들의 새로운 기득권을 만들어 낸다. 칸트 역시도 그의 인식론의 내용을 경험으로 채우지만 형식은 선험적 관념에 준한다고 말한다. 그는 "지식은 경험에서가 아니라 경험과 더불어 온다."고 말한다. 경험에 동반하는 그것이 감성과 오성의 선험적 형식이다. 이것이 당시의 부르주아의 애매한 입장이었다. 부르주아라는 계급 자체가 모순이었다. 그러나 이 어중간한 이념은 곧 붕괴한다. 경험론으로의 계속된 진행이 유럽의 운명이었다.

19세기 말의 다위니즘과 마르크시즘, 그리고 20세기 초의 정신분석학을 마지막으로 유럽은 실재론과 완전히 결별하게 될 뿐만 아니라 지성의 유의미한 역할과도 결별하게 된다. 이것이 "의미의 상실"이다. 근대 내내 가치는 의미에서 연역된다고 생각했다. 그러나 우리가 의미에 대해 말할 때 우리는 사실은 환각을 더듬고 있었다. 우리는 모르는 것에 대해 지껄이고 있었다. 의미는 만약 그런 것이 필요하다면 가치로부터 요청될 뿐이었다. 의미의 상실에 의해 사막의 오아시스에서 마지막 물 한 방울조차 증발된다. 이제 냉담과 초연과 자기포기가 삶의 전제조건이 되었다.

종교적 키치가 발생하는 시점이 바로 여기이다. 누군가는 신으로부터 더 등거리에 있어야 한다는 이념이 바로 스스로에게 의미를 부여하는 것이며, 그것이 곧 키치적 신앙이다. 그리스의 철학은 기하학적 모델과 닮았다. 현존은 공준을 닮아야 한다. 공준이 곧 이데아이다. 중세는 공준을 신으로 대치했다. 문제는, 공준은 객관적이고 보편적인 기준이지만 이데아는 언제라도 이데아에 대한 지식을 소유한 사람의 자의에 휘둘릴 수 있었고 신이라는 이데아는 이 점에 있어 더욱 교권계급의 전횡의 매개물이었다. 신이라는 개념은 그 개념의 실재성에 의해 이익을 볼 수 있는 사람들이 멋대로 주조할 수 있었다. 결국, 실재론이 종교를 타락시키기보다는 종교가 실재론을 몰락시켰다. 이때 종교는 유사과학, 즉 미신으로 전락하게 되며 기복적이고 통속적인 신앙이 된다.

종교적 키치는 기복신앙을 경멸한다. 키치예술이 통속예술의 저속성을 경멸하듯이 독신자들은 오만하게도 곡예사를 야유한다(아나톨 프랑스). 종교적 키치는, 경건하다고 스스로 믿고 있는 자신으로 관심의 초점을 옮긴다. 이때 종교적 견지에서의 이차적 눈물이 발생한다. 신이 인간에게 귀속될 때 통속적 신앙이 되고, 인간이 신에게 귀속할 때 진정한 믿음의 가능성이 생겨난다. 신과 인간 사이에 "경건한 자신"이라는 제3의 요소가 끼어들 때 키치적 신앙이 된다.

루터가 개혁을 밀고 나갔다면 그는 또 다른 네스토리우스(Nestorius, ?~451)나 아리우스(Arius, 250~336)로 이르게 된다. "하늘 아래 새로운 것은 없다." 유명론적 신앙은 이미 기독교의 발생 때부터 실재론과 더불어 존재했다. 그러나 신앙을 유사과학으로 만듦에 의해 이익을 보는 초기교부들이 권력을 잡았고 이들이 유명론적 신앙을 이단으로 치부함에 의해 기독교는 신앙의 운명에서 벗어나 언제라도 과학과 경쟁할 운명에 처했다. 이것이 교권이 세속권력과 계속 충돌한 동기였다. 세속권력에 대한 교권의 경쟁은 실재론적 신앙의 최악의 상태에서뿐만 아니라 최선의 상태에서도 발생한다. 전자가 교황청의 세속적 타락의 경우이며 후자가 토머스 모어(Thomas More, 1477~1535)의 반항의 예이다.

교권과 세속권력의 완전한 분리는 유명론적 혹은 경험론적 신앙 하에서만 가능하다. 경험론에 의해서만 각각의 문화구조물은 서로 독립적이게 되며 전체로부터 해체되어 스스로에게 수렴하게 되기 때문이다. 플라톤적 이념의 전개는 예술과 삶과 정치 모두가 이데아를 지향해야 한다는 사실을 필연적인 것으로 만든다. 아리스토텔레스(Aristotle, BC384~BC322)가 "예술은 자연을 닮는다."라고 말할 때 그의 자연은 이데아로서의 자연이다. 따라서 그가 시학에서 고전 비극에서 가장 중요한 요소는 스토리와 거기에 내재한 의미라고 할 때 그의 마음속에 있었던 것은 예술이 거기에 내재한 의미에 봉사해야 한다고 말하는 것이었다.

플라톤의 철학을 입고 출발한 기독교는 신을 가장 상위의 이데아로 간주하게 된다. 그리고 그 "신은 기하학을 한다." 이때 인간적 삶의 모든 양상은 기하학적 신을 지향해야 한다. 단지 그 기하학이 언제라도 교권계급의 자의적 이익에 의해 공준을 설정할 수 있다는 사실이 문제였지만 어쨌건 실재론이 "신을 안다"고 말할 수 있는 것은 우리가 명석하고 판명한 정신에 의해 기하학을 안다고 말할 수 있는 것과 같다. 이때 세계는 이 기하학적 신을 향해 정렬되어야, 다시 말하면 그 신을 닮아야 한다. 이때 교권과 세속권이 충돌하게 된다.

실재론적 신앙은 유비론the doctrine of analogy을 가정한다. 인간의 삶은 천상세계와 유사해야 한다. 세속적 삶은 천상적 질서를 취해야 한다. 여기에서 지상의 이익과 천상의 이익이 충돌한다. 지상 이익의 대변자는 제후와 영주이고 천상 이익의 대변자는 물론 교권계급이다. 실재론하에서는 교권은 제정일치의 신정정치가 될 때까지 밀고 나가게 된다. 이것을 막을 수 있는 것은 신앙에 대한 무관심 외에는 없다. 신앙 외에 관심을 기울일 만한 무엇인가가 없는 한 정치체제는 계속해서 더 유비론에 의해 교란되게 된다. 세속적 세계에 대한 질투와 분노가 원리주의 혹은 근본주의fundamentalism이다.

9

근대의
두 신앙

　　중세 이후 부르주아계급은 신앙 외에 물질이 새로운 추구의 대상이 될 수도 있다는 사실을 제시함에 의해 실재론하에서도 제정분리가 가능하다는 사실을 보여주게 된다. 물질적 부의 가능성은 언제라도 신앙을 2차적인 문제로 밀어놓게 된다. 물론 실재론적 부르주아 계급의 신앙심이 상당한 정도로 유지되는 것은 사실이다. 그렇다 해도 이제 신을 위해 물질적 성공의 가능성을 포기하게 되지는 않는다. 영혼은 가난을 이긴다. 그러나 재화는 영혼을 이긴다. 성 프란체스코의 시대는 완전히 끝난다.

　　물론 실재론적 이념하에서 신과 세속적 탐욕의 공존은 많은 위선을 전제한다. 그러나 몇몇의 구교 국가, 특히 이탈리아와 프랑스는 언제라도 위선적이 될 수 있었다. 프랑스의 근대 국가로서의 진입은 신앙과 관련한 부르주아 계급의 위선과 맺어져 있다. 경건과 청빈과 희생을 요구하는 신의 의지에 반해 물질적 성취와 그것이 주는 향락을 더 중시하기 위해서는 타협과 위선이 필요하다. 이제 신이 인간에게 귀속하게 된다. 실재론적 신앙에서 인간이 신에게 귀속할 때 제정일치의 사회가 되고, 신이 인간에게 귀속할 때 상승하는 중산층the rising middle class의 근대국가가 된다. 개신교 국가가 부르주아의 극단적인 경건함에 의해 근대 국가로 진입할 수 있었다면, 구교국가는 부르주아의 타협과 위선에 의해 근대국가로 진입하게 된다.

개신교 국가가 자본주의의 도입에 있어 선도적일 수 있었던 이유는 그들의 이념이 "알 수 없는 신"을 전제함에 따라 망설일 이유 없이 물질적 추구에 몰두할 수 있었기 때문이다. 다시 말하면 개신교의 독특한 이념은 그들 삶의 내용을 비워 놓지만, 그 형식에 있어 그들을 향락의 진공상태에 갖다 놓기 때문이다. 무엇을 추구하는가는 더 이상 중요하지 않게 되었다. 신이 삶의 어떤 내용을 요구하는가에 대해 인간은 알 수 없기 때문이다. 그러나 어떻게 추구하는가는 결정적인 중요성을 띠게 된다. 무엇을 하는가가 아니라 어떻게 하느냐가 중요한 문제가 된다. 나는 신이 무엇을 원하는지 모른다. 그러나 열심히 사는 내가 있다는 사실, 그리고 그 열심히 살고 있는 내가 내 일에서 성공하고 있다는 사실은 내 영혼이 아마도 구원을 향하고 있다는 희미한 증거는 된다. 이것이 돈을 위한 돈의 이념이며 동시에 자본주의의 이념이다. 그들에게 돈은 수단이 아니다. 그 축적 자체가 목적이다. 청교도들이 향락을 경멸하며 오로지 그들의 일에 있어 끈질긴 매진을 보여준 이유는 이것이었다. 한 순간의 향락조차도 허용될 수 없었다.

구교는 이 점에 있어 미신적으로 대응했다. 그들은 영혼이 믿음뿐만 아니라 거기에 따르는 행위에 의해 구원된다고 규정한다. 죄악은 언제라도 고해성사에 의해 사면될 수 있었다. 개신교도라면 물을 것이다. "신에 대해 알 수 없는데, 신이 고해에 의해 죄를 사할 것을 어떻게 아느냐?"고. 개신교는 근본적으로 예정설predestination을 믿는다. 우리가 알 수 없는, 그렇기 때문에 어떻게 해볼 수 없는 우리 영혼의 구원과 관련하여 그들은 결정론determinism, fatalism을 수용할 수밖에 없다. 우리의 운명은 신의 견지에서는 정해진 것이다. 그것을 우리는 모른다. 따라서 구원을 향해 우리가 할 수 있는 것은 아무것도 없다. 우리는 단지 근면과 검소와 절도에 의해 타락한 영혼이라면 지닐 수 없는 미덕을 보일 뿐이다. 이것이 구원을 위해 신교도들이 할 수 있는 전부이다.

실재론적 신앙하에서의 근대국가로의 진입과 자본주의의 도입이 따라서 위선과 거짓 위에서만 가능한 이유는, 특히 프랑스의 부르주아 계급이 위선적 양상을 띠게 되는 소이는 여기에 있다. 그들은 신의 뜻을 안다. 그 신은 부를 경멸한다고 말해진다. 여기에서의 탐욕은 따라서 어떤 종류의 합리화하에서만 가능하다. 예수가 "하느님의 것은 하느님에게로, 시저의 것은 시저에게로"라고 말했을 때 예수의 의도는 만약 그것이 하느님의 세계와 세속세계가 분리된다는 것을 의미한다면 전적으로 일관성 있는 논리가 된다. 아마도 예수는 그것을 말한 것으로 믿어진다.

그러나 교황청은 하느님의 힘을 빌미로 시저의 것을 탐했다.

만약 예수의 이 말을 그대로 이해한다면 그것은 사실상 이중진리설the doctrine of twofold truth을 말하고 있다. 경험론은 이데아에 대해 모르듯이 신에 대해 모른다는 것을 전제한다. 오컴의 면도날이 일단 작동하면 신앙과 인간적 삶은 어느 쪽을 위해서도 무시무시한 결과를 초래한다. 개념의 실재성에 대한 우리 신념을 베어낸다는 것은 세속적 삶에서 신앙을 베어낸다는 것을 의미한다. 물론 이것은 신앙이 불가능하다는 것을 말하는 것이 아니다. 단지 신앙이 세속적 삶에 개입하거나 삶에 신앙을 끌어들이는 것을 막는다는 것을 의미한다.

유명론하에서의 지성은 말해진 바와 같이 우리 감각의 종합에 지나지 않게 된다. 그것은 단지 생생한 감각에 대한 희미한 기억의 종합자일뿐이다. 감각에 없다면 지성에도 없다. 지상의 무엇도 우리 감각인식에서 독립하지 않는다. 이때 지상적 삶을 규정하는 질서, 다시 말하면 인간의 과학과 도덕률은 "세계의 물리적 총체성"의 규약과 사회적 규약(법률)으로 전락하게 된다. 신이 규약의 대상일 수는 없다. 신은 규약의 차원에 있지 않는다. 그러나 세계는 우리의 언명statement, 혹은 규약이라는 단일 차원 위에 있다. 따라서 지성의 전락은 신을 지상세계에서 증발시킨다. 신이 교황청의 자의적 이익에 더 이상 봉사하지 않게 된다.

신은 더 이상 알 수 있는 존재이기를 그친다. 신의 세계와 인간의 세계는 이렇게 분리되게 되고, 교권은 사라지게 되며, 지상세계는 단지 세속적 권력과 세속적 삶의 문제가 된다. 구원은 이제 세속적 삶과 관련되기를 그친다. 우리의 어떤 행위가 신의 의미를 충족시킬 수 있는지 알 수 없게 되기 때문이다. 이러한 이념은 그 안에 모든 세속적 신앙의 가능성을 배제시킨다. 심지어는 이 논리를 끝까지 밀고 나갈 경우 예수가 신이 될 수 없다. 그는 세속세계에 속했었기 때문이다. 이것이 개신교가 지닌 내재적 문제였다. 실재론적 신앙이 신과 물질을 타협시켰듯이, 유명론적 신앙은 신과 예수를 타협시킨다. 결국 실재론적 신앙이나 유명론적 신앙이나 궁극적으로는 모두 타협과 절충과 위선 위에 기초하게 된다.

실재론은 우상을 용인한다. 만약 그 우상이 예술이 자연을 닮듯이 신을 닮은 것이라면 용인될 수 있다. 이것이 콘스탄티누스(Constantinus I, 274~337)가 말하는바, "신은 성스러우므로 신을 닮은 것도 성스럽다"고 말하는 동기이다. 그러나 유명론은 어떠한 종류의 우상도 용인하지 않는다. 신에 대해 알 수 없는바, 어떻게 신의 형상을 닮은 감각적 응고물이 가능하겠는가. 초기 개신교는 우상을 용인하지 않는다. 에라스뮈스가 "개신교가 가는 곳에 문예는 소멸한다."고 말한 동기는 유명론적 신앙하에서는 어떠한 종류의 감각적 표상도 신과 관련 맺지는 못하다는 동기에 의한다. 아마세아의 아스테리우스(Asterius of Amasea, 350~410)가 "신이 인간이 되었다는 한 번의 모욕으로 족하다. 이제 신의 형상보다는 신의 말씀을 믿도록 하자"고 말했을 때 그가 몰랐던 것은 신의 형상이 감각적 우상이라면 신의 말씀도 지성적 우상이라는 사실이었다. 신의 감각적 표상이 신을 전락시키는 것이라면 신의 지성적 표상 역시

신을 전락시키는 것이다. 전자는 무식한 사람들에 의해, 후자는 그리스 철학에 능란한 교권계급에 의해.

유명론하에서는 신에 대한 모든 인간적 기술description은 우상이 된다. 기술, 즉 말해질 수 있는 것은 먼저 감각인식과 그 사회적 합의인 규약에 입각한 것에만 한정된다. 인간은 신에 대해 모른다. 신은 원래 감각적 인식의 대상이 아니었다. 이것은 모두가 아는 바이다. 그것은 감각 이전에 존재하는 지성의 인식대상이었다. 그래야만 했다. 그러나 지성은 몰락했다. 그렇다면 이제 인간의 인식 수단에는 신을 위한 여지는 없다. 인간은 신을 알 수 없다. 신에 대한 어떤 인간적 언급도 거짓이거나 우상이다. 그러므로 루터의 "성경만으로sola scriptura"라는 언급도 사실은 타협의 산물이다. 성경이 성령에 의해 쓰였다는 주장 자체가 다시한 번 인간적 지식을 신앙에 끌어들이는 것이기 때문이다. 그것이 성령에 의한 것이었다는 사실을 우리가 어떻게 알 수 있는가? 신이 인간의 언어로 무엇인가를 말한다는 것을 어떻게 보증하는가?

10

의미의
문제

　유명론을 끝까지 밀고 나갈 경우 신앙은 전적으로 "말해질 수 없
는 것what cannot be said"이 된다. 그것은 알 수 없는 것이다. 비트겐슈
타인이 "알 수 있는 것what can be known"과 "알 수 없는 것what cannot be
known"으로 세계를 나누기보다는 "말해질 수 있는 것"과 "말해질 수 없
는 것"으로 나눈 동기는 지성이 규정하는 개념의 세계에 대해 그것이 존
재한다고 말할 수 없는 것 이상으로 그것이 존재하지 않는다고도 말할
수 없기 때문이다. 엄밀히 말해 신은 알 수 없는 대상이기 이전해 말해
질 수 없는 대상이다. 신에 대한 어떠한 종류의 언급도 존재해서는 안
된다. 신앙은 단지 "보여질 문제what must be shown"이다.

　실재론적 신앙에서의 경건을 위장한 타협과 유명론에서의 신념에
찬 타협이 키치적 신앙이다. 전자가 자기 인식적 키치라면 후자는 고집

스럽고 아둔한 타협이다. 양쪽 모두 노골적인 통속성을 지니지는 않는다. 전자는 신을 지상세계에 머무르게 함에 의해, 후자는 스스로가 신에 귀의함에 의해 키치가 된다. 후자의 신은 하늘에 존재해야 했는데 하늘과 땅의 중간지점에 머무른다. 거기서 인간과 만난다. 구교와 개신교 모두 신과 인간 사이의 절충과 타협과 위선을 인간이 행했다는 점에서 역겹다. 전자는 물질적 탐욕의 정당화를 위해 후자는 스스로의 경건함에 대한 자기만족을 위해.

따라서 종교적 키치는 예술적 키치와 마찬가지로 상당히 현대적 양상이다. 지성과 그 응고인 의미의 몰락은 현대의 전제이기 때문이다. 키치의 첫 번째 문제는 지성이 없는 곳에 지성을, 의미가 증발한 곳에 의미를 끌어들인다는 데에서 발생한다. 이것이 키치를 "이차적 눈물the second tear"로 만든다. 예술과 인간 사이에 지성을 개입시켜 거기에 의미를 부여할 때 감상자는 예술에 집중하기보다는 예술의 의미에 집중하게 되며 자신의 우월성과 대견함을 확인하게 된다.

이것은 매우 중요한 문제이다. 근대의 소멸은 의미의 소멸이기 때문이다. 지성은 의미와 맺어진다. 현대의 경험론은 과거의 유명론과 마찬가지로 지성의 선험성을 인정하지 않는다. 이 경우 의미체계 역시도 근원적인 선험성을 잃는다. 그것은 우리가 멋대로 만든 것이었고 그것을 만든 사람들의 이면에는 탐욕과 자만심이 있었다. 이렇게 예술 자체에보다는 자기가 조성한 그 예술의 의미에, 신 자체보다는 자기가 조성한 신의 의미에 집중할 때 미와 신앙의 추구는 이차적인 것이 되며 따라서 키치적 태도가 되고 만다.

　　물론 이것은 수용자만의 문제는 아니다. 그 장본인, 즉 예술가 등과 성직자들이 그것을 위한 기회를 제공하고 또 키치로의 감상과 믿음을 독려한다. 그들은 예술과 감상자, 신과 인간 사이에 끼어드는바, 스스로 키치가 되고 만다. 예술가는 작품으로 말하면 된다. 자신의 작품에 대한 어떤 종류의 설명도 의미를 부여하는 것이 되고 따라서 키치이다. 신앙도 마찬가지이다. 이 경우에는 성직자가 필요 없다. 모두가 신으로부터 등거리에 있다. 이 등거리는 "안다고 말할 수 없다"에 의해 규정되는 등거리이다. 이것이 니콜라우스 쿠자누스가 말하는 "무지의 지", 혹은 같은 말이지만 "지적 무지"이다. 스스로는 보다 더 등거리에 있다고 주장하는 성직자들은 신과 인간 사이에 게재해서는 신의 의미를 조성하고 스스로가 그 대변인임을 자처한다. 그러나 그러한 것은 없다. "전체에 대해 참일 때, 부분에 대하여도 참이다.(아리스토텔레스)" 누가 더 등거리에 있을 수는 없다.

　　간단히 말해 종교적 키치는 "신에 대한 지적 해명"이라고 정의될 수 있다. 물론 통속적 신앙 역시도 신에 대한 나름의 지적 설명을 한다. 그러나 그것은 일차적이다. 그들은 신에 대해 "심리적 거리psychical distance"를 유지하지 못한다. 심리적 거리는 일종의 "무지의 지"와 같은 것으로 이번에는 "차가운 열정"이라고 정의될 수 있다. 그것은 확고하게 증대된 관심이 오히려 사심interest 없을 때 작동될 수 있다.

　　이것은 단지 예술이나 신앙과 관련된 문제만이 아니다. 삶의 모든 것이 심리적 거리와 관련된다. 지혜를 가진 여성이라면 천재의 재능을 가진 남자를 자기 소유로 하기보다는 그의 천재성의 발휘에 초점을 맞춘다. 재능의 발현을 위해서 그 남자와 관련된 어떤 탐욕도 제어할 때 심리적 거리가 유지된다고 말할 수 있다.

마찬가지로 지혜로운 부모는 자신의 아이들을 단지 유전인자로만 바라보지 않는다. 그들은 자기 유전자의 복제이기에 그 번성이 부모의 중요한 관심사가 된다. 그러나 이러한 동물적 밀착은 심리적 거리에 의해 분리되어야 한다. 물론 자기 아이들은 자기가 원하는 방식으로 번성하기를 부모들은 바란다. 그러나 진정한 부모라면 아이들을 자기 유전자로 보기보다는 자기에게서 곧 독립하여 스스로의 삶을 꾸려 나가야 할 객체로 본다. 자기 아이의 삶에서 자기의 동물적 본능과 관련된 부분을 지울 때, 그리하여 자기의 요구와 상관없이 아이가 스스로의 역량과 관심에 의해 그들의 삶이 온전해질 좋은 육아였다고 만족한다면 심리적 거리가 유지되었다고 할 수 있다. 지극한 관심과 동시에 작동하는 무소유의 의지가 곧 심리적 거리이다.

통속예술이나 기복적 신앙은 여기에서 실패한다. 그들은 예술과 신에 사심 없는 심미적이고 종교적인 열정을 기울이지 못한다. 그들의 열정은 언제나 사심을 전제한다. 통속적 감상자는 비너스에게서 성적 욕망의 발현을 느끼고 기복적 신앙인은 신에게서 세속적 이익을 구한다. 진정한 감상자는 예술에서 "예술을 위한 예술"의 느낌을 지니고, 진정한 독신자는 자기 신앙에서 "신을 위한 신"을 본다. 즉 그들은 욕망에 혹은 이익에 입각해서 예술이나 신을 구하지는 않는다. 그들은 예술에서 보편적 미를, 신에게서 보편적 존재 의의를 찾으려 애쓴다. 인간으로서의 자기와 독립된 "미를 위한 미", "신앙을 위한 신앙"이 예술과 신앙을 대하는 참된 태도이다.

키치 역시도 심리적 거리를 유지한다. 그러나 그 거리는 예술과 감상자 사이에 혹은 신과 신앙 사이에 성립하는 것이 아니라 예술을 감상하는 자기, 신을 믿는 제2의 자기와 자신 사이에 성립한다. 즉 예술자체 혹은 신 자체에서 관심이 그 사이에 게재한 자신에게로 옮겨지고, 그 자신과 본래의 자신 사이에 심리적 거리가 유지된다. 이때의 심리적 거리는 "의미meaning"를 매개로 발생한다.

예술도 신앙도 의미를 위해 존재하지 않는다. 이것은 비단 예술이나 신앙만의 문제가 아니다. 세계는 우연이고 운명은 이미 결정되어 있다. 그러나 의미는 우연보다 높은 차원을 자임하고 세계는 자유의지에 준한다고 말한다. 과거의 행위의 총체에서 미래의 행위가 추론된다는 것이 자유의지론the theory of free will이다. 그러나 모든 행위는 다 같이 우연이라는 동일 차원에 존재한다. 행위 전체를 필연적인 것으로 묶을 때 우리는 다시 한 번 안일한 타협을 하게 된다. 이것은 작은 몰락이 아니다. 우리의 정신세계와 윤리적 세계 전체가 의미 가운데 몰락한다. 의미를 말하는 순간 우리는 데이비드 흄 이래 힘겹게 분쇄해온, 그리하여 트리스탄 차라(Tristan Tzara, 1896~1963)에 의해 종말이 선언된, 근대적 계몽주의를 다시 끌어들이는 것이며 따라서 파시즘을 다시 끌어들이는 것이다. "다다는 삶이 그러해야 하듯, 허세가 없다Dada is without pretension, as life should be."

의미 위에 착륙하는 사람들은 그것을 연역의 기초로 해서 자기 삶의 정당화를 구한다. 그러나 거기에 의미는 존재하지 않는다. 거기뿐만 아니라 어디에도 의미는 존재하지 않는다. 아니, 어쩌면 존재할 수도 있겠다. 그러나 안다고 말해질 수 없을 때 그것은 존재하지 않는다. "존재란 피인식Esse est percipi"이므로. 거기에 존재하는 것은 자기 삶이고 자기 존재이다. 이것 외에 다른 것은 없다. 그러나 그들의 키치적 심리는 그 삶과 존재를 의미로 만들고야 만다.

의미의 도입은 존재에 의해서가 아니라 주조coining에 의해서이다. 그것도 어떤 규약적 비준 없이·암암리에 음모에 의해. 의미는 이미 소멸했는데. 트리스탄 차라가 사형선고를 내렸는데. 키치의 특성 중 하나는 그것이 시대착오라는 사실이다. 키치는 현재를 살지 않는다. 현재는 매우 엄정하며 가혹하고 적나라하고 정직하다. 그러나 키치의 신봉자들은 삶이 노골화되는 것을 원치 않는다. 위선적인 키치의 신봉자들은 과거를 현존과 자기 사이에 개입시킨다. 그러므로 시대착오 역시도 이차적 눈물이다. 그들은 삶이 우아하고 고풍스럽고 순수해야 한다고 주장한다. 그리고 거기에는 교훈 혹은 도덕이 있어야 한다고 생각한다. 교훈이 파시즘의 다른 형태라는 생각은 이들에게 들지 않는다. 그들은 자기 인식적이건 그렇지 않건 모든 위선자이다.

파시즘의 적극적인 무기는 "계몽적 의미"였다. 그들은 전체주의와 전쟁의 이유를 분명히 의미에서 이끌어냈다. 고상함의 반대는 천함이 아니다. 고상함의 가장 상반되는 것은 꾸며진 고상함이다. 악마는 추한 외양을 갖지 않는다. 천사의 외양을 한다. 노출된 적은 그렇게 무서운 상대는 아니다. 그러나 아군으로 위장한 내부의 적은 가장 무서운 파괴자이다. 파시즘은 계몽적 의미를 위장한다. 키치는 마찬가지로 고상한 의미라는 옷을 입는다. 그러고는 고상함을 파괴한다. 현대의 고상함의 전제 조건은 무의미라는 의미이다. 키치는 유의미라는 무의미를 가진다. 그것은 진지함과 심각함을 가장한다. 어쩌면 이것은 단순한 가장이 아닐 수도 있다. 그들은 그 의미에 대해 심각한 헌신을 할 수도 있다. 이때에 키치의 동기는 위선이 아니라 허영 혹은 무지이다. 그러나 "아는 것이 선"인 것 이상으로 모르는 것이 악이다. 키치는 무지 혹은 위선을, 아니면 둘 다를 자양분으로 한다.

11

공시
언어학

Synchronic
Linguistics

의미의 소멸이 우리 시대의 비극이며 축복이라는 사실을 가장 잘 보여준 사람은 아마도 소쉬르Ferdinand de Saussure이다. 그의 일반언어학은 공시언어학을 도입함에 의해 의미와 연역을 한꺼번에 붕괴시킨다. 소쉬르는 언어를 개념과 음성신호로 분리하고 이것을 각각 기의signifé와 기표signifiant라 칭한다. 기의는 실존주의의 용어로는 본질essence에 해당되고 기표는 실존existence에 해당된다. 또한 이것들은 분석철학에서는 각각 상징symbol과 기호sign에 해당된다. 우리에게 실존만이 주어지듯 언어에서 주어진 것은 청각영상, 곧 기표이다.

전통적인 통시언어학은 기표를 기의에서 연역된 것으로 보았다. 거기에 개념, 즉 기의로서의 하나의 개념이 있고, 음성신호 즉 기표가 거기에 대응한다는 것이 언어에 대한 전통적인 인식이었고 또한 이것이 통시언어학이었다. 과거의 언어학은 다른 언어학의 가능성을 생각조차 하지 않았다. 언어의 성격에 대한 이러한 생각은 전형적인 근대적 사고 방식이었다. 말해진 바대로 근대는 단순자the simples와 거기로부터의 연역에 의해 현존을 설명할 수 있다고 생각했다. 이러한 사고방식이 환원주의를 대치 불가능한 과학적 사유양식으로 만들었다. 현존은 단순자로부터의 연역에 의해 설명되고, 단순자는 현존의 분석적 환원에 의해 알 수 있는 것이었다. 다위니즘, 마르크시즘, 정신분석학 등의 환원적 방법론을 사용하는 학문은 이러한 근대 고유의 사고양식에 입각한 것이었다.

▲ 귀스타브 쿠르베, [만남(안녕하세요, 쿠르베씨)], 1854년

19세기 들어 이러한 연역적 사유양식은 이미 의심받기 시작한다. 쿠르베(Gustave Courbet, 1819~1877)가 인물화에서 입체를 제거해 나가고, 공간에서 원근법을 제거해 나갈 때 이미 세계에 대한 건축적 구도는 의심받고 있었고 인간 지성과 거기에 입각한 "단순자로부터의 연역에 의한 현존"이라는 사고방식 역시 의심받고 있었다. 물론 연역적 사유양식이 가정하는 과학적 인과율의 필연성이라는 신념은 이미 18세기 중반에 데이비드 흄에 의해 전면적인 회의의 대상이 되고 있었다. 그러나 그것을 구원하려는 칸트의 헛된 시도의 영향력과 산업혁명의 폭발적 생산성의 증가는 예술에 있어서의 예언적 회의에도 불구하고 오히려 19세기 말에 이르기까지 더 팽배해지고 있었다.

　　물질적 풍요는 언제라도 정신적 공허를 이긴다. 이것이 인간 본성이다. 물질적 생산성만 확실하게 전개되고 생물학적 안전보장만 있다면 대부분의 인간은 언제라도 만족스럽게 일상을 영위한다. 자기 삶에 잠복해 있는 정신적이고 형이상학적인 측면에서의 궁극적 파국을 간파하는 사람은 매우 소수이다. 그 소수는 불안Angst에 시달린다. 그 불안에 물든 사람 중 한 명이 키에르케고르였으며 따라서 그는 미래 세계에 대한 예언자였다. 인류의 궁극적인 위험성은 잘못된 신념을 가정하는 데에만 있지 않았다. 그것 이상이었다. 신념이 존재하지 않아야 할 세계에 신념을 끌어들였다는 사실이 가장 큰 위험이었다. 어떤 신념이고 그 자체로는 위험하지도 안전하지도 않다. 그래서 오히려 신념의 위험성이 증가한다. 신념이라는 자루는 스스로 서지 않는다. 거기에 무엇인가가 담겨야 선다. 신념은 내용물에 대해 무방비이다. 계몽적 의미는 언제라도 폭압적이고 전제적인 우월성을 지니고는 자루를 채울 수 있다. 이 우연적 세계에 그것들은 필연이라는 다른 차원 출신임을 자임한다. 신념의 이러한 측면이 계몽적 파시즘을 부른다.

현대는 신념 없는 삶을 감수함에 의해 근대와 차별된다. 소쉬르는 우리가 의미에 귀속하거나 혹은 의미가 우리에 귀속한다기보다는, 의미와 우리는 하나의 기의체계와 기표체계로서 자의적 관계를 맺는다는 사실을 보임에 의해 근대를 극복한다. 소쉬르는 물질의 정신화도 정신의 물질화도 없다고 말한다. 거기에는 알 수 없는 세계의 덩어리와 음성의 덩어리가 따로 존재했고 어느 순간 이 둘이 동시에 분절articulation을 일으켜서 서로 자의적 관계를 맺어 하나의 언어, 혹은 하나의 세계 — 같은 말이지만 — 가 탄생했다. 그러므로 언어가 세계이고 세계가 언어이다. 세계는 따라서 우리로부터 독립된 견고성을 지니지 않는다. 우리가 전통적으로 불러들였던 의미는 언제나 세계의 객관적 견고성을 가정했다. 그것이 곧 의미였다. 그러나 세계는 기표에 의하지 않는 한 그 존재를 획득하지 못한다. 따라서 의미에서의 연역으로서의 현존은 본래 없는 것이었다. 우리의 언어는 세계를 닮은 것이 아니었다. 세계 역시 우리의 언어를 닮지 않았다. 거기에 선험적인 닮음 — 상형문자의 제작자들이 가정했던 — 은 없다. 따라서 세계의 표상representation으로서의 언어는 없다.

a, b, c 라는 동물에 대해 각각 馬, 象, 犬이라는 기호가 대응한다

고 하자. 이러한 문자 체계는 馬는 a에 귀속하고, 象은 b에 귀속하고 犬은 a에 귀속하게 된다. 각각의 기호는 a, b, c라는 동물의 표상이다. 그 문자의 제작자는 개념으로서의 a, b, c에 대해 그것들을 각각 독립적인 것으로 생각했다. 따라서 이 문자 체계는 마치 좌표와 같이 (a, 馬), (b, 象), (c, 犬)이라는 조합을 가진다. 개념이 낱말의 독립변수이다. 이것이 근대가 생각하는 언어체계였다. 이때 馬는 a에서, 象은 b에서, 犬은 c에서 연역된다고 생각하고 a, b, c 각각을 각각의 기호에 대한 공준으로 생각했다. 즉 a라는 동물은 개념화라는 정신화 과정을 거친 후 馬라는 물질적 기호의 기초로 작동한다. 다른 것들도 마찬가지이다.

기호언어sign-language에서는 이와 다른 언어체계를 상상할 수 없다. 음성신호로서의 말, 코끼리, 개 등은 엄밀하게는 그 각각의 바탕을 이루는 동물 a, b, c로부터 독립되어 있다는 특징을 지닌다. 말이 a와 코끼리가 b와 개가 c와 맺어지는 것은 전적으로 자의적이다. 거기에는 어떠한 선험적인 요소도 없다. 한쪽에 세계의 본질로서의 a, b, c가 있고, 다른 쪽에 음성의 본질로서의 말, 코끼리, 개 등이 있을 뿐이다. 이때 각각의 음성신호가 a, b, c 등의 동물과 맺어지는 것은 규약에 따른다. 우리가 찾아낼 수도 또 그럴 필요도 없는 어느 과거의 순간에 이 계약은 성립되었다. 이것은 자의적이다. 왜냐하면 예를 들어 말이라는 음성신호가 a라는 개념에 대해 다른 어떤 음성신호보다 a라는 동물을 더 잘 표상representation할 이유가 없다. 이것이 우리의 언어는 우연적이라는 사실을 말한다. 여기에서 언어의 내재적 의미meaning는 증발한다.

다른 하나의 사례를 보도록 하자. 주화의 가치는 거기에 기입된 숫자에 의한 것이지 그것을 뒷받침하는 금속에 의한 것은 아니다. 모든 규약적 체계의 특징은, 가치는 그것을 뒷받침하는 재료에서 독립한다는 사실이다. 우리는 90점의 수학점수가 그것을 뒷받침하는 수학의 성취도와 관련 맺지 않는다는 사실을 인정한다. 거기에 성취도는 없다. 있다 해도 중요하지 않다. 중요한 것은 등수이다. 90점짜리 21등보다는 50점짜리 1등이 가치 있다는 사실을 우리는 안다. 이때 점수체계는 하나의 가치체계로서 작동하는 것이지 의미체계에 준하는 것은 아니다. 다시 말하면 500원짜리 주화에도 90점짜리 점수에도 그것에 내재하는 의미는 없다. 있다 해도 가치체계에 종속된다.

이 체계가 비트겐슈타인에게 있어서는 논리공간logical space이다. 0점에서 100점까지의 점수의 공간, 그리고 0원에서부터 상당한 금액까지의 금액의 공간이 개별적 점수나 개별적 금액의 선험적transcendental 공간으로 거기에 있다. 이것이 전부이다. 하나의 낱말은 대상에 준히지 않는다. 그것은 고유의 공간에서의 유사한 것들과의 비교에 의해 가치를 획득하는바, 우리가 세계에 대해 말할 때 우리는 단지 이 차별화된 가치의 규약적 체계 — 비트겐슈타인이 투사의 법칙이라고 말하는 — 를 말하고 있을 뿐이다.

근대는 이와는 반대로 생각했다. 가치는 의미로부터 연역된다는 것이 근대의 이념이었다. 이때 의미는 환원의 최종단위에 준하고 가치는 현존existence에 준한다. 그들은 본질essence은 실존에 앞선다고 생각했다. 즉 실존은 본질에서 연역된다고 생각했다. 그러나 거기에 단순자the simples도 본질도 없고 또한 연역도 없다. 있는 것은 단지 차연difference에 의해 각각의 가치를 지니는 현존뿐이다. 거기에 더 고차적인 다른 공간 — 단순자의 공간 — 은 없다.

12

가치
체계

the System of
Values

뒤샹(Marcel Duchamp, 1887~1968)이나 존 케이지 등의 예술가는 예술 역시도 하나의 규약이며 가치에 지나지 않는다는 사실을 그들의 활동과 작품에 의해 보여준다. 어떠한 것이 예술이 될 수 있는가, 즉 어떤 것이 예술 작품으로서의 존립 가능성을 지니는가는 작품 자체에 내재한 의미에 의해서는 아니다. 현대는 그와 같이 생각한다. 근대는 물론 이와는 다르게 생각했다. 어떤 것이 예술이 되고 어떤 것이 예술이 될 수 없는가는 작품 자체에 내재한 확정되지 않는 어떤 것에 달려 있다고 생각했다. 그 확정되지 않은 것 — 엄밀히 말하면 "아직" 확정되지 않은 것 — 이 곧 자연nature이었고 의미였다. 따라서 의미의 부여는 근대예술의 존재 이유였다. 거기에서의 오류는 잘못된 의미 부여였다. 올바른 의미의 추구가 근대인들의 목표였다. 그것이 찾아지기만 하면 당위로서의 현존은 거기에서 연역된다고 믿었기 때문이다.

현대는 그것이 제대로 찾아진 의미건 그렇지 않건 의미의 존재 자체를 부인한다. 인식론적 엄밀성을 더해 말한다면 의미의 존재를 부정한다기보다는 그것에 대해 알 수 있다고 말하는 근대인들의 인식능력을 부정한다. 의미는 "말해질 수 없는 것what cannot be said"이었다. 그것은 추구되어야 하고 행위에 의해 "보여져야 할 것"이었지 말해질 수는 없는 것이었다. 안다고 말해질 수 없는 것은 구속력을 지니지 못한다. 그러나 언어는 일단 발언 되는 순간 구속력을 갖는다. 그러므로 의미를 지껄여선 안 된다.

따라서 어떠한 것이 예술이 되고 어떠한 것이 예술이 될 수 없는가는 단지 규약에 따를 뿐이다. 예술작품은 거기에 내재한 어떤 의미의 표현 때문에 존재 의의를 가지는 것이 아니라 우리가 거기에 부여한 외재적 가치에 의해 예술작품이 된다. 거기에 내재성은 없다. 주화의 가치 역시도 거기에 내재한 금속에 달린 것이 아니라 우리가 거기에 부여한 외재적 숫자에 달려있다.

뒤샹이 변기에 서명을 해서 갤러리에 전시했을 때 그는 이것이 예술작품이 될 가능성은 예술가로서의 자신의 서명에 의한 것이지 변기에 내재한 고유의 의미 때문은 아니라는 사실을 야유적으로 드러내고 있다. 그는 서명에 의해 규약적 가치를 부여받고자 한다. 만약 전문가들과 감상자들의 동의에 의해 그것이 예술로 보여지면 그것은 예술이 된다.

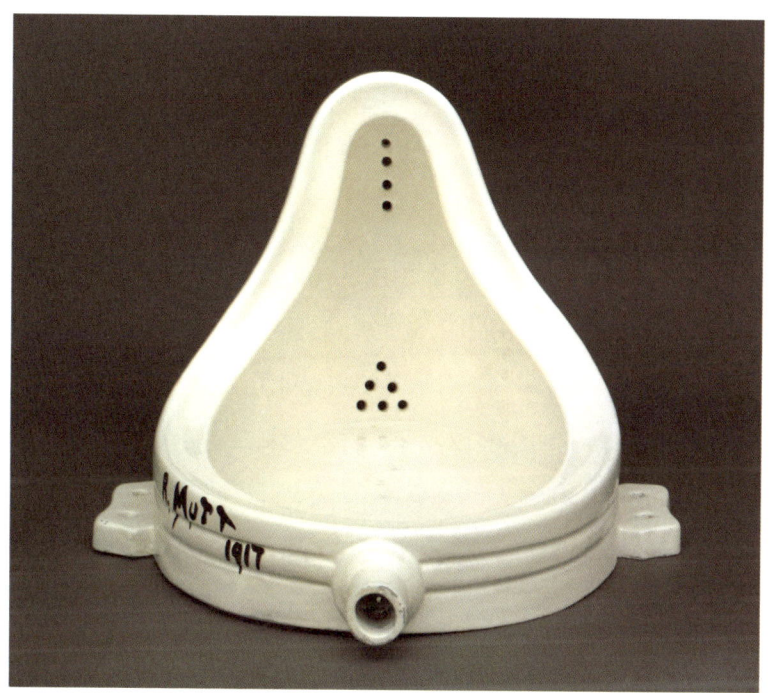

▲ 마르셀 뒤샹, [샘(Fountain)], 1917년

주화의 가치는 규약에 의해 거기에 부여된 숫자에 의하듯, 작품의 가치역시도 규약에 의한 가치의 평가에 달려있게 된다. 거기에서 작품 고유의 의미meaning는 증발된다. 이것이 "활동"으로서의 예술이다.

비트겐슈타인은 "과학이 사실을 발견한 후에 철학이 할 수 있는 일은 없다"고 말하며 철학을 내재적 주제를 지닌 하나의 학문이기보다는 단지 말해질 수 있는 것과 없는 것을 가려내는 활동이 되어야 한다고 말하고, 카뮈(Albert Camus, 1913~1960)는 실존적 삶의 중요한 요소 중 하나는 반항la révolte이라고 말한다. 철학 역시도 거기에 고유한 내재성,

즉 의미의 증발을 겪는다. 그것의 존재 의의는 기껏해야 의미가 다시 형성되어 철학적 세계를 재구성하려는 시도를 막는, 다시 말하면 자기부정에 있게 된다. 카뮈의 반항 역시도 의미가 세계로 진입하려는 시도에 대한 저항을 말한다.

존 케이지의 유명한 "소리의 해방liberation of sound" 역시도 음악 세계에서의 의미의 소멸에 대해 말한다. 음악에 있어 의미의 소멸은 물론 존 케이지에 와서 시작된 것은 아니다. 그것은 쇤베르크(Arnold Schönberg, 1874~1951)가 12음계법과 궁극적으로는 무조성의 음악을 위한 여러 시도를 할 때 이미 예고되기 시작한다.

기존의 조성체계는 음악의 내재적 의미의 존재를 당연한 것으로 받아들인다. 각각의 조성은 고유의 분위기와 표현을 지니며 따라서 그것은 당위로서의 소리의 체계이다. 이것은 아마도 우리가 모르는 어느 곳엔가 존재하는 가장 이상적인 소리 — 이를테면 아리스토텔레스적 의미에 있어서의 자연 — 를 모방하며 그것을 추구하는 하나의 과정이다. 개별적 음악은 이 조성 중 어디엔가에 준해야 한다. 왜냐하면 조성은 음악이 준수해야 하는 의미이기 때문이다. 그것은 소리로서의 자연의 표상이다. 그것은 소리의 이데아이며 따라서 선험적인 것이다.

쇤베르크는 전통적인 조성체계가 철학적 실재론을 반영하는 것이며 따라서 하나의 계몽주의이고 파시즘이라는 사실을 예리하게 인식한 듯하다. 그는 조성체계를 무너뜨린다. 실재, 곧 의미의 반영으로서의 음악은 더 이상 존재 의의를 가져서는 안 된다. 조성체계에서 현존으로서의 음악을 연역해내서는 안 된다. 왜냐하면 거기에 음의 실재가 있다는, 그리고 그 실재의 양상이 어떠한가에 대해 우리가 알 수 있다는 보증은 없기 때문이다.

▲ 존 케이지, [4분 33초], 3악장으로 구성, 각 장마다 TACET(침묵)이라 적혀 있다.

존 케이지가 한 일은 현대에 들어와서 음악이 어떠한 것이 되어야 하는가에보다는 어떠한 것이 되지 않아야 하는가에 집중한 것이다. 존 케이지는 심지어 음악과 비음악을 구분하는 내재적 특질, 즉 소리의 내재적 의미는 없다는 사실을 간파한다. 무엇도 음악이 될 수 있는 것 이상으로 무엇도 배타적인 음악이 될 수는 없다. 어떠한 것이 음악이고 어떠한 것이 음악이 아닌가는 단지 우리가 그 음악의 바깥에서 거기에 부여한 가치에 입각할 뿐이다.

음악이 음악인 것은 단지 그것이 음악으로 불리기 때문이다. 전통적인 음악 외의 모든 소리는 비음악이라는 감옥에 갇혀있었다. 그러나 전통적으로 음악으로 알려져 왔던 것과 감옥 속의 비음악 사이에 본질적으로 서로 다른 것은 없다. 그러한 구분은 매우 인위적인 것이고 따라서 편견에 찬 것이다. 소리 사이에 질적 차이가 있다고 가정하는 것은 또다시 개념의 실재성을 끌어들이는 것이며 따라서 의미를 부여하는 것으로서 소리의 파시즘이라고 할 만하다. 음악으로 불리는 것 외에 다른 소리는 중세의 농노가 영주의 농지에 갇혀있었던 것처럼 비음악이라는 오명에 갇혀 있었다. 이것들은 해방되어야 한다. 이것이 "소리의 해방"이다.

케이지는 4분 33초간 피아노 앞에 앉아 있다 나간다. 그가 청중에게 선사하는 새로운 음악은 4분 33초간 연주회장 안에서 발생하는 모든 소리이다. 착석한 청중들의 소곤거리는 소리와 헛기침 소리, 늦게 온 청중이 미안해하며 자리를 찾아가는 소리, 기침 소리, 옷깃이 스치는 소리

등등. 이것들이 음악이 아니라면 음악이라고 불리는 것은 어떤 동기로 음악일 수 있는가?

회화와 문학에서 이야기story가 사라지듯이 음악에서는 조성이 사라진다. 회화가 단지 점과 선과 면과 색조의 문제라면, 문학이 단지 언어의 문제라면 음악은 단지 소리의 문제로 수렴해야 한다. 여기에 음악이 되기 위한 정해진 소리의 배열은 없다. 거기에 우리의 청각과 관련한 무엇인가가 있고 우리가 그것을 음악이라는 규약적 체계 안에 수용해주기만 하면 그것은 음악이 된다.

1950년대에 미국에서 시작된 미니멀리즘minimalism은 하나의 예술양식으로서 모든 예술분야에 광범위한 영향을 미치는바, 그 이념 역시도 의미의 소멸에 대한 심미적 대응에 의해 드러나게 된다. 완결된 스토리 혹은 말끔한 재현은 의미의 묘사가 된다. 미니멀리스트들은 단지 하나의 계기를 던짐에 의해 재현을 피한다. 그들은 모든 것을 독자나 감상자에게 위임한다. 예술가로서 그들이 하는 것은 감상자들이 이야기를 붙여나가는 하나의 파편만을 제시하는 것이다. 브라우티건, 레이몬드 카버, 스티브 라이히 등은 최소한만을 제시한다. 나머지는 감상자의 몫이다. 작품은 거기에 들러붙는 우연적인 것들에 의해 부피가 불어나고 자못 풍요로워질 예정이다. 여기에서 중요한 것은 예술가가 아니다. 그들은 작품을 제시한 것이 아니라 단지 하나의 빙정(氷晶)을 던져 놓았다. 이제 거기에 물방울들이 들러붙어 눈송이를 형성할 것이다. 그것이 눈송이가 될지 우박이 될지는 누구도 모르지만.

코진스키나 후기의 스티브 라이히는 이를테면 진행예술progress art 을 제시하여 미니멀리즘 미학을 정당화하는 작품을 내놓는다. 코진스키는 《거기 있음Being There》을 통해 하나의 단순자가 어떤 우연으로 다채로운 현존이 되어 나가는가를 보인다. 'Chance the Gardner'에서 'Chauncey Gardiner'에 이르는 과정은 전혀 의미를 지닌 과정이 아니다. 거기에는 도대체 필연이랄 것이 없다. 스티브 라이히 역시도 초기 미니멀리즘에서 후기의 진행음악progress music 으로 자기의 음악 세계를 확장함에 의해 전기 미니멀리즘을 정당화한다. 이것들도 역시 미니멀리즘 예술이다. 양식은 양에 의해 정해지지 않는다. 이념에 의해 정해진다.

13

결론

근대와 차별되는 현대의 가장 큰 특징은 현대는 더 이상 의미에서 가치를 연역할 수는 없다고 생각하는 데 있다. 그렇긴커녕 거기에 의미라는 것이 존재하는지도 확실하게 말할 수 없다. 니체는 "신은 죽었다."고 말한다. 이 말을 "신에 대한 모든 언명은 죽었다."로 바꿔 말했다면 니체는 좀 더 현명하고 겸허한 사람이었겠다. 마찬가지로 "의미가 죽었다."고 말할 수는 없다. 그러나 "의미에 관한 모든 신념과 언명은 죽었다."

실존이 본질에 앞서듯이 가치는 의미에 앞선다. 어떤 의미에서는 가치는 의미를 요청한다. 등수가 실력을 요청하고, 주화에 적힌 숫자가 금속의 기치를 요청한다. 지금은 브레튼우즈 협상이 폐기된 시대이다.

키치적 종교와 키치적 예술은 상실된 의미의 자리에 여전히 그들의 의미를 가져다 놓는다. 신앙은 신 앞의 단독자이어야 하고 예술 감상은 역시 작품 앞에 단독자가 되어야 한다. 다시 말하면 신앙은 신을 직접 대면해야 하고 감상자 역시 예술을 직접 대면해야 한다. 그러나 여기에서 이차적 눈물the Second Tear이 발생한다. 신으로부터 그리고 예술로부터 스스로가 조성한 혹은 성직자나 예술가가 조성한 의미로 관심의 초점이 옮겨진다. 트리스탄 차라가 격분했던 그 계몽적 의미 부여가 여전히 살아남아 있다. 이때 세계는 병든 행복 속에 잠긴다.

　신 앞의 단독자나 우주 앞의 단독자나 모두 고달프고 거친 일상과 결단을 요구하는 삶의 양식이다. 거기에는 안착이나 휴식은 없다. 계속된 분투만이 유일하게 가능한 삶이다. 그것은 목적지를 향하는 여행이 아니다. 목적지에 도착하면 고난travail이 끝난다는 말은 키치적 거짓말이다. 그런 것은 없다. 갱신과 새로운 파괴와 또 다른 건설 — 파괴가 예정되는 — 의 연속만이 가능한 삶의 양식이다. 이것이 실존주의이다. 약한 인간은 안락이 보장되는 목적지라는 거짓 예언자들의 의미부여에 계속 기만당해왔다. 이러한 기만은 결국 의미의 소멸이라는 극단적인 결론에 의해서만 폭로될 수 있었다.

　거기에 완성된 사람도 수업시대Lehrjahre도 없다. 의미가 소멸하며 우리 모두는 신으로부터, 우주로부터, 비밀로부터 등거리에 있게 되었다. 다른 식으로 말하자면 신과 우주와 비밀은 이제 누구에게도 드러나지 않는 것이 되고 말았다. 우리에게 가능한 것은 거기에 다가가려는 노력뿐이다. 우리에겐 목적지는커녕 방향조차도 없다. 거기에 있는 것은 단지 자유la Liberté 뿐이다. 자신이 스스로의 세계를 만들고 다시 그것을 초월하려는 자유. 창조할 수 있는 자유. 파산할 수 있는 자유.

예술에 대한 우리의 태도 역시 하나의 심미적 경향으로만 정의될 수 있을 뿐이다. 우리에겐 아름다움을 향한 충동이 있다. 거기에 준해 우리는 매 순간 아름다움을 창조해 나가는 자유를 가진다. 그러나 아름다움의 정체는 언제까지나 드러나지 않는다. 드러난다면 그것은 "의미"의 새로운 도입이며 새로운 파시즘의 도입이다. 그것을 반항으로 밀어내야 한다. 여유와 냉소만이 가능한 일상적 태도이다.

신은 없고 신을 향하는 나의 충동만 있고, 미는 없고 미를 향하는 나의 충동만 있다. 여기에 만약 신 혹은 미가 하나의 유형적인 것으로서 혹은 하나의 개념, 하나의 정의definition 로서 도입된다면 그 도입과 향유 모두 키치이다. 여기에 우리의 존재가 있고, 다른 편에 신이 있다. 우리는 신에게 우리 존재를 연역해달라고 말한다. 여기 우리가, 다른 한편에 미가 있다. 우리는 그것에게 예술을 연역해달라고 말한다. 그러나 신도 미도 대답하지 않는다. 이것이 부조리이다. 이때 우리는 우리 조건을 수용하면서, 다른 말로 하면 우리는 전적으로 우연적 세계에 살고 있다는 사실, 혹은 우리는 새장에 갇혀 있다는 사실을 수용하면서 그 세계를 필연으로 만들려는 노력, 혹은 새장을 부수려고 노력하는 가운데 유일한 가능성을 가진다. 물론 이런 노력의 결과로 필연이 도입된다거나 새장이 열릴 가능성은 없다. 순간적으로 필연적이라고 믿어지는 세계가 도입되었다거나 새장의 문이 열렸다고 믿을 수도 있다. 그러나 그것은 새로운 새장일 뿐이다.

　　이것이 우리의 존재조건이다. 만약 희망이라는 것이 의미의 획득 가능성이라면 우리에게 희망은 없다. 그러나 희망이 노력하고 창조할 수 있는 자유라면 우리에게 희망은 있다. 이 희망은 우리에게 남은 유일한 가능성이다. 의미가 증발한 가운데의 유의미는 무의미의 수용과 절망 극복의 노력에 있기 때문이다. 우리는 도착하기 위해 걷지 않는다. 우리는 단지 걷기 때문에 걷는다. 고도Godot 는 오지 않는다. 단지 고도를 기다리는 우리의 노력만이 있을 뿐이다. 그러나 고도의 존재와 고도와의 만남에 의미를 부여한다면 이것은 키치로 향할 뿐이다. 우리는 그것이 무엇인지 모른다. 또 그것이 올지 안 올지도 모른다. 단지 우리는 그것과의 만남을 위한 노력만을 할 뿐이다.

　　세 개의 신앙, 세 개의 예술이 있다. 통속 신앙, 키치적 신앙, 진정한 신앙. 통속예술, 키치예술, 고급예술. 통속 신앙이나 통속예술은 나쁘지 않다. 그것은 다른 소비재와 전혀 다를 것 없는 소비재이며 무의미한 삶을 때워가기 위한 실천적 봉사를 한다. 나른하고 안일한 휴식, 혹은 주술적이고 위안적인 신앙 모두 필요하다. 인간성의 허약함은 변명이 될 수 있다. 용서될 수 없는 것은 키치이다. 그것은 허영, 허위의식, 자기기만 위에서 번성한다. 그러고는 파시즘의 다른 이름인 "의미"를 불러들인다. 이것은 위험하다. 고상함과 품격의 가면 뒤에 잔혹한 폭력과 야비한 기만 그리고 위계에 입각한 특권을 숨기고 있기 때문이다.

　　진정한 신앙과 고급예술에의 추구는 험난한 길이다. 이것은 "더 이상 집을 짓지 않는" 길 위의 삶이다. 그러나 이 길 위의 여정만이 우리에게 허용된 유일하게 가치 있는 삶이다. 걷고 있는 나만 있을 뿐이다.

전통예술과
키치

Traditional Art
and Kitsch

1

과거

t h e

P a s t

과거the past와 현재the present는 여러 종류의 관계를 맺을 수 있다. 과거에 속한 사료the historical facts와 현재에 속한 역사가the historian 사이의 관계는 역사학에 있어서 역사철학을 결정짓는 중요한 판단과 관련된다. 19세기는 과거에 대한 역사가의 해석interpretation이 사료에서 연역되어야 한다고 생각했다. 이것은 당시에 팽배했던 실증주의와 환원적 방법의 영향을 의미한다. 물론 이것은 순진하고 구태의연한 실재론적 사료를 의미하지는 않았다. 그 시대는 그렇게까지 어리석지는 않았다. 19세기는 단지 감각인식에 있어서의 사실만을 사료로 존중했다.

19세기의 실증주의 — 예술에 있어서는 사실주의가 거기에 대응하는바 — 는 엄밀하게는 사실의 독립성과 객관성에 대한 전면적인 불신 위에 기초한 것이었다. 순진한 사실중심주의에서의 사실은 지성의 선험적 종합을 이미 전제한다. 우리는 감각의 벽이 뚫릴 수 있다고 믿고는 순수한 사유에 의해 사실을 볼 수 있다고 믿는다. 이것이 플라톤에서 토마스 아퀴나스에 이르기까지 전체적인 유럽세계의 신념이었다.

그러나 19세기에는 무엇을 사실로 보고 무엇을 사실로 보지 않느냐는 점에 있어서 이미 지성의 판단이 개입하고 있다는 사실을 대부분이 알고 있었다. 또한, 모두가 사실 ─ 그것이 객관적 동질성을 각각에게 행사한다고 전제하고 ─ 에 대해 동일한 판단을 내리지 않는다는 사실도 알고 있었다. 19세기의 사실주의는 사실에 대한 언급에 있어 "사실로 하여금 스스로 말하게 하라."는 원칙을 지키려는 시도이다. 사실이 지성의 프리즘을 통과하는 순간 이미 하나의 편견, 하나의 의미 속에 고착되기 때문이다.

19세기는 계몽과 반항의 중간에 있었던 시대이다. 확실히 그 시대는 순진한 계몽주의를 벗어나 있었다. 18세기의 신념에 찬 공화제적 의미는 이미 그 생명력을 다했으며 부르주아 계층의 사회적 승리는 인권선언에 의한 것이 아니라 "정의는 곧 강자의 이익"이라는 금언의 부정할 수 없는 참을 인정할 수밖에 없게 만드는 바로 그 측면에 의한 것이라는 절망감이 이상주의자들을 물들이고 있었다.

공화제의 실패는, 철학에 있어서 칸트의 선험적 감성과 선험적 범주들이 존재한다고 말할 수 있는 근거가 없다는 마흐(Ernst Mach, 1838~1916)와 아베나리우스(Richard Avenarius, 1843~1896)의 경험비판론의 분석에 의해 분명해졌다. 칸트는 부르주아 계급과 그 이념의 적극적인 마지막 수호자였다. 칸트는 흄의 경험론을 수용함에 의해 구체제의 실재론이라는 "독단의 잠dogmatic slumber"을 벗어난다. 이것은 그러나 칸트 스스로가 상승하는 중산층에 속해 있으며 따라서 그 계급의 이념에 부응하는 철학을 받아들이는 계기라는 사실을 말할 뿐이다. 그럼에도 불구하고 그는 경험론의 무한한 확장을 용인할 수 없었다. 경험론은 극단까지 갈 경우 그 자체로 인간 사이의 무차별성을 불러들이는바, 부르주아 계급이 하층민들과 같아진다는 사실을 그는 수용할 수 없었다.

이것은 대부분의 혁명가들에게도 마찬가지였다. 그들이 구체제를 붕괴시키기 위해 기존의 형이상학과 종교 등의 실재론적 이념을 붕괴시켰다 해도 스스로는 자신들의 상퀼로트Sans-culotte들과의 완전한 평등을 용인할 수는 없었다. 루소(Jean-Jacques Rousseau, 1712~1778)의 이념과 거기에 입각한 로베스피에르(Maximilien François Marie Isidore de Robespierre, 1758~1794)의 공포정치는 경험론적 정치철학의 완전한 실현을 향한 것이었지만 테르미도르의 반동Thermidorian Reaction은 결국 부르주아 계급의 승리를 말해주고 있었다. 이것은 모든 혁명이 겪는 운명이다. 그렇지 않을 경우 혁명은 볼셰비키 혁명에서와같이 "더 평등한 동물"이라는 새로운 계급을 만들 뿐이다. 혁명은 반동으로 완성된다.

부르주아 계급은 위로는 자유와 평등과 박애를 말했지만 아래에 대해서는 여전히 정치적 평등을 부여할 수 없었다. 부르주아들은, 사회적 성공은 개인의 역량과 성실성에 준한다는 사실을 그들의 이념으로 삼았지만 이런 것 없는 하층계급들이 자기와 무조건적으로 평등해지는 것을 용인할 수는 없었다. 칸트는 선험성을 인간 외부에 존재하는 독립적인 것으로 보기보다는 인간의 천성에 내재한 것으로 봄에 의해, 세계를 우리의 것으로 만들고, 동시에 부르주아 계급의 최고의 지적 개가인 과학혁명의 업적을 구원하려 하며, 공화제적 이념의 마지막 보루가 되고자 한다.

직접적인 정치적 강령보다는 그 이념의 대표적이고 실증적인 성취가 언제나 그 이념을 뒷받침하는 기초가 된다. 말해지기보다는 보여지는 것이 설득력 있다. 뉴턴의 물리학이야말로 "부르주아의 과학"의 개가였다. 부르주아는 한편으로는 경험과 검증에 입각하는 과학을 원했지만 동시에 거기서 얻어진 가설은 법칙이 되기를 원했다. 이것이 부르주아의 정치적 입장이기도 했다. 그들은 귀족과 교권계급이 지닌 선험적 특권에는 반대했다. 그들 역시도 스스로의 실력과 자격에 의한 사회적 지위라는 범주 안에 수용되어야 한다. 다시 말하면 특권계급 역시도 스스로의 경험과 외부적 검증에서 자유롭지 않다. 이 전에 있어 로크와 칸트는 경험론적 철학이 특권을 폐기하는 데 매우 적절한 인식론이라는 사실을 이용했다. 그러나 이렇게 해서 얻어진 사회적 지위는 그 자체로 공고한 것으로서 경험과 검증에 있어 일정 수준에 오르지 못한 하층민들이 자기 자산이나 능력을 벗어나는 사회적 지위를 누려서는 안 됐다. 이것이 새로운 서구 합리주의의 원칙이다.

2

인식론적
배경

Epistemological
Background

흄의 철학은 사실 매우 단순하다. 그는 로크가 설정한 제1원칙을 극단적 경험론에 의해 폐기하고 버클리가 가한 협박을 용기로서 물리친다. 모든 지식이 경험에서 온다면 거기에 어떤 특권적인 지식은 없어야 했다. 즉 흄은 반동을 용인하지 않는다. 선험적 원리가 없다고 말하면서 어떤 경험적 지식은 필연적이고 일반화된 지위를 누린다고 말하는 것은 모순이다. 경험에서 온 어떤 지식인가가 필연이 된다고 말하는 것은 동일 차원이어야 할 세계에 더 높은 차원을 불러들이는 것이며 특권과 의미의 재등장을 말하는 것이다. 앞문으로 쫓아낸 선험성과 특권과 의미를 다시 뒷문으로 불러들이는 셈이다. 흄은 부르주아의 위선을 경멸로서 붕괴시킨다.

버클리는 — 반어적인 견지에서 — 현대에 대한 예언자가 된다.

버클리는 우리가 경험론을 받아들일 경우 확고함과 질서는 모두 사라지고 심지어는 존재의 항구성이나 과학법칙의 보편성도 확보되지 않는다고 말한다. 모든 것이 경험에서 온다면 내가 지금 인식하고 있는 대상이 나의 인식에서 독립해서 계속 존재해 준다는 보증이 없다. 그 존재는 내가 그것을 바라보는 그 순간으로 한정된다.

버클리는 이런 세계에서의 불온한 삶을 원하느냐고 묻는다. 그는 인간의 역량에만 의존하는 세계에는, 즉 신이 죽은 세계에는 회의주의와 불가지론밖에 남지 않는다고 말한다. 그는 진실보다 안도와 위로가 더 중요하다고 말하고 있다. 양자택일 외에 선택의 여지는 없다. 죽은 신이라는 가정하에 회의주의의 사막을 견디든지, 아니면 신념과 안도를 위해 신의 존재라는 독단을 다시 불러들이든지.

흄은 전자를 택한다. 그의 철학은 버클리가 가장 원하지 않았던 쪽으로의 전개를 향한다. 흄의 철학에서 가장 중요한 부분은 그의 용기와 극단적 정직함에 의해 개진된 부분이다. 그는 독단보다는 회의주의를 택한다. 병든 행복보다는 정상적 불행이 낫다고 그는 생각했던 것 같다. 그는 경험 외에 지식의 근거는 없다는 경험론의 전제를 끝까지 밀고 나간다. 수학적 지식이 경험에 호소하지 않는 이유는 그것이 논증적인 지식인 까닭에, 다시 말하면 동어반복이기 때문이다. 그것은 내재적이고 논리적이어서 단지 분석적 결론을 보여줄 뿐이지 우리에게 새로운 지식을 주지는 못한다.

무엇인가 새로운 지식은 수학적 지식과는 반대로 개별적인 사물에 대한 지식이어서, 즉 우리의 감각인식에 의한 지식이어서 필연적이거나, 일반적이거나, — 같은 얘기지만 — 선험적일 수 없다. 이것이 그의 "사실문제matters of fact"이다. 흄의 견해로는 따라서 두 종류의 지식밖에 없다. 선험적이지만 동어반복인 지식demonstrative knowledge과 새로운 지식을 주지만 경험적 대상에만 미치는 지식matters of fact.

제3의 지식이 우리가 보통 생각하는 유의미한 지식인 바, 보편적이면서 동시에 사실문제에 대한 지식이다. 흄은 이 지식을 인과율causality이라 부른다. 먼저 과학적 지식이 여기에 속한다. 뉴턴의 만유인력의 법칙은 "질량을 가진 두 물체"라는 원인cause과 "서로 끄는 힘"이라는 결과effect로 설명된다. 흄은 그러나 이러한 종류의 지식에 필연성을 부여하는 것은 환각이라고 말한다. 확실히 뉴턴의 인과율은 옳다. 그러나 그것이 선험적 자격으로 그러한 것은 아니다. 이것은 복잡한 얘기가 아니다. 보통 "태양은 동쪽에서 뜬다."고 말하고 그것은 필연적으로 그렇다고 말한다. 문제는 이 필연성은 과거의 경험의 습관화된 누적에 의한 "우리의 믿음"일 뿐이라는 사실이다. 과거의 경험은 미래에 대한 확고함을 줄 수 없다. 만약 우리 지식의 전제가 경험이라면 이것은 언제나 그렇다.

원인과 결과의 필연적 결합은 하나의 믿음에 지나지 않는다. 우리 과거의 경험에서 어떤 두 사건은 근접해서 발생한다. "냄비에 든 물과 거기에 가해지는 열"이라는 사건과 "끓는다"는 사건은 근접해서 발생한다. 또한 그것은 여태까지의 경험상 시간적 선후관계가 한결같았다.

여기에 더해 그 발생의 상황도 한결같았다. 즉 먼저 물이 뜨거워지고 기포가 하나둘씩 생겨나다가 끓어 넘치는 양상이 매번 같았다. 이 세 개의 동기가 그것이 필연적이라는 환각을 우리에게 심어준다. 그러나 이 세 개의 동기 어디에도 그것에 필연을 부여하는 동기는 없다.

우리의 과학은 보편을 통해 개별자에 대해 말한다. 개별자는 포괄적으로 정의되어 있는 집합의 한 원소이다. 그 보편 혹은 그 전제는 따라서 모든 귀납적 사실의 한 차원 높은 인과율이다. 문제는 그 고차원임을 주장하는 인과율 자체도 경험 출신이라는 사실이다. 그 보편도 개별적 사실과 질을 달리하지는 않는다. 따라서 보편이 모든 개별적 사실의 연역적 기반이 될 수는 없다. 그것 자체가 귀납추론에 의한 것이기 때문이다. 이것은 중요한 사실이다. 같은 차원의 명제에서 추론은 불가능하다. 그것은 습관에 대한 기억의 누적일 뿐이다.

경험론의 세계에 두 번째나 세 번째 차원은 없다. 우리 모두는 그리고 우리의 모든 지식은 우연이라는 단일 차원 위에 있다. 우리는 모두 "안다고 말할 수 없는" 무지의 단일 차원 위에 있다. 이 세계에 자기의 보편성과 우월성을 주장하는, 그리하여 세계를 거기로부터 유출시키는 고차원의 전제는 있을 수 없다. 말해진 바와 같이 합리론적 세계가 필연적 세계와 우연적 지식(특권적 지식)을 가정할 때, 경험론적 세계는 우연적 세계와 필연적 무지를 가정한다. 필연적 무지라고 할 때의 무지는 보편적 지식에 대한 무지를 말한다. 우린 누구도 "안다고 말할 수 없다."

과학적 지식은 필연성이라는 옷을 벗어야 한다. 이 세계에선 모두가 단독자가 되어야 하듯 과학적 지식도 필연성이라는 옷을 벗고 단독자가 되어야 한다. 개별자만이 존재하듯이 개별적 감각인식만이 지식이다. 지식이 평준화되면 인간도 평준화되어야 한다. 이 세계에 특권적 계급은 없다. 누구도 "안다고 말할 수 없는 인간들"의 집합을 벗어날 수 없기 때문이다. 부르주아가 우월적 지위를 노리고 있었다. 이들이 보편지식과 의미를 불러들이려 하고 있었다. 흄은 이것을 용인하지 않았다.

공화주의 이념이나 로크나 칸트의 문제점은 경험론적 원칙에 의해 얻어진 부르주아의 지위를 선험적인 것으로 만들려는 시도에 있었다. 물론 그 선험성은 과거의 특권계급의 선험성과 같은 종류의 실재론적 선험성은 아니었다. 그것은 이제 인간과 독립하여 존재하지 않는 인간 내부에 존재하는 선험성이었다. 이것이 프랑스의 인권선언이며 칸트의 "선험적 감성transcendental aesthetics"과 "선험적 범주transcendental categories"이다.

권위와 세습에 의해 규정된 위계질서가 지성적 역량의 소유 정도에 따르는 새로운 위계질서로 바뀔 예정이었다. 여기에서 지성적 역량이 바로 칸트의 "경험과 더불어with experience" 그것이었다. 위계질서는 일단 성립되면 마치 마그마가 현무암이 되듯 견고해지려는 경향이 있다. 열렬성은 오만으로 변한다. 부르주아들이 구성한 상층계급은 이제 부의 세습과 교육과 관직에서의 독점권과 우월권을 통해 위계를 견고하게 만들고 있었고, 그 권력적 이념은 애초에는 동포애를 바탕

▲ 니콜라 푸생, [목동들의 경배], 1634년

으로 한 것이었지만 천부적인 것으로 바뀌려 하고 있었다. 공화제적 이념은 우리 밖의 실재에 기초를 둔 것은 아니다. 그것은 우리의 이상주의와 열렬성에 기초한다. 따라서 칸트 시대의 유럽은 신고전주의적 이념과 낭만주의가 뒤섞인 복잡한 것이 되어 갔다. 이것은 푸생(Nicolas Poussin, 1594~1665)의 회화에서나 괴테(Johann Wolfgang von Goethe, 1749~1832)나 실러(Friedrich Schiller, 1759~1805) 등의 문학에서 확인되는 사실이다. 거기에는 공화제적 고전주의와 감성적 낭만주의가 혼란스럽게 뒤얽혀 있다.

이러한 낭만적 이념은 지성에 대한 감성의 우월성을 모토로 한 것이었고, 또한 삶의 패배자들과 사회의 잔류물들에 대한 고조된 관심을 가졌다고 해도 상당한 정도로 편협하고 공허한 것이었다. 이제 감성의 위계질서가 도입된다. 문학 소년과 소녀의 우월성이 이들을 물들였다. 낭만주의 예술가들이 사회의 하류층을 주제로 삼은 데 있어 거리낌 없었다 해도 그들이 자신들과 동등한 사회적 권리나 인간적 가치를 지닌다고 생각하지는 않았다. 예민한 감성의 자신들이 새로운 귀족이었다. 이것이 제리코(Jean-Louis-André-Théodore Géricault, 1791~1824)나 들라크루아(Ferdinand-Eugène-Victor Delacroix, 1798~1863)의 생각이었다. 신고전적 이념이 지성과 결의의 선험성을 주장했다면 낭만주의자들은 선험적 감성을 주장했다. 칸트의 선험적 감성론transcendental aesthetics은 단지 철학적 개념만은 아니었다.

3

경험론과
사실주의

어떠한 종류의 선험성도 인정하지 않는 진정한 경험론, 오로지 자신의 능력과 노력에 의해 인간적 가치를 획득해 나갈 수 있다는 전면적인 경험론은 사실주의 시대에 와서야 가능한 것이 된다. 사실주의 이념은 현대가 생각하는 것처럼 그렇게 순진하거나 조야한 인식론은 아니었다. 사실주의 이념의 가장 중요한 요소는 어떤 측면에서는 현대의 분석철학이나 모더니즘, 포스트모더니즘 철학의 상당 부분을 이미 선취하고 있었다.

사실주의자들은 대상의 심층에 들어가기를 거부하고, 대상에 대한, 그리고 대상 사이의 관계에 대한 판단을 유보시킨다. 그것은 그들의 몫이 아니다. 사실주의 이념에서 가장 중요한 요소는 종합의 기피이다. 종합은 독자나 감상자의 몫이다. 사실을 제시하는 당사자는 판단을 유보해야 한다. 물론 그들이 사실을 기반으로 발생하는 종합적 판단의 가능성을 부정한 것은 아니었다. 그들은 그 판단은 우리의 감각인식에 기초하는 것이지 그것에 앞서 감각인식에 방향을 정해주는 선험적 원리로 작동하는 것은 아니라고 말했다. 물론 사실의 선택 자체가 이미 어떤 종류의 선험적 원리를 가정하는 것은 사실이다. 아베나리우스, 마흐, 프레게(Friedrich Ludwig Gottlob Frege, 1848~1925) 등은 이 문제에 대해 고심했다. 사실 선택의 기준은 무엇인가? 어떤 사실이 왜 선택되어야 하고, 어떤 사실이 왜 버려져야 하는가?

　　사실주의자들 역시 우리를 넘어서는 객관성을 가진 판단과 지식 체계가 가능하다고 생각한 점에서, 다시 말하면 우리 감각 인식의 종합이 어떤 종류의 보편적 지식 체계를 가능하게 한다고 생각한 점에 있어서 아직 근대적 이념을 지닌 사람들이었다. 다시 말하면 철학적 실증주의자와 예술적 사실주의자는 선험적 실재와 의미는 인정하지 않았지만 우리 감각 인식의 적절한 종합으로서의 실재와 의미는 가능하다고 생각했다. 실재는 우리와 독립한 것이 아니었다. 그것은 우리에게로 후퇴해야 했다. 칸트는 우리에게 수렴된 어떤 인식능력의 선험성을 주장했다. 그러나 실증주의자들은 우리에게 수렴된 감각의 종합으로서의 실재만을 인정했다. 감각의 종합으로서의 실재마저 하나의 규약적 체계 agreemental system로 변할 때 현대의 소쉬르와 비트겐슈타인과 모더니즘이 나타날 예정이었다.

　　실재의 가능성을 염두에 둔다는 것은 세계관에 있어 작은 문제가 아니었다. 그러한 이념은, 그 실재가 선험적인 것이든 경험의 종합에 의한 것이든 모든 현존을 거기에서 연역하려는 시도의 근거를 제공하기 때문이고, 결국 인간 지식의 가능성을 열어둔 것이기 때문이다. 실증주의자들은 자신들의 탐구가 세계의 실재에 대한 것은 아니라는 사실을 인정할 만큼 영리했지만, 그리고 그것은 인간 경험의 한계 내에서 움직인다는 사실을 알 만큼 겸손했지만, 그들의 탐구 역시도 일반적 동의의 요청과 승인에 의해서만 비로소 유효하다는, 다시 말하면 객관적이라고 믿는 과학이나 이념이 사실은 취향의 문제에 지나지 않는다는 사실을 알 만큼 지혜롭지도 겸허하지도 않았다.

4

환원
주의

R e d u c t i v i s m

쇼펜하우어, 다윈(Charles Darwin, 1809~1882), 마르크스, 프로이트 등의 업적은 포괄적으로 보았을 때 폭로주의적인 것이었다고 말해질 수 있다. 환원은 뒤집힌 연역이다. 위의 천재들은 환원적 탐구를 통해 현존의 기초가 얼마나 초라하고 동물적인 것인가를 밝혔다. 근대의 지적 업적은 폭로주의에 기초한다. 연역적 추론이 가능하다고 믿을 때 마찬가지로 분석적 기초가 가능해야 한다. 이것은 세계로부터 정신활동의 가능성을 증발시킨다. 고대와 중세는 정신의 우월성을 주장하고(이데아는 정신활동의 소산인바), 근대는 물적 존재와 그 활동만을 존재하는 세계로 보고, 현대는 두 세계를 가른 후 물질의 세계를 경험적 탐구의 대상으로, 정신적 세계를 유보되어야 할 세계로 본다. 따라서 마키아벨리(Niccolò Machiavelli, 1469~1527)로부터 프로이트에 이르기까지 전개된 인간성에 대한 탐구는 잔인하고 노골적이고 탐욕스럽고 위선적인 인간 본성의 저열함에 대한 폭로가 된다. 인간도 단지 물질이었고 따라서 동물이었다.

마키아벨리는 정치권력은 그 안에 내재한 모종의 의미를 지닌 것은 아니라고 말한다. 그것은 이를테면 하나의 무기물이다. 그것은 신에 의해 누구에게 선험적으로 주어지는 것이 아니라 그 권력을 획득할 수 있는 능력에 달린 문제이다. 아마도 마키아벨리가 근대에 들어 처음으로 가치를 개념에서 분리해낸 천재일 것이다. 그의 정치철학은 매우 급진적이었지만 상당한 정도의 진실을 내포하고 있었다. 정치권력은 스스로에 내재된 실재나 의미를 지닌 것은 아니었다. 그것은 마치 존재를 단지 연장extension으로 규정하게 될 데카르트(René Descartes, 1596~1650) 철학의 업적을 선취한 것이었다. 정치권력은 그 자체로 무기물이다. 그것은 무엇도 내포하고 있지 않다. 그것의 운명은 그것을 손에 쥘 수 있는 능력을 가진 누군가에게 맡겨지는 종류이다. 다시 말하면 마키아벨리는 정치권력을 현존으로 되살리고 그것을 권모술수, 무력, 암살 등의 단순자들로 환원시킨다. 정치권력은 이 단순자들로부터 연역된다.

쇼펜하우어는 인간이 지성이라고 일컫는 것을 의미에서 연역한다. 그것은 단지 욕망을 현실화시켜주는 도구에 지나지 않는다. 쇼펜하우어의 형이상학은 매우 커다란 폭발력을 가진 것이었고 앞으로 올 니체와 프로이트에게 결정적인 영향력을 끼치는 폭로였다. 인간은 충족이 유율이라는 의지에 사로잡혀있으며 이것은 결국 지성이라는 충족의 도구를 만들어낸다. 그것은 이를테면 충족이유율의 현존이다.

　19세기 환원주의는 다윈에 이르러 정점에 달한다. 다위니즘은 모든 생명현상 — 그가 종species이라고 부르는 — 의 기원을 탐구할 수 있다는 신념에 입각한다. 태초에 가장 단순한 생명현상이 변이와 적자생존을 통해 오늘날의 복잡하고 다양한 생명의 종들을 만들어 냈다. 그러므로 현재의 종들은 계속 좀 더 단순한 생명현상으로 환원될 수 있으며 이 환원의 결과물 역시 궁극적인 단순자, 즉 최초의 생명현상에 닿게 된다. 다시 말하면 복잡함은 단순함에서 연역된다. 마치 복잡한 기하학적 정리들이 단순한 다섯 개의 공준의 조합에서 연역되듯이.

　마르크스 역시도 당시의 상부구조, 즉 예술, 법, 도덕률, 정치 강령 등은 동시대의 생산관계에서 연역된다고 주장한다. 물질생산의 양식에서 상부구조 전체가 연역된다. 따라서 각각의 시대의 상부구조는 언제라도 각각의 시대의 생산관계에 달려있다. 만약 우리가 생산관계만 변경시키면 세계와 삶 전체를 변경시킬 수 있다. 가장 바람직한 생산관계, 즉 사적 소유의 철폐와 공동 소유에 의해 세계는 가장 이상적인 상부구조를 만들 수 있다. 모든 시대의 상부구조는 당시의 생산관계에서 연역되었으므로 당연히 현실 옹호적이다. 즉 동시대의 하부구조(환원적 기초)를 영속화하기 위해 상부구조를 만든다. 심지어는 생산관계의 변화에도 불구하고 전 시대의 상부구조는 끈질기게 살아남아서 "죽은 세대가 산 세대의 목덜미를 누른다." 그래도 결국은 새로운 생산관계에 따라 상부구조가 바뀌게 된다. 이것이 혁명이다.

이러한 환원주의는 20세기 초의 프로이트에 와서 마지막으로 개화하고 끝나게 된다. 어떤 의미로는 프로이트의 탐구는 그 방법론에 있어서는 이미 시대에 뒤진 것이었다. 그의 탐구가 중요한 의미를 갖는 것은 그것이 완전히 미지의 영역이라고 알려져 있던 인간의 내면세계에 대한 과학적 양식과 임상에 입각한 경험론적인 것이라는 사실이었다. 그는 인간의 현존을 무의식에 깃들고 있는 성적동기에서 연역한다. 프로이트는 성적동기가 갖는 강력한 충동이 결국 현존으로서의 인간을 형성하는 단순자라고 주장한다.

5

현대로의
진입

Approach to
the Present

　19세기 말 후반의 이러한 화려한 탐구들은 화려했던 고딕이 중세의 가을을 의미하듯 근대의 끝을 장식하게 된다. 근대 역시 그 종말에 이르러 화려하게 개화했다. 의미와 실재와 단순자가 — 그것을 우리의 경험적 인식에 제한한다 해도 — 현존의 연역의 기초가 될 수는 없다는 사실은 제1차 세계대전이 불러온 파국과 함께 분명해진다. 현존은 어디에서도 연역될 수 없었으며, 어떤 방법으로도 합리적 해명이 불가능한 것이었다. 현존이 해명될 수 있다고 말한 사람들, 그리고 실제로 그렇게 해온 사람들에 대한 트리스탄 차라의 분노는 거의 격정에 가깝다.

　　"다다의 시작은 예술의 시작이 아니라 혐오의 시작이었다. 3천년간 우리에게 모든 것을 해명해온 철학자들의 영광에 대한 혐오(도대체

왜?), 지상에서 신의 대표자임을 자처한 예술가들의 이유에 대한 혐오, 고통의 이유가 없었던 정열과 진짜의 병리적 사악함에 대한 혐오, 고통의 이유가 인간의 지배본능을 알리기보다는 오히려 독려한 전체주의적 지배와 구속의 거짓형식에 대한 혐오, 모든 목록화된 범주들에 대한 혐오, 단지 돈과 자만심과 질병이라는 이익을 위한 전위부대에 지나지 않는 거짓예언자들에 대한 혐오, 몇 개의 쓸모없는 법률에 의해 주문된 상업적 예술의 근위대에 대한 혐오, 선과 악, 미와 추를 나누는 것에 대한 혐오(녹색보다 붉은색이, 오른쪽보다 왼쪽이, 작은 것보다 큰 것이 왜 더 가치 있단 말인가?)...."

차라의 다다선언은 19세기 말의 환원주의에 대한 조곡이다. 차라는 주로 윤리적 측면에서 말하고 있지만 그 이면에는 근대가 지녀온 인식론적 오류와 그 실패에 대한 분노가 숨어있다. 근대는 두 개의 악덕에 처해 있었다. 하나는 위선이고 다른 하나는 뻔뻔스러움이다. 위선은 폭로에 눈을 감는다. 위선자들은 마치 거기에 분석되고 폭로된 인간상이 없는 듯이 말하고 행동한다. 그들은 인간에게서 동물을 보지 못한다. 인간은 고귀한 영혼의 소산이다. 이들의 이념은 계속해서 계몽주의이다. 인간이 고귀한 이념에 의해 삶을 구성한다고 말하는 이 공허한 강령은 결국 파시즘과 제1차 세계대전을 일으키게 된다. 이것이 시대착오와 거기에 따르는 키치의 파국적 결과이다.

폭로주의에 대한 인식에도 두 개의 길이 있다. 하나는 아마도 폭로주의자들 스스로가 원했을 윤리적 교훈으로서, 인간성의 본질적 동물성에 대한 겸허하고 솔직한 인식만이 그 악덕에서 비롯되는 파국을 제어할 수 있다는 해석이다. 다른 하나의 해석은 강자의 뻔뻔스러움이라고할 만한 것으로 인간은 어차피 생존경쟁에 처한 동물이고, 적자가 생존하므로 자기들의 승리는 자연의 법칙에 따른다는 것이다. 이것이 제국주의의 이념적 기초로 작동한다.

지혜와 양심의 증거는 언제나 그 소유자들의 미래 지향성에 있다. 차라는 위선이 미래를 위해 가장 위험한 요소라는 사실을 간파한다. 어리석음과 위선은 사이좋은 형제이다. 차라는 어리석음을 혐오하지만 사실은 그 이면에 있는 인간 위선에 분노를 표하고 있다. 폭로주의는 그 자체로서 잘못된 것은 아니다. 잘못은 그 분석이 세계의 모든 이해라고말하는 오만에 있다.

"정의는 강자의 이익"이다. 이것을 부정할 수는 없다. 트라시마코스(Thrasymachos Ho Kalkhedon, BC5~4C)가 옳았다. 그러나 이 사실이내포한 솔직한 진실성은 오히려 부차적 두려움이다. 일차적인 것은 이익을 도덕적 명분으로 위장하는 것이다. 이것을 근대적 이념이 가능하게 만들었다. 누구나 자기 이익을 최우선 가치로 둔다. 이익이 실현되면이제 그 당사자는 정의라는 부가적 이익을 얻는다. 그러나 누구도 이익을 위해 파시즘을 행사한다고는 말하지 않는다. 모두가 자기들의 정의를 말한다. 이러한 이념에서 전제와 전쟁의 행위가 연역된다. 이것이 파시즘으로 변해나가는 계몽주의이다. 이익을 위해 무엇인가를 하고자 한다고 말할 때 또 그것을 스스로 인식할 때, 그때는 오히려 덜 위험하다. 이익에 의한 행위는 저열한 측면이 있다 해도 최악의 악덕은 아니다. 그러나 그것을 정의로 포장하는 것은 최악의 악덕이다.

현대는 의미와 가치를 구분하고 가치가 의미를 요청한다고 말하게 된다. 근대는 계속 의미에서 가치를 연역해 왔다. 근대는 주화의 가치는 그 금속에서 연역된다고 말해왔다. 현대는 주화는 단지 거기에 표기된 가치 외에는 아무것도 아니라고 말한다. 금본위제는 현대에 와서 소멸했다. 금속과 숫자가 이를테면 기의와 기표이며, 의미와 가치이다.

언어에 대한 통시적 탐구는 기의, 즉 개념이 먼저 있고 기표, 즉 음성신호가 거기에 대응한다고 전제한다. 기표는 기의에 부속한다. 이것은 마치 근대인들이 권력은 정의justice에 부속한다고 생각한 것과 같다. 소쉬르는 그 반대를 말한다. 기의는 덩어리로서의 세계가 분절됨에 의해, 기표는 덩어리로서의 청각영상이 분절됨에 의해 발생하기 시작한다. 이 두 세계에서의 분절된 것들이 자의적arbitrary 결합에 의해 언어를 구성한다. 즉 기의와 기표, 혹은 의미와 가치, 혹은 정의와 권력은 전자의 발생 후에 결합하는 것이 아니라 동시적 발생에 의해 결합한다.

여기서 중요한 한 가지 사실이 대두된다. 기의, 의미 혹은 정의 등은 잠복해 있는 것으로서 가시적인 것은 아니란 사실이다. 그것들은 "말해질 수 없는 것"이다. 이것은 물리적 세계와 과학 교과서의 경우와 같다. 우리에게 명시적으로 드러나는 것은 과학 교과서이다. 우리가 시리우스 성단이나 안드로메다 성운을 더듬어 확인할 수는 없다. 우리는 세계를 보는 대신에 과학 교과서 — 그것이 세계를 거울처럼 비출 때 — 를 본다. 왜냐하면 그것은 세계에 대한 거울 속의 상image이므로. 세계를 보는 것이나 과학 교과서를 보는 것이나 같다. "언어(혹은 명제)의 한계가 세계의 한계"이고 "세계는 사실들의 총체"이므로. 우리는 기의를 찾는 대신에 기표를 보면 되고, 의미를 찾는 대신 가치를 보면 된다.

마찬가지로 정의와 권력은 자의적으로 결합했다. 우리가 볼 수 있는 것은 권력뿐이다. 정의는 말해질 수 없는 것이다. 그것은 우리 세계 속에서 확인 안 되는 것이다. 권력이 정의를 요청한다. 권력은 고유의 이익뿐만 아니라 정의라는 부가적 이익도 얻는다. 승자독식이다. 정의에서 권력이 연역된다고 믿는 것은 기의에서 기표가 연역된다고 믿고, 과거에서 현재가 연역된다고 믿는 것과 같다. 사실은 기표가 기의를 요청하고, 현재가 과거를 요청한다. "모든 역사는 현대사이다."

소쉬르의 언어학과 거기에서 전개된 기호학과 구조주의는 마지막 폭로였다. "그것은 권력이었다."(푸코) 권력을 쥔 사람들은 그것이 정의에서 연역된다고 말함에 의해 그들의 권력에 항구적인 정당성을 부여하려 했다. 현대는 그 결합은 권력의 요청이었다고 폭로함에 따라 권력의 기반을 가변적인 것으로 만들었다. 위선은 이제 폭로되었다.

근대의 파시스트들은 나름의 정의를 단순자로 삼아 거기에서 그들의 이념과 행위를 도출해 냈다. 여기에서 근대와 현대가 갈린다. 현대는 연역의 기초가 되는 단순자의 참, 혹은 그 존재에 의심을 품음으로써, 다음으로는 그러한 것이 있을 때 그것에서 현존이 연역될 수 있는 메커니즘에 대해 의심을 품음으로써 새로운 세계가 된다. 과연 본질essence은 실존existence에 앞설 수 있는가? 본질은 존재하기는 하는가? 존재한다면 거기에서 실존은 자발적spontaneously으로 도출되는가? 공준의 참임은 증명 가능한가? 거기에서 정리는 자동으로 도출되는가? 환원과 연역은 서로 가역적reversible인가?

단순자가 존재하며 그 정체에 대해 우리가 안다고 가정하자. 우리는 단어들에 대해 알고 있으며 그 집합 전체를 포괄하는 사전을 쥐고 있다고 가정하자. 거기에서 연역에 의해 찰스 디킨스(Charles Dickens, 1812~1870)의 《위대한 유산》이나 블라디미르 나보코프(Vladimir Nabokov, 1899~1977)의 《세바스찬 나잇의 참 인생》이 저절로 연역되는가? 단순자가 있으면 현존은 스스로 나타나는가? 황금을 제시하면 잔돈푼은 저절로 떨어지는가? 단순자라는 황금은 존재하긴 하는가? 황금 덩어리의 가치는 거기에 내재한 것이 아니라 단지 우리가 거기에 부여한 가치체계에 준한 것은 아닌가? 다섯 개의 공준이 제시되면 거기에서 정리들은 낙엽처럼 떨어져 나오는가?

현대는 단순자의 확고함도 거기에서의 연역도 의심한다. 다윈이즘의 치밀한 관찰과 논증에도 불굴하고 최초의 생명현상의 발생은 여전히 미궁이다. 모든 것을 양보해서 다윈의 연역적 설명이 현존, 즉 현재의 종들의 다양성과 각종의 고도의 유기성을 해명한다고 가정한다 해도 최초의 생명 발생은 여전히 미궁이다. 온갖 실험적 상황하에서도 생명력 자체를 발생시킬 수 없다. 이러한 실험 자체가 하나의 코미디이다.

최초의 생명현상의 존재를 가정한다고 해도 다위니즘은 난센스이다. 다윈은 현재의 종들에 대한 환원적 분석이 최초의 종들로부터 현재의 종에 이르는 연역과 정확히 가역적일 수 있다고 말한다. 그러나 변이의 누적과 적자생존에 의한 새로운 종의 발생이라는 가정은 난센스이다. 다위니즘은 발생 이래 베르그송(Henri Bergson, 1859~1941)에 의해 제기된 전면적인 의심에 의해서 뿐만 아니라 그 이후의 여러 반박에 의해 이제 하나의 신화 외에는 아무것도 아니게 되었다. 그것은 생물학자들의 이익에 의해서만 유지될 뿐이다.

결국 현존은 제1원인Causa Prima에서 분리되게 되었다. 다시 말하면 결과가 원인에서 도출되지 않는다. 거기에 어떤 양식으로의 인과율도 존재하지 않는다. 과거에서 현재가 연역되지도, 의미에서 가치가 연역되지도 않는다. 과거는 단지 현재와 다른 그 무엇으로, 의미는 가치와 다른 그 무엇으로 존재할 뿐이다. 현재와 가치도 마찬가지로 우연으로 존재하게 되었다. 결과로서의 현존만이 덩그렇게 남게 되었다. 인간은 길을 잃었다. 현대는 "어리둥절함"과 더불어 개시된다. 이것이 존재론적 실존existence이다.

이제 현재는 과거와 새로운 관계를 맺어야 할 때가 되었다. 현재는 과거의 노예가 아니다. 현재는 과거에서 연역되지 않았다. 주도권이 현재로 넘겨져야 한다. 우리는 현존 외에 가진 것이 없다. 우리로부터 모든 것이 벗겨져 나갔다. 이 존재조건에 대한 스토아주의적인 대처가 모더니즘이고, 디오니소스적 대처가 포스트모더니즘이다. 따라서 이 두

양식은 같은 조건에 대한 두 개의 대응양식이다. 현대예술에는 이 두 양
식이 병렬되어 있다.

6

연역의
좌절

Frustration of

Inductive Methode

　　과거에 속한 고전적 예술과 맺어지는 현대에 속한 감상자들의 태
도는 과거와 현재의 관계에 대한 이러한 통찰이 전제되어야 간신히 정
리될 수 있다. 근대까지 고전적 예술은 거의 전횡적인 권력을 누렸다.
심지어는 탁월하다고 알려진 예술사가이며 프랑스의《Que sais – je?》
의 미술편 저자이기도 한 어떤 학자는 과거 예술의 풍요로움에 비추어
현대의 예술 양상이 불모라고 말한다. 그는 현대의 예술가들은 전통적
인 예술가들이 힘들게 가꾸어온 업적을 저버리는 오류를 저지르고 있으
며 심지어는 과거 예술의 표현법과 기법조차도 완전히 망각되고 있다며
개탄한다.

　　그러나 그는 피카소(Pablo Picasso, 1881~1973)가 전통적인 예술의
기법에 가장 능란한 화가였다는 사실을 새겨야 한다. 피카소는 이미 십

대에 마사치오나 라파엘로 등에게서나 가능했던 표현을 능란하게 구사한다. 피카소는 단지 통찰력과 정직성을 더불어 가졌을 뿐이다. 그는 현대는 전통적인 재현이 더 이상 유의미할 수 있는 시대는 아니라는 사실을 알았다. 그는 입체를 전개도로 바꾼다. 전통적인 예술은 가치라는 투명하고 얇은 이차원에 의미라는 적층이 두껍게 앉아 모든 것을 계몽적 서사로 만들듯이, 이차원의 시지각을 멋대로 종합하여 입체를 구축했다. 피카소는 이것을 전개도로 해체하여 다시 가치의 병렬로 만든다. 그는 진정한 천재였다.

피카소가 어리석었거나 무능해서 전통적인 재현을 포기한 것은 아니었다. 시스틴 성당의 화려함도 그에게는 단지 유희 정도밖에 아무것도 아니었다. 현대를 예술 빈곤의 시대로 본다거나 예술적 천재 결여의 시대로 보는 것은 오히려 그렇게 보는 사람의 지성의 빈곤을 말할 뿐이다. 자연은 어떤 이유인지는 모르지만 모든 시대에 공평하게 천재들을 배치했다. 어떤 양식하에서도 예술적 완성이 있는 것처럼 어떤 시대에서도 심미적 완성이 있었다. 현대에 미켈란젤로는 가치 없다. 그는 그들 시대에 가치 있었다. 이들을 현대에 재탄생 시키고자 하는 것은 시대착오이다.

이러한 어리석음은 단지 몇몇 사람의 문제만은 아니다. 세계가 해명될 수 있다고 믿는 순진한 계몽주의자들은 언제라도 그러한 주장을 편다. 에드워드 기번(Edward Gibbon, 1737~1794) 은 그의 《로마제국 쇠망사》에서 제국의 예술이 콘스탄티누스에 이르러 한심한 지경이 되었다고 개탄한다. 이상주의의 쇠퇴와 인본주의의 몰락, 그리고 기독교의 유입은 그리스풍의 기법을 잃게 만들었다는 것이 제국 말기의 예술에 대한 그의 탄식이다. 황제의 개선문에 부속된 부조나 메달리온의 제작을 위한 조각가도 없었다고 말한다. 그러나 이것은 먼저 황제의 오류일 뿐아니라 기번의 계몽적 편견이다.

▲ 콘스탄티누스 개선문, 315년

기독교 황제답지 않게 그는 아마도 그리스풍의 조각을 원했다. 그러나 제국은 그리스가 아니었다. 거기에 인본주의에 입각한 이상주의는 없었다. 로마 고유의 이념은 오히려 이와 상반된 것이었다. 공화정의 실천적인 예술, 즉 정보의 제공으로서의 예술은 점차 인본주의와는 완전히 상반되는 방향을 취해 나가다 결국 스토아주의적인 예술로 끝맺는다. 많은 역사가들이 한심하게도 스토아주의에서 도출된 만민법을 인본주의적인 것으로 본다. 그러나 이러한 판단은 두 개 중 하나의, 아니면 둘 모두의 오류를 안고 있다. 만민법은 인간의 우월한 가치보다는 제국 내의 시민들에 대한 평등을 규정할 뿐이다. 그것이 인본주의를 반영하지는 않는다. 인본주의는 추상적 사유와 그 소산인 개념으로서의 세계에 대한 신념에 의해 특징지어지는바, 따라서 지성으로서의 인간의 가치를 높게 평가하는 오만한 이념이다. 로마의 평등개념은 이와는 상반되는 자못 회의적인 인식론에서 비롯된 것으로서 인간은 모두 "안다고 말할 수 없다"는 사실에 의한 평등을 누린다는 것이다. 거기에 지성의 응고체, 의미의 응축으로서의 인간은 없다.

로마는 인간의 내재적 역량에 관심 없을 뿐만 아니라 오히려 그것을 낮게 평가한다. 분명한 것은 경험적 사실이다. 경험에 우선하는 것은 없다. 그리스인들은 경험에 선행하는 이데아의 인지가 가능하다고 생각했고 따라서 인간을 매우 높게 평가했다. 그들은 신조차도 인간을 닮게 만들었다. 그러나 로마인들은 이미 인간을 불가지의 세계 앞에서 어리둥절하며 공허함에 젖은 존재로 묘사한다. 로마의 이념은 확실히 법 앞에서의 평등을 말하지만 동시에 실천적이고 정치적인 평등은 없다는 사실을 분명히 한다. 타고난 귀족과 타고난 천민은 없다. "알 수 없다"는 인간 조건에 묶인 사람들만 있다. 따라서 로마인들은 자기의 시민권을 속지에 나눠주는 것에도 망설임이 없었고, 천한 신분의 사람이 황제가 되는 것에도 제동을 걸지 않았다. 로마의 위계는 개인적으로 타고난 역량과 노력에 의한다. 그러나 그리스인들은 선험적으로 인간을 위계화한다. 플라톤이나 아리스토텔레스의 실재론은 "누군가는 알 수도 있다"고 말하기 때문이다. 이 "누군가"가 바로 철인왕philosopher king이며 수호자 계급이다.

진정한 예술가는 자기 시대를 주조한다. 콘스탄티누스 황제는 가식과 허영에 젖어 있었다. 기독교에 입각한 예술은 카타콤베에 있었고 또한 그 절정기는 한참 후에 올 예정이었다. 기독교의 이념은 나중에 로마네스크 시대에 본격적으로 응고될 예정이었다. 예술은 기법의 문제가 아니라 세계관의 문제이다. 황제는 시대착오적 영광을 원했다.

기번 역시 자기 시대의 편견에 젖어 제국을 바라본다. 그는 한 명의 이상주의자로서 그리스인들처럼 인간의 선험적 인식능력을 믿는 사람이었다. 이 경우 예술 역시도 이상화된다. 물론 역사가의 과거 해석은 자기 시대의 편견 위에 기초한다. 누구도 자기 시대를 넘어서 과거를 보지는 못한다. 따라서 놀랍게도 역사가의 역량은 그의 지식뿐만 아니라 관용에도 있다. 만약 기번이 "자기 이념도 단지 하나의 이념에 지나지 않는다."고 생각할 겸허함과 관용이 있었더라면 제국의 예술가들에게 무능이라는 오명을 씌우지는 않았을 것이다. 인상주의 예술가들이 르네상스식의 회화에 무능했다고 탓한다면 그것은 부당한 탄핵이다.

제국 말기에는 자기 시대에 맞는 예술이 있었지만 단지 황제가 그것을 원하지 않았을 뿐이다. 남아있는 당시의 조상과 부조들은 당시 예술가들이 그들 세계를 얼마나 정확히 포착하고 있었고 또한 그 세계관과 관련한 기법에 있어 얼마나 능란했는가를 보여준다. 마르쿠스 아우렐리우스(Marcus Aurelius Antoninus, 121~180) 황제의 흉상이나 콘스탄티누스의 전신상(카피톨리노 박물관에 있는)은 당시 예술을 정직하게 보여주고 있다. 로마가 그리스를 흉내 내려 했을 때에만 문제가 발생했다. 개선문의 몇 개의 부조는 마니에리즘적 데포르마시옹을 보여준다. 양심과 충돌하는 창작은 예술가를 그렇게 만든다. 가진 것에 진실하다면 그것 때문에 모욕을 당하지는 않는다. 가지지 않은 것을 흉내 내려 할 때 비웃음의 대상이다.

▲ 카피톨리노 박물관, 콘스탄티누스 거상, 1486년 발굴

중요한 것은, 현재의 예술이 과거의 예술에서 연역되었다는 아카데미의 전형적인 견해는 현재의 세계관에서 보자면 오류임이 틀림없다는 사실이다. 과거 예술과 현재 예술의 관계는 필연적이지 않다. 과거의 예술이 연역의 기초로 작동될 수 없을 뿐만 아니라, 새로운 예술은 언제라도 새로운 창조였지 과거를 기반으로 한 종합synthesis은 아니었다. 이것은 기하학의 예에서도 분명하다. 하나의 정리의 탄생은 공준에서의 연역에 의하지 않는다. 환원에 의해 공준으로 이르는 길이 드러난다는 사실과 그것이 공준에서 연역되었다는 사실은 전적으로 다른 얘기이다. 각각의 정리는 우리가 생각하는 것처럼 저절로 연역되지 않는다. 만약 이렇게 생각한다면 조류는 파충류에서 저절로 생겨났다고 믿는 것과 같다. 새로운 종은 하나의 기적이다. 마찬가지로 하나의 정리는 새로운 기적이다. 그것은 기하학자의 영혼에서 갑자기 솟구친다. 우리는 그 메커니즘에 대해 모른다. 이 정리가 환원 혹은 증명에 의해 공준에 닿을 때 우리는 그 반대방향에서의 연역을 가정한다. 그러나 연역은 하나의 수사일 뿐이다. 세계에 연역은 없다. 그것은 실재이며 의미이다. 그러나 실재에 대해 우리는 말하지 말아야 한다.

"말해질 수 있는 것what can be said"은 현존뿐이다. 만약 현존의 근거를 알기 원한다면, 다시 말하면 현존이 참인 명제의 집합으로 이루어진 것이라는 사실을 확인하고 싶다면 현존은 분석되고 환원될 수 있다. 한 명제는 요소명제elementary preposition로 분석될 수 있다. 이것은 정리가 공준으로, 정수가 소수로, 정식이 소인수로 분해되는 것과 같다. 원한다면 언제라도 환원은 가능하다. 그러나 연역은 가능하지 않다. 그것은 하나의 사유 양식으로만 가정될 뿐이다. 그것은 이를테면 논리적으로 그럴 뿐이다. 더구나 수학과 논리학에서 환원과 연역이 서로 가역적으로 보이는 것은 수학적 지식이 스스로의 체계 내에 갇힌 단지 논증적demonstrative인 지식, 즉 동일률의 전개이기 때문이다. 이때 요소명제의 참true임은 요소명제 자체에 내재한 어떤 고유의 특질에 의한 것은 아니다. 어디에고 내재적 의미는 없다. 그것이 참이라면 그것은 우리가 거기에 부여한 참됨에 의하여서이다. 참임은 요청demand된다.

논증적인 지식에서도 연역은 자동적automatic이거나 자발적spontaneous이지 않다. 피타고라스 정리를 생각해 볼 노릇이다. 그것은 연역이라기보다는 하나의 창조의 결과라고 보는 편이 옳다. 그 정리가 지닌 완결성, 단순성에 대비되는 증명과정의 복잡함은 — 만약 우리가 그 정리를 연역의 결과라고 봤을 때에는 — 이상한 모순의 감정을 일으킨다. 왜냐하면 증명과정의 역이 실재론자들이 생각하는 바의 연역이기 때문이다. 과연 그렇게 복잡한 연역과정이 전개되다가 피타고라스 정리가 불현듯 종합될 수 있을까? 이것은 불가능하다. 이것은 무작위로 이리저리 성장하던 나뭇가지가 아폴로니우스의 원을 구성한다는 기적보다 더 가능성 없는 얘기이다. 직각삼각형에서는 변 사이에 이러한 관계식이 성립할 수 있을지 모른다는 창안의 정신이 이 정리를 가능하게 한 것은 아닐까? 피타고라스(Pythagoras, BC582~BC497)는 이 정리를 먼저 창안하고 그것을 여러 직각삼각형에 적용시켜 귀납적 검증을 한 다음,

그 증명을 후세사람들에게 위임했을 것이다.

먼저 창조가 있고 증명은 오히려 나중이라고 생각하는 것이 훨씬 그럼직하다. 다윈을 믿느니 창조론이나 외계인 도래설을 믿는 게 낫다. 창조론이나 외계인설은 최소한 실증적 논박은 안 당하기 때문이다. 생명의 세계에서 하나의 종의 발생의 경우를 생각하면 연역은 더욱 생각하기 어렵다. 하나의 종에 대해서는커녕 상대적으로 단순한 눈의 발생에 대해서도 연역에 의해 그것을 설명하기에는 매우 억지스러운 수천, 수만 개의 우연을 가정해야 한다. 다윈은 새로운 종은 변이의 누적과 적자생존에 의해 발생한다는 새로운 가설을 내세웠다. 물론 조류를 분석하면 파충류와 파충류에 누적된 변이로 분해된다. 그렇다면 역방향, 즉 파충류와 거기에 더해진 변이가 조류를 만들 수 있을까? 과연 이 두 개의 과정은 서로 가역적인가? 생각할 수 있는 모든 기적을 다 떠올린다 해도 이것은 불가능하다. 다윈은 이 책임을 수억 년이라는 긴 시간에 위임한다. 그러나 긴 시간은 그 자체로 가치중립적이다. 긴 세월은 새로운 종의 발생에만 호의적이지 않다. 기존 종의 몰락에도 호의적이다. 생물의 역사는 새로운 종의 발생 이상으로 기존 종의 몰락의 역사이다.

이 기계론적 진화라는 기적은 하나의 더 있음직하지 않은 기적이 뒷받침되어야 가능해진다. 그것은 단순자의 문제이다. 모든 생명 현상의 최초의 단순자, 즉 최초의 생명은 어떻게 발생했을까? 모든 종류의 상상력도 이것을 설명할 수 없다. 생명과 무생명은 양적 차이만을 갖지 않는다. 그것은 질적 차이를 가진다. 양질 변화는 마르크스의 희망에도 불구하고 불가능하다. "이름"과 "요소명제"의 예에 대한 요청에 대해 비트겐슈타인이 자신은 논리학자일 뿐이라고 답변한 이유는 여기에 있다. 분석은 논리적으로 가능하다. 그러나 분석의 최종적인 결과가 확인되지 않는다. 이것은 비단 생물학이나 분석철학의 문제만도 아니다. 물리학은 가장 대표적인 분석과 연역의 과학체계이다. 그러나 거기에서도 단순자는 발견되지 않는다. 입자가속기에 엄청난 돈과 노동이 투입되는 것은 단순자의 발견이라는 헛된 희망을 계속 유지하는 비용이다.

마르셀 프루스트(Marcel Proust, 1871~1922)의 《잃어버린 시간을 찾아서》는 방대하지만 박진감 넘치는 소설이고 가장 우아한 소설이다. 이 소설의 분석의 최종결과는 단어들이라고 가정하자. 이 과정의 역은 단어들로부터 《잃어버린 시간을 찾아서》라는 소설로의 연역 혹은 종합이다. 이것이 가능할까? 이 단어들의 무작위한 배열이 그 소설을 만들수 있을까? 그것은 심지어 중복순열이다. 같은 어휘가 무수히 여러 번쓰이기 때문이다. 불현듯이 소설이 창조되었다고 생각하는 편이 더 그럴듯하지 않은가? 그러나 다윈이 주장하는 새로운 종은 기존 종에 변이가 더해져서 "저절로" 생긴다. 이 세상에 가장 있음직하지 않은 사건이 저절로 발생하는 새로운 종이다. 실존이 본질에 앞서듯이, 현존하는 종이 과거의 종에 앞선다. 물론 이것은 수사적 과장이다. 실존은 본질과 병존한다. 실존이 곧 본질이고, 본질이 곧 실존이다. 실존과 본질은 동전의 양면이다. 그러나 본질은 우리가 알 수 없는 미지의 세계이다. 따라서 우리는 실존을 바라보는 것으로 충분하다. 실존은 본질과 같기 때문이다. 이것이 본질에 대한 실존의 요청demand이다.

7

훈련으로서의 과거

Past as Training

  본질은 실존의 위나 아래에 있지 않다. 과거 역시 현재의 위나 아래에 있지 않다. 무엇도 무엇 위나 아래에 있지 않다. 그것들은 서로 나란히 존재한다. 옆구리를 서로 맞댄 채로. 현재가 과거에서 연역된다고 가정하는 것은 과거가 현재에 대한 우월권을 쥐고 있다는 가정이고, 의미가 가치를 유출시킨다는 가정이다. 그러나 그러한 것은 없다. 만약 우리가 바라보는 방향에 우선권을 둔다면 오히려 현재와 가치가 각각 미래와 의미에 앞선다. 따라서 각각의 시대는 그 자체로 독립적인 것으로 취급되어야 한다. 각각의 시대는 뭉쳐져 있던 모든 시대의 우연적 분절의 결과이다. 청각영상의 덩어리가 우연히 분절해서 서로간의 차연 difference에 의해 고유의 독자성을 획득해 나가듯 각각의 시대 역시도 차연에 의한 고유성을 가진다. 어떤 시대가 다른 시대의 연역의 토대가 된다는 가정은 우연적 세계에는 있을 수 없는 가정이다. 왜냐하면 그것은 현재를 과거의 필연적 유출로 보기 때문이다. 역사는 서로 다른 우연적 시대의 병렬이다. 거기에 있는 것은 이를테면 "시대의 공간temporal space"일 뿐이다.

이것은 물론 각각의 시대에 대한 탐구가 그 시대에만 한정된다는 얘기가 아니다. 오히려 그 반대이다. 어떤 하나의 기호의 정체성은 그 기호에 집중함에 의해 얻어지지 않는다. 기호는 의미를 내재하지 않는다. 이것은 우리가 500원짜리 동전의 정체를 알기 위해 그 저변의 금속을 살펴봐야 소용없고, 90점의 정체를 알기 위해 그 이면에 있을 것이라고 믿어지는 학습 성취도를 살펴봐야 소용없는 것과 같다. 500원짜리 동전은, 50원, 100원 등의 숫자와 비교되어야 비로소 그 정체성을 얻는다. 마찬가지로 학습 성취도는 90점에 대해 사실상 무엇도 말해주지 않는다. 등수가 중요하다. 등수는 다른 점수들과의 비교에 의해 차연의 종합으로 나타난다. 비교가 아닌 한 우리는 무엇도 알 수 없다. 어떤 하나의 대상의 정체는 거기에 내재한 것에 의해서가 아니라 그 대상과 공간을 공유하는 다른 것들과의 비교에 의해 가까스로 드러난다. 그러므로 하나가 전체이며 전체가 하나이다. 하나를 알기 위해서는 그 체계 내의 모든 것을 돌아봐야 하고, 전체를 알기 위해서는 각각의 것들을 하나하나 비교해 보아야 한다.

이것은 과거가 쓸모없다는 얘기는 아니다. 많이 말해지는 바대로 과거는 한편으로 그 자체로 다른 한편으로 현재의 이해를 위해 필요하다. 과거에서 현재가 연역되지는 않는다는 사실과 과거에 대한 탐구와 이해가 쓸모없다는 것은 같은 얘기가 아니다.

우리는 과학을 배울 수도 철학을 배울 수도 없다. 과학이 "세계의 물리적 총체성에 대한 탐구"로 정의되고 철학이 "세계의 형이상학적 총체성에 대한 탐구"라고 정의되는 한 그렇다. 우리가 세계의 실재에 닿을 수 있다는 어떤 보증도 없다. 우리는 기껏해야 과학과 철학에 대해 어떤 사람들이 어떤 전제에서 시작해 어떤 논리를 통해 어떤 결론에 도달했는지 알 뿐이다. 현재는 과거에 대해 어떤 우월성도 주장할 수 없고 반대로 과거를 금의 시대로 현대를 철의 시대로 가정할 수도 없다.

각각의 시대는 각각의 세계관과 우리가 알 수 없는 어떤 동기에 의한 계약을 맺었을 뿐이다. 각 시대의 세계관에 필연은 없다. 모든 시대는 우연contingency에 의할 뿐이다. 이것이 과거에 대한 탐구가 그 자체로 뿐만 아니라 현대의 이해를 위해 의미 있는 까닭이다. 과거에 대한 탐구는 현재를 이해할 수 있게 하고 미래에 대한 희미한 빛을 비춘다고 말해져 왔다. 역사학자들은 자신의 분야의 실천적 쓸모를 강변하기 위해 그렇게 말한다. 물론 그렇다. 그러나 이것은 그들이 생각하는 바에 의해 그렇지는 않다. 그들은 시대착오에 잠겨있다. 그들은 현재를 유출시키는 것으로서의 과거에 대해 말한다. 즉 그들은 전시대와 그 다음 시대의 동질성과 변이에 대해 말한다. 그러나 파충류에 변이가 더해져 조류가 된다는 가정이 터무니없듯이 과거에 무엇인가가 보태져 현재가 된다는 가정도 터무니없다. 오히려 각각의 시대는 전 시대에 대한 혁명적 반명제의 결과이다. 이것의 과학적 이름이 "과학혁명"이고, 패러다임 시프트이다. 과거와 현재는 차연에 의해 각각의 고유성을 가진다. 현재에 대한 이해에 있어 과거의 탐구가 중요한 것은 우리의 인식기제가 차연에 의한 것이기 때문이다. 과거가 현재에 대해 혹은 현재가 과거에 대해 어떤 우월성도 주장할 수 없다. 그 세계관에 있어서 그렇다. 현재에 대한 이해는 과거에 대한 이해가 있었을 때 훨씬 용이해진다. 이것은 더구나 "겸허"라는 윤리적 의미도 지닌다. 어떤 과거의 우연에 대한 탐구는 우리 시대의 우연에 대한 탐구에도 도움된다. 이것이 그리스와 플라톤에 대한 탐구가 그 자체로 의미 있는 이유이다.

지성은 "패턴의 확립" 이외에 아무것도 아니다. 이 패턴은 하나의 유사성의 모임이어야지 법칙이 되어서는 안 된다는 전제가 수반되어야 한다. 세계에 법칙은 없다. 우리는 어떤 일정한 세계관하에서 전개되는 일정한 현상들이 패턴을 지닌다는 사실을 알게 된다. 실재론적 세계관 하에서는 윤리적 결정론이 자리 잡을 수 없다. 인식론적 실재론은 그 윤리적 카운터파트로 자유의지free will를 요청한다. 또한 실재론하에서 세계는 우연일 수 없다. 세계가 우연이 되는 것은 언제나 경험론하에서다. 우리의 세계관은 다채로운 변주에도 불구하고 실재론과 유명론 혹은 그 근·현대적 변용인 합리론과 경험론의 구도하에 전개된다. 우리는 과거에 대한 탐구로 패턴과 그 패턴에 따르는 필연적 소산을 예견할 수 있다. 이것이 과거가 그 자체로 탐구의 가치를 지니는 또 하나의 이유이다.

만약 뉴턴 물리학에 대한 이해가 없다면 아인슈타인의 상대역학을 이해할 수 없다. 상대역학이 뉴턴 물리학에서 연역된 것은 아니지만 뉴턴 역학 없는 세계에서 아인슈타인의 새로운 물리학이 가능하지는 않다. 연역의 기초가 될 수 없다고 해서 그것의 진공상태에서 불현듯이 새로운 과학이 나올 수 없다. 또한 그것과 다른 종류의 물리학이 없다면 하나의 물리학은 그 고유성을 잃는다. 0점에서 100점에 이르는 점수 공간이 없을 때 70점은 무엇도 될 수 없다. 세계는 유사한 것들의 공간 속에서 개별적인 것들이 지니는 차연에 의해 존재한다. 현재의 의미는 과거들과의 차연에 의해서만 가까스로 획득된다. 하나의 주제가 주어질 때 그것 만에 집중하는 것은 바보들의 탐구양식이다.

　　예를 들어 한 고등학생이 극한에 대한 교과 과정에 진입해서 교사로부터 그 개념을 설명 듣는다고 하자. 그때 극한의 개념에 대한 이해는 그 개념만의 이해에 그치는 한 아무것도 아닌 것이 된다. 그 학생은 극한 이외에 자기에게 소개된 그때까지의 모든 수학적 개념(수학 공간)을 한 바퀴 돌아야 한다. 즉 자기가 새롭게 배우게 된 "극한"이라는 존재가 수학 세계에 있어 왜 고유성을 지니는가를 다른 것들과의 차연에 의해 확인해야 한다. 유능한 학생에게 있어 새로운 수학적 개념은 언제나 그때까지의 모든 수학적 지식의 환기를 의미한다. 무엇인가를 소개받을 때 거기에의 집중은 그것을 이해하기 위한 최소한에 지나지 않는다. 그가 그것을 철저히 이해하게 되는 것은 자기의 인식영역 안의 그것과 관련한 모든 동료를 전부 환기해 보고 마지막으로 그것을 바라봄에 의하여서이다.

우리에게 있어 중요한 시대는 물론 자신이 살고 있는 동시대 contemporary age이다. 이해하기 어렵지만 그래도 이해의 요구가 필수적인 것은 자신이 속한 세계의 패러다임이다. 우리는 많은 계기에 의해 현대의 고유성에 대해 배울 기회를 가진다. 그러나 이것만으로 현대를 알 수는 없다. 누누이 말해진 바대로 그것 자체의 내재적 동기에 의해 고유한 의미를 지니는 것은 없다. 의미meaning 자체가 환각이다. 그것은 우리 탐욕과 오만이 만들어낸 신기루였다.

우리가 현대를 궁극적으로 이해하게 되는 것은 과거의 모든 시대들과의 차연의 종합으로서이다. 역사 전체에 대한 이해가 어떤 역사를 이해하기 위한 선결 조건이다. 모든 역사를 알지 못한다면 어떤 역사도 알 수 없다. 이것이 훈련으로서의 역사학이다.

우리의 실천적 요구는 전체에 대한 이해를 막는다. 전체의 이해에의 요구는 우선은 생산성을 방해한다. 사회는 각 개인이 전체를 포괄하는 것을 원하지 않는다. 사회는 개인이 기능적 부품이 되기를 요구한다. 사회와 개인은 슬프게 대립한다. 여기에서 개인은 패배한다. 사회 전체의 개인을 향한 기만은 이데올로기를 등에 업고 강력하게 작동한다. 이것은 일종의 "부품으로서의 인간관"이다. 사회는 전인적 인간을 원치 않는다. 그것은 물질적 효율의 측면에서 사회 전체로 보아 손해이기 때문이다. 전제군주만이 시민을 어둠 속에 가두지 않는다. 가장 민주적인 사회도 개인들을 어둠 속에 가둔다. 신성 가족의 이념이나 신성공동체의 경제적 이익이라는 이념으로.

개인의 자각은 자신이 속한 전체 체계의 이해를 선결 조건으로 한다. 이것으로 끝이 아니다. 이것은 단지 삶의 의무에 지나지 않았다. 이제 미덕을 향해 나아가야 한다. 이것은 우리에게 완전히 미지이기 때문에 "말해질 수 없는" 영역이 된 의미의 세계에 대한 끝없는 희구와 파산의 삶이다. 이것이 창조를 조건으로 하는 개인의 전면적인 자유이다. 이것이 왜 불가능한 것이 되고 말았을까? 이것은 사회 탓만은 아니다. 개인들의 집합이 사회이다. 우리는 물질적 풍요와 사회적 효율을 위해 전인적 인간상을 언제라도 포기한다. 이것이 산업혁명 이후에 생산성의 폭발적 증가와 인간성의 급격한 전락의 이유이다.

말해진 바대로 가치는 의미에 앞서고, "말해질 수 있는 것"은 "말해질 수 없는 것"에 앞선다. 그러나 이것은 의미와 도덕의 부존재를 말하는 것은 아니다. 단지 의무가 미덕에 앞선다는 얘기이며 가치의 세계가 "명시적인" 모든 것이라는 얘기이다. 이것은 의미와 도덕이 포착의 대상에서 추구의 대상이 되었다는 사실을 의미한다. 인간의 마지막 가치는 여기에서 빛나야 한다.

모든 인간이 되며 동시에 전문적인 하나의 인간이 되기는 거의 불가능하다. 현대 교육이 전문가 양성에 주력하는 이유는 누구도 "모든 인간"이 될 천품은 어차피 없다는 전제하에서이다. 또한 그럴 필요도 없다고 생각한다. "보편적 인간 l'uomo universale"의 모토는 고전 그리스나 르네상스 시기와 같은 이상주의적 실재론의 시대의 요구이다. 그때에는 유비의 법칙에 의해 모두가 이데아를 닮기 위해 노력해야 하며, 따라서 하나의 인간은 완성된 인간성으로서의 이데아를 지향해야 한다. 이러한 인간관의 문제는 의미를 포획의 대상으로 본다는 데 있다. 이것은 자못 심각한 문제이다. 이들은 이데아, 혹은 의미에 대해 알 수 있다는 것을 전제하기 때문이다. 경험론의 입장에서 실재론의 이러한 주지주의는 심지어 윤리적 문제가 된다. 일부의 철학자 혹은 성직자가 탐욕과 자만심을 충족시키는 것은 이러한 "알 수 있는 사람"을 자처함에 의하기 때문이다.

▲ 존 버니언, [천로역정], 1678년

경험론은 어떤 정점을 목표로 삼기보다는 분투하고 있는 순간, 즉 분투 그 자체에 의미를 부여한다. 무엇을 하느냐보다 어떻게 하느냐가 중요해진다. 이러한 이념은 전인적 인간상이 아니라 전문화된 인간상을 요구한다. 이때 학문과 예술은 내재된 의미를 잃게 된다. 그것들은 쥐어지는 대상이 아니다. 우리는 단지 이해와 아름다움으로만 규정되는 막연한 것에의 동경과 분투만을 지닌다. 심지어 우리는 그것이 무엇인지도 모른다. 따라서 경험론에서의 모든 추구에는 "추구하고 있는 과정들"과 "추구하고 있는 나"만 있을 뿐이다. 여기에는 단지 무목적적인 추구 외에는 아무것도 남지 않게 된다. 경험론에서 순수는 단지 분투이지 이데아가 될 수는 없다.

여기에서는 고유의 신도 고유의 종교도 모두 사라진다. 우리는 매우 막연하게 절대자에 대한 귀의로 향하는 과정상에만 있게 된다. 존 버니언(John Bunyan, 1628~1688)의 《천로역정》은 개신교가 구교와 어떻게 다른가를 이미 그 표제에서 제시하고 있다. 신앙은 역정이다. 우리는 누가 신인지조차 모른다. 그것은 감춰진 이름이다.

물론 경험론에 입각한 윤리가 분투에의 출구만을 가지지는 않는다. 의미의 소멸은 분투 외에 뻔뻔스럽고 노골적인 향락으로의 출구도 가진다. 삶에는 이유가 없다는 존재론은 《고도를 기다리며》의 뽀조와 같은 인간상을 가능하게 한다. 물론 부끄러워하는 향락주의자도 있다. 이들의 부끄러움은 그러나 올바른 동기 위에 입각한 것은 아니다. 이들은 실존주의자에 부끄러워하기보다는 위선적 실재론자들의 삶에 부끄러워하기 때문이다. 가치 있는 삶은 협소하고 척박한 통로를 가진다. 그러나 이 통로만이 세계의 전체상에 대해 유일하게 가능한 통찰의 가능성을 준다.

과거에의 탐구는 거기로부터 축적accumulation에 의해 현재를 얻기보다는 현재와의 차연에의 탐구라는 의미를 지닐 뿐이다. 이때 각각의 시대와 그 세계관은 서로가 독립적인 것이 된다. 이것이 경험론적 인식론이 세계를 우연contingency으로 파악하는 이유이다. 현재를 이해하기 위한 과거에의 탐구는 그러므로 현재로의 연역을 위한 과거가 아니라 현재와의 차이를 규명하기 위한 과거가 된다. 현재에 이르러 세계에 대한 이해는 따라서 과거보다 훨씬 더 많은 탐구에의 노역을 요구한다. 역사라는 시스템에 속한 모든 각각의 시대를 한 바퀴 돌아서 마지막으로 현재에 이르러야 하기 때문이다. 미분을 새로 배우는 고등학생이 그가 알고 있는 모든 수학적 개념을 한 바퀴 돌아서 미분에 착륙해야 하듯이.

지적탐구의 이러한 양식은 예술적 감성에의 추구에 대한 유비이다. 현대예술의 적절한 감상은 과거의 모든 예술에 대한 감상을 한 바퀴 돌고 와서 마지막으로 착륙할 때 가능해진다. 물론 이것이 저절로 가능하지는 않다. 고급스러운 취향과 거기에서 얻어지는 심미적 향락은 쉽게 획득되지 않는다. 물론 과거의 예술에 대한 이러한 훈련으로서의 경험 없이 현대예술을 즐길 수도 있다. 그러나 그 향락은 매우 협소하게 제한된다. 문학의 예를 들면, 현대의 감상자는 과거의 문학에 대한 경험 없이도 레이몬드 카버나 브라우티건의 단편집을 즐길 수 있다. 이들 작가는 나무토막 하나를 독자의 영혼이라는 바다에 던져 넣는다. 이제 그 나무토막은 독자의 영혼 속에서 수많은 이끼와 따개비 등을 짊어진 채로 다채롭고 복잡한 이야기로 전개되어 나갈 터이다. 이때 과거의 문학에 대한 감상의 경험이 없는 독자는 그 나무토막에 어떤 이야기도 슬픔도 환희도 덧붙이지 못한 채로 떠다니게 한다. 과거의 문학에 대한 풍부한 경험만이 이 조그만 나무토막을 스스로 자라나는 거대한 형체도 키워내게 된다.

과거의 예술은 거기에 내재한 무엇에 의해 예술일 수 있었다. 렘브란트(Rembrandt Harmensz. van Rijn, 1606~1669)나 모차르트(Wolfgang Amadeus Mozart, 1756~1791)나 스탕달(Stendhal, 1783~1842)은 먼저 자기에의 몰입을 요구한다. 우리는 그들의 하나의 작품을 심지어는 거듭 감상할 수도 있다. 현대예술에는 이와 같은 것이 없다. 그것은 활동으로서의 예술이며 감상자에게 모든 것이 위임되는 예술이다. 현대예술의 감상이 어려운 이유는 그것이 무엇인가의 내재적 이데아에 대한 모방이 아니라 새로운 행성의 창조라는 동기에 입각하기 때문이다. 우리는 예술가의 창조에 동의할 수도 동의하지 않을 수도 있다. 그러나 어쨌건 그 창조의 이해에의 요구가 있다. 심지어 미니멀리즘 예술은 감상자로 하여금 그 창조에 참여할 것을 요구한다. 예술과 삶에 대한 협소한 경험과 통찰, 혹은 저급한 취미판단은 이 창조에서 다채롭거나 예민할 수 없다.

전통적인 실재론은 교양을 의무로 지정하고 구속력을 행사한다.

◀ 렘브란트, [돌아온 탕자], 1668~1669년

◀ 렘브란트, [63세의 자화상], 1669년

그러나 현대인은 이러한 의무에서 자유롭다. 추구할 이데아가 증발했기 때문이다. 그러나 전통적인 예술에 대한 감상과 훈련의 결여는 삶의 이해와 가치에의 추구의 기회를 잃게 만든다. 현대는 물론 창조의 시대이다. 모방보다 창조가 어려운 것은 비단 예술가만의 경우는 아니다. 감상자의 입장에서도 그렇다. 단 하나만의 경험은 그 하나만을 건조하게 지키게 해서 창조에 있어 완전히 무능해지게 만든다. 모든 것에 대한 경험만이 하나의 가치를 완전히 펼칠 수 있다. 미분을 배우며 거기에만 고착되는 학생은 결국 좋은 점수를 얻지 못하고 낯선 문제에 대해 창조적으로 대응하지 못한다. 바로 밑의 유제를 잘 풀긴 하겠지만. 소쉬르의 언어학은 우리에게 이것을 말하고 있다.

이것이 과거에 속한 고전적 예술과 현대에 속한 감상자가 맺게 되는 첫 번째 조건이다. 고전예술은 먼저 현대예술을 위한 훈련의 기능을 한다. 현대예술에 대한 완전한 감상은 과거의 전체 예술에 대한 감상과 그 과거들이 서로서로, 그리고 그것들이 현재와 어떻게 심미적으로 다른가를 확인함에 의해 가능해진다.

이것은 단지 역사나 예술만의 문제가 아니다. 많은 교육자들이 구태의연이라는 말을 들먹이며 과거의 과학이나 경제학 등의 교과 과정을 줄이고 그것들을 현대의 것으로 대체시켜야 한다고 주장한다. 그러나 이 재빠른 얼리어답터early adapter는 현대의 새로운 상품에 대해 호기심을 지니는 것 이상으로, 과거에 대해 매우 경박하고 천박한 우월감을 지녔을 뿐만 아니라, 인간의 지식과 이해력에 대한 완전한 인식론적 무식을 보여주고 있다. 거듭 말하지만 첨단을 그렇게 소중히 여기고 새로움에 그렇게 들뜬다면 그것을 위해 그것들과 차연을 구성하는 다른 것들을 더욱 열심히 탐구할 노릇이다.

8

오락으로서의
과거

P a s t   a s

A m u s e m e n t

　　고전적 예술이 현대의 감상자와 맺는 두 번째 관계는 유희와 오락
이라는 소비 대상으로서의 관계이다. 고전적 예술은 이때 현대의 통속
예술의 기능과 똑같은 기능을 한다. 현대에 와서 그 실용적 기능을 잃은
앤티크의 수집이 단지 탐욕적 요구의 충족 기능을 하듯이, 현재에 대해
서는 어떤 말도 해주지 않는 과거 예술의 감상은 단지 오락적 욕구를 충
족할 뿐이다.

　　동시대는 언제나 부담스럽다. 지적이해도 어렵고 살기에도 어렵
다. 그것은 우리 자신의 이야기이며 생존경쟁의 현장이기 때문이다. 낭
만은 과거에만 있을 뿐이다. 우리는 삶에 지쳤을 때, 혹은 생존경쟁에
서 패배자의 위험에 내몰릴 때 어두운 자궁 속의 편안함을 동경한다. 우
리는 이때 우리 주위를 먼저 살핀다. 누군가 나를 보호하고 내게 위안을

줄 것이다. 내가 이렇게 외로울 수는 없다. 나는 적어도 이러저러한 상당한 가치와 비중을 지닌 사람이다. 반드시 도움이 올 것이다. 잠시 눈을 딴 곳으로 돌리고 휴식을 취해야겠다. 이렇게 잠시 현실을 피해 있으면 구원은 온다.

고전예술의 감상은 그러므로 먼저 현실도피의 가치를 지닌다. 다행히 공연장은 어둡다. 거기엔 시계도 창문도 없다. 시대와 때를 알려주는 무엇도 없다. 백화점이 천박하고 무식한 싸구려 인생에게 하는 기능을 고전예술이 현실에 지친 일반적인 사람들에게 한다. 감상자들은 먼저 자기기만을 해야 한다. 자기기만이 없다면 감상자는 키치적 행위를 하게 된다. 그러므로 자기기만이 반드시 필요하다. 그러나 이것은 자기인식적 기만이어야 한다. 세계는 더 이상 분칠을 한 가발을 쓴 귀족들의 시대도 아니고, 달구지가 굴러다니는 시대도 아니다. 그러나 자기가 마치 그런 가발을 걸치고 말이 끄는 그런 달구지를 타고 공연장에 왔다고 생각해야 한다. 모차르트를 만나기 위해.

거기에는 또한 엄숙성이 있어야 한다. 그러나 이 엄숙성은 지워질 것이 예정된 엄숙성이다. 모차르트가 현대로 온 것이 아니다. 감상자들이 18세기 말의 비엔나로 갔다. 그러므로 당시의 귀족과 부르주아들이 음악을 대하는 모든 태도를 닮아야 한다. 그러나 이 엄숙성은 공연장 안에 한정되어야 한다. 이 공연장은 아주 잠시 18세기 말에 머무는 것이기 때문이다. 연주자 역시도 이것이 하나의 환각이며, 하나의 환상이고, 하나의 유희이고, 잠시 동안의 현실도피임을 각성시켜줘야 한다. 그의 엄숙성은 지워질 것이라는 사실을 예고해야 한다.

정직한 과학교사는 왼손에 과학 교과서를 들고 오른손으로 그것을 가리키며 이렇게 말해야 한다. 다정하지만 냉정하고 야유조의 언사로. 특히 권위를 부여받는 과학의 사도로서의 자기 자신을 야유하며.

"자, 여기에 과학 교과서가 있다. 나는 이 교과서의 대변인으로 이 교실에 서 있다. 이것은 지난 십여 년간 내가 해온 일이다. 이 교과서가 무엇이라고 생각하는가? 여러분은 이것이 영원불멸의 진리를 전하는 금과옥조라고 생각할 것이다. 사실은 그와 같지 않다. 오히려 이 교과서는 단지 우리 상상력의 소산일 뿐이다. 그것도 매우 제멋대로인 상상력의.

내가 이 믿지 못할 변덕스러운 주제의 대변인인 사실이 개인적으로 유감이다. 과학이 어떠한 것인지 미리 알았더라면 내가 지금 여기에 있지는 않았을 것이다. 누구나 '확고한steadfast 별'이 되고 싶지 물결에 맡겨진 부평초가 되고 싶지는 않다. 그러나 어디에서두 화고한 별이 찾아지지 않는다는 사실이 그나마 위안이다. 사실에 대한 인간의 신념이 문제이다. 과학만이 문제였던 것은 아니다. 물론 그렇다고 과학이 우리에게 부과한 오류가 면책받을 수는 없다. 과학은 어떤 믿음보다 더 큰 믿음을 요구했기 때문이다. 과학과 과학자는 객관성과 보편성의 담지자(擔持者)라는 허장성세 가운데 특권적 오만의 죄를 지었다.

과학이 확고한 별이라는 믿음은 어떤 바보 같은 믿음보다 더 바보 같은 믿음이다. 심지어 그 믿음은 코미디이다. 그것을 말하는 과학자는 사기꾼이거나 백치이다. 우리의 신념은 '여자의 머리카락'보다도 더 부질없다. 내 앞에 있는 모든 복잡한 것들이 어쩌면 가장 간결하고 비밀스러운 정식으로 정리될 거라는 기대, 혼란스러운 세계의 실재reality를 알수 있을지도 모른다는 호기심, 경제학이나 문학 등이 지닌 변덕과 혼란에 대한 어리석은 경멸, 언제고 계량화될 수 있는 것만이 참된 지식일거라는 멍청한 오만 등이 내가 과학을 전공한 동기였다.

과학은 그러나 오류와 자만이 섞어 쳐서 엮어져 온 역사이다. 그다음 시대에 오류로 드러나지 않은 과학은 없었다. 탈레스(Thales, BC624~BC545)이래 3천 년간 오류는 과학의 다른 이름이었다. 아마도 인간 본성은 기만은 견딜지라도 변전은 견딜 수 없나 보다. 그렇게까지 속았으면서도 과학은 언젠가 확고한 토대를 제공할 거라는 멍청한 장광설을 아직도 많은 사람이 믿는 것을 보아서는. 아마도 일부 양심적인 과학자만 빼고는 다들 그렇게 믿는 듯하다. 사실 과학자 대부분은 그것을 믿는다. 과학자 대부분은 멍청하기 때문이다.

이건 정말 우스운 노릇이다. 사랑은 장님이라서 판단력을 마비시킨다. 많은 사람들이 상대의 악덕을 알면서도 같이 삶을 살아간다. 단지 사랑이라는 미명으로. 과학은 도도한 외양 가운데 텅 빈속을 가진 여자와 같아서 단지 사랑받음에 의해 유지되고 있을 뿐이다. 아니면 그 대변인들의 협잡질에 의해서. 이 경우에는 과학이 협잡질에 이용된다. 그 협잡꾼들은 그것을 배경으로 탐욕과 자만심을 충족시킨다. 과학자란 단지 하나의 독단적 상상력을 진리로 둔갑시키는 데 능란한 사람이다. 물론 나는 이 협잡질이 자기 인식적이라고는 말하지 않겠다. 그들 스스로 먼저 자신의 협잡질에 속기 때문이다.

오류를 피하는 유일한 길은 우리가 지금부터 열어보게 될 이 교과서가 하나의 오류일 수도 있다는 전제를 가지는 것이다. 과학은 사실에 대한 것만 뺀 모든 얘기를 해줄 수 있다. 얼마나 많은 상상력이 과학을 수놓았는가. 과학의 역사는 우주의 실체에 대한 것이 아니라 우리 상상력에 대한 것이다. 그러므로 과학은 결과적으로 소설과 크게 다르지 않다. 어쩌면 소설이 과학보다 더 진실이다. 소설은 꾸며진 세계임을 전제하지만, 과학은 실재에 대한 것이라는 명백한 거짓 위에서 존경을 요구해 왔으니까.

이것은 과학만의 문제는 아니다. 누구도 실재에 대해 알 수 있다고 말할 수 없기 때문이다. 우리는 우리의 탐구가 불충분했다고 말해왔다. 그러나 이러한 종류의 자책은 그 자체로 오만이다. 이 언명은 실재를 알 수 있다는 자만심을 전제하기 때문이다. 우리의 탐구가 아무리 먼 곳까지 이른다 해도, 그리고 아무리 깊은 곳까지 이른다 해도, 우리가 거기서 발견하게 되는 것은 단지 우리의 두뇌, 우리의 얼굴일 따름이다. 우리는 단지 '안다고 말할 수 없는' 사람들의 집합의 한 원소임을 자인해야 한다.

이 교과서는 우리 공동체가 세계의 실재라고 규정한 하나의 신념체계에 대한 것이다. 이것이 특별히 과학이라고 불리는 이유는 세계의 '물리적' 총체성에 대한 이야기이기 때문이다. 경제현상의 총체성에 대한 신념체계였다면 이것은 경제학이라 불렸을 것이다. 신념은 사실에 대한 것이 아니라는 사실은 여러분의 상식 속에서 분명할 거라 믿는다. 그러므로 지금부터 배우는 것은 확정된 사실도 아니고, 항구적이거나 보편적이거나 필연적인 사실도 아니다. 이것은 우리가 '규약에 의해 설정한 세계의 물리적 일반화의 명제의 집합'이다. 이 세상에 규약 아닌 것은 없다. 심지어는, 과학이 규약이라서 존재 의의를 갖는 것도 아니다. 오히려 존재를 위해 규약을 구걸해야 할 처지이다. 과학이 너무 많은 죄를 지어 왔기 때문이다.

물론 우리가 세계를 이해하는 것은 세계를 더듬어서가 아니라 이 교과서를 읽고 이해함에 의하여서이다. 과학의 한계가 물리적 세계의 한계이고, 과학 속에 없는 것은 세계에도 없다. 과학이 곧 세계이다. 따라서 우리가 과학이 세계에 대한 것은 아니라는 사실을 아는 순간 어떤 식으로도 세계를 알 수는 없다는 사실을 알게 된다. 우리는 우리가 매우 이상한 악순환에 빠져 있다는 사실을 발견한다. 즉 우리는 여태 과학은 세계를 본떠 만들어졌다고 생각했다. 그러나 그것은 사실이 아니다. 과학뿐만 아니라 무엇도 그것이 본떠야 할 세계를 안다고 말할 수는 없게 되었다. 그렇다면 과학은 근본적으로 무엇에 대한 얘기인가? 만약 과학이 우리 과학 전문가들의 비준을 받은 물리적 규약이라면 과학은 갑자기 세계와 분리된다. 그러나 과학 외에 어떤 방식으로도 세계를 이해할 수는 없다. 따라서 세계라고 우리가 말할 때 그것은 단지 우리의 상상 속의 세계일뿐이다. 과학이 규약이라면 세계는 상상이다. 놀랍게도 우리의 오랜 과학적 탐구는 우리 상상 속의 환각에의 추구였다.

물론 나는 여러분이 이 악순환을 쉽게 받아들일 수 없다는 사실을 안다. 자기 기초가 환각이라는 사실의 수용이 누구에겐들 쉽겠는가? 그러나 현대 철학은 사실이 그와 같다고 말한다. 만약 어떤 과학자가 과학은 세계와 직접 닿는 것이라고 말한다면 우리는 그를 최대한 신속하게 태초의 에덴동산으로 돌려보내야 한다. 그의 순진무구는 더 이상 현대를 살기에 적절하지 않다.

따라서 내가 과학 선생으로서 과학에 있어 여러분에 대해 누리는 우월성의 근거는 없다. 세계의 물리적 실재에 대한 무지에 있어서 여러분과 나는 같은 입장에 있다. 즉 우리는 모두 세계로부터 등거리 equidistance에 있다. 이 등거리는 무지가 그 공간을 채우는 등거리이다. 지식의 세계는 따라서 민주주의이다. 우리는 다 같이 멍청한 인간이라는 민주적 세계에 처한다. 내가 여러분의 선생인 이유는 내가 여러분보다 세계에 대해 더 잘 알아서는 아니다. 단지 내가 우리 공동체의 과학적 규약을 먼저 배웠기 때문이다. 나는 단지 규약의 전달자이다. 새롭게 대두되는 새로운 과학적 규약을 여러분이 장차 나보다 먼저 배운다면 물론 여러분이 나의 선생이다. 아마도 그때 규약의 전달자로서의 나의 역할, 선생으로서의 나의 역할은 끝날 것이다."

연주회장에서의 연주자의 태도도 교실에서의 이 과학교사의 태도와 같아야 한다. 과학 교사가 과학에 대한 변명으로 수업을 시작하듯,

연주자는 연주의 변명excuse으로 연주를 시작해야 한다. 비실천적 계기로 생계를 유지하는 사람은 자부심을 가져서는 안 된다. 순수에 종사하는 사람들은 자부심을 버림에 의해 영혼을 순수하게 해야 한다. 거드름은 그 자체로서 파멸적 인품과 무지의 증거지만 특히 순수에 종사하는 사람들에 있어 더욱 그렇다. 우리 시대의 지성은 무능과 무지의 자기 인식에 기초하기 때문이다.

"연회에 참석해 주신 여러분, 감사합니다. 지금부터 우리는 시간 여행을 하게 됩니다. 1792년의 비엔나가 여러분이 여행해야 할 시대이고 장소입니다. 그곳에서는 프란츠 요셉 황제가 허울뿐인 신성로마제국의 군주 노릇을 하고 있습니다. 거기에는 파리에서 발생한 부르주아들의 혁명 때문에 일말의 불온함이 감돌고 있습니다. 아마도 이 시대, 이 장소는 군주와 제후들의 마지막 영광을 보여주게 됩니다. 그리고 하이든과 모차르트가 마지막으로 귀족의 후원에 힘입은 작곡가일 것입니다. 다음 시대부터 음악가는 부르주아들이 구매해주는 입장권에 의존하게 됩니다.

잠시 눈을 감고 여러분에게 환각을 부여하십시오. 이제 곧 18세기 말의 광대극이 빚어질 것입니다. 여러분, 당시의 청중들은 매우 진지하고 엄숙하게 연주를 즐겼다고 합니다. 그러니 여러분도 잠깐의 진지함을 가지시기 바랍니다. 그러나 그 엄숙성은 이를테면 방법론methodological적인 것이고 자기 인식적인 것입니다. '무대에서 우는 것은 거짓말, 한창 떠들 땐 걱정도 없으니 인생은 가면극'이라는 언사는 유명한 팔리아치의 자기 인식입니다. 따라서 여러분도 자기 인식적인 엄숙성을 가져주시기 바랍니다. 이 어두운 연주회장 내에서의 삶은 진짜가 아니기 때문입니다.

우리는 존경과 경외심을 요구하는 그런 연주자들이 아닙니다. 여러분 또한 여러분의 음악적 도락에 품격과 허영을 부여하지는 않으리라고 우리는 믿습니다. 물론 우리는 오락적 기예에 있어 어느 연주자들과도 경쟁할 수 있습니다. 우리가 다른 연주자들과 차별되는 것은 단지 우리는 우리 연주에 어떤 진지한 의미도 부여하지 않는다는 사실입니다. 그렇습니다. 이 예술은 그들의 것이지 우리의 것이 아닙니다. 지금 하늘에는 초음속 비행기들이 날아다니고 있고 길에는 범람하는 자동차들이 소음과 매연을 내뿜고 있습니다. 그러나 여러분이 들을 음악은 말과 달구지가 굴러다니던 시절을 위한 것입니다. 따라서 저는 여러분이 스스로를 잠깐 기만하시길 바랍니다.

여러분은 오락에 대한 값을 냈습니다. 그것이 여러분이 우리의 극을 감상하실 수 있는 권리입니다. 이를테면 입장권을 샀습니다. 여러분은 모두 당시의 귀족들입니다. 여러분 모두 민족이동 당시에 부족을 이끌었던 영광의 후예들입니다. 우리는 여러분이 우리의 연주를 구매해주신 사실에 감사를 드립니다. 부디 즐기시기 바랍니다.

이 연주회장 밖의 밝은 빛은 여러분에겐 생존경쟁의 현장입니다. 여러분에게는 휴식의 자격이 있습니다. 입장권을 구매했으니까요. 이 예술은 매우 안일하며 나른한 것이고 즐기기 위해 여러분이 긴장할 필요조차도 없는 상투적인 것들입니다. 여러분은 그저 편하게 감상하시면 됩니다. 여기에서 힘을 얻고 다시 환한 빛으로 나가게 되면 여러분은 또다시 현재를 살아야 합니다. 진정한 가치는 이 컴컴한 환각에 있는 것이 아니라 밝은 현존에 있다는 것이 우리 생각이기 때문입니다."

이때 고전예술은 통속예술의 운명을 감수하게 된다. 다시 말하면 과거시대의 고급예술은 현재에서는 전적인 오락과 소비의 대상이라는 점에서 단지 그 통속적 기능만을 행사하게 된다. 탈레스의 과학 역시도 현재의 입장에서는 하나의 형식 유희적 즐거움만을 우리에게 준다. 이것은 물론 그것들이 지닌 훈련으로서의 기능을 떼놓고 말했을 때 그렇다. 말해진 바대로 현대는 의미를 상실했다. 그것들은 세계가 아직 의미로 가득했을 때의 그 활기를 이제는 잃었다. 현대가 주는 부담과 의욕은 모두 의미의 상실과 자유의 획득에 의한 것이다. 이것은 우리의 끊임없는 각성과 반항을 요구한다. 따라서 잠깐의 휴식에 죄의식을 느낄 필요는 없다. 각성이 수면을 반대급부로 요구한다. 우리는 여기서 우리의 조건을 잠시 잊을 것이다. 우리에게 도취가 필요하다. 세계에 정해진 의미가 있다는 환각적 도취. 우리는 의미라는 온전한 배에 몸을 실었다는 환각.

과거 예술의 향유에 대한 이러한 통찰이 포스트모더니즘의 신사실주의 이념의 골격을 이루게 된다. 상투성을 도입하여 그것을 지울 것을 전제로 잠시 즐기는 것이 곧 신사실주의이다. 신사실주의는 따라서 조건적conditional 사실주의가 된다. 지워질 것을 조건으로 존재 의의를 갖기 때문이다. 워홀의 메릴린 먼로, 캠벨 수프 깡통, 리히텐슈타인의 만화들, 바셀미(Donald Barthelme. 1931~1989)의 《백설 공주》, 움베르토 에코(Umberto Eco. 1932~)의 서스펜스 스릴러, 가브리엘 마르케스(Gabriel García Márquez. 1927~)의 마술적 세계의 기술description 등은 모두 지울 것을 전제로 한다. 우리에게 휴식이 필요하다. 자기 인식적인 유희는 건설적이다. 의미를 배제하기 때문이다. 만약 이때 주제가 낯설거나 새로운 것이라면 감상자들은 멈칫거리게 된다. 인간의 지성은 있지도 않은 의미를 구하려는 천부의 속성을 지녔다. 그러므로 감상자로 하여금 같잖은 의미를 구하지 않게 하려면 거기엔 상투성이 있어야 한다. 상투성이 그들의 예술에서 진지함을 지운다. 이것이 포스트모더니즘 예술 중 가장 중요한 하나의 양식이 팝아트라고 불리는 이유이다.

전통과
현대

현대예술의 이러한 성격이 그 예술의 진지함도 배제한다. 거듭 말하지만, 현대예술은 작품에 내재한 무엇 때문에 예술이 되지는 않는다. 오히려 그것은 거기에 없는 무엇에 의해 예술이 된다. 그때 거기에 있는 무엇이 곧 의미meaning이다. 현대예술은 그것을 심미적으로 제거함에 의해, 다시 말하면 "의미의 진공"이라는 박편이 됨에 의해 예술이 된다. 의미는 너무도 얇고 부질없어서 마치 정의definition는 있지만 존재는 없는 유클리드의 평면에 먼지나 이끼가 두껍게 쌓이듯 가치 위에 켜켜로 쌓인다. 현대예술은 이 의미의 적층을 멋지게 제거함에 의해, 다시 말하면 오컴의 면도날을 장인의 솜씨로 기술적으로 구사함에 의해 예술이 된다. 이끼나 먼지는 가치만 남기고 사라지고 있다. 이 과정을 보이는 것도 예술이 된다. 이것이 "쓰고 지우기" 혹은 "저자의 소멸"이고 이 반대 과정이 미니멀리즘이다.

코진스키는 《거기있음Being There》에서 어떻게 비존재가 존재의 적층을 얻어 나가는가를 보임에 의해 우리의 의미가 얼마나 우연적인 코미디인가를 보인다. 그것은 현존이 미니멀minimal한 세계로부터 어떻게 멋대로 연역된 것인가를 보임에 의해 현존이 내포한 의미를 붕괴시킨다. 따라서 이것도 하나의 미니멀리즘이다. 우연적 현존을 보임에 의해 우리가 할 수 있는 것은 미니멀한 알갱이의 투사뿐이라는 사실을 보이기 때문이다.

레이몬드 카버나 브라우티건은 비구름 속에 알갱이를 던져 놓는다. 그것이 예술이다. 독자는 거기에 이런 의미 저런 의미를 덧붙인다. 알갱이 주위로 조금씩 물기가 붙어 나가고 곧 비가 되어 쏟아진다. 그 비는 곧 증발된다. 이 변전이 곧 삶이다. 이제 저자도 독자도 같은 차원에 몸담는다. 저자와 감상자가 같이 창조해 나간다. 저자는 좀 더 소극적이 되고 독자는 좀 더 적극적이 된다.

현대예술은 작품 속에 예술을 내장시키지 않는다. 그것은 입체가 아니다. 얇은 종이이다. 의미가 담기기엔 그것은 그 자체로서 너무도 얇고 가볍다. 의미는 거기 "안"에 담기지 않고 거기 "밖"에 쌓인다. 예술가는 고형적 의미를 제시하지 않았다. 의미를 제시했다면 지울 것을 조건으로 했다. 제시하지 않았다면 이제 감상자가 책임을 져야 한다. 감상자는 거기 밖에 이런저런 의미를 덧붙이며 나름의 환각을 만들어 나갈 것이다. 따라서 현대예술은 현대의 기호가 가뜬하고 투명하듯이 무책임하다. 책임은 위험하다. 그것이 수많은 사람을 살해했다. 그것이 의미를 불러들이기 때문이다.

전통적인 예술은 당시의 사람들에게 주시와 집중을 요구했다. 그것들은 예언적이고 심오한 의미를 담고 있었다. 따라서 그것의 소장은 먼저 감상을 위해서였다. 다 빈치나 미켈란젤로(Michelangelo, 1475~1564), 라파엘로, 모차르트, 베토벤(Ludwig van Beethoven, 1770~1827) 등은 여러 번 감상해도 질리지 않는 즐거움을 선사했다. 그것은 의미로 뭉쳐진 고형물이었고 두꺼운 의미였다. 이 의미는 매번 감상 때마다 여러 다채로운 색조로 변화하며 끝없는 즐거움을 줬다.

▲ 미켈란젤로, [피에타], 1498~1499

▲ 라파엘로, [벨베데레의 성모(초원의 성모)], 1506년

　　현대예술에는 그와 같은 것이 없다. 따라서 현대예술의 소장은 감상을 위해서는 아니다. 그것은 내재한 의미에 있어서 예술이 아니라 우리가 거기에 무엇인가를 덧붙임에 의하여 혹은 그것을 우리가 예술이라고 부름에 의하여, 혹은 예술이 어떻게 그 명예로운 서클에 가입하게 되는가를 보임에 의해, 혹은 그것이 어떻게 예술 활동의 흔적이 되는가에 의해 예술이 된다. 예술은 하나의 활동이지 고정된 작품은 아니다. 비트겐슈타인은 철학에 대해 "그것은 더 이상 내재된 주제의 탐구에 의한 하나의 학문이기를 그친다. 그것은 단지 말해질 수 있는 것과 없는 것을 가리는 활동일 따름이다." 라고 말한다.

예술도 마찬가지이다. 의미가 죽으며 철학뿐만 아니라 예술도 따라 죽는다. 전통적인 견지, 즉 의미의 담지자로서의 철학은 소멸하듯이 예술 또한 의미를 비워내며 사라진다. 현대예술은 전통적인 견지에서의 예술이 아니다. 우리는 작품 자체에 집중할 필요가 없다. 현대예술은 독자적이고 환각적인 요소를 비워낸다. 따라서 흘낏 보는 것으로 충분하고, 두 번 볼 필요조차 없다. 그것의 소장은 거듭된 감상을 위해서가 아니라 단지 투자를 위해서이다. 가치는 의미에 앞서고, 가격은 가치에 앞선다.

뒤샹의 변기나 워홀의 수프 깡통을 거듭 감상할 필요가 어디에 있고, 리히텐슈타인의 만화를 거듭 감상할 이유가 어디에 있는가? 케이지의 '4분 33초'를 거듭 들을 이유가 어디에 있고, 브라우티건의 《쿨 에이드 중독자》를 거듭 읽을 이유가 어디에 있는가? 현대예술은 일회용 disposable 예술이다. 그것들은 전통적인 예술이 어떻게 신화가 되는가를 폭로하기도 하고(뒤샹, 케이지, 코진스키), 모든 얘기는 결국 환각 위에 있다는 것을 보이기도 하고(움베르토 에코, 마르케스, 나보코프, 존 파울즈), 창작 과정에 감상자의 참여를 요구하기도 한다(브라우티건, 레이몬드 카버, 스티브 라이히).

전통예술도 현대에 속한 감상자에게는 일회용 오락이다. 현대예술은 반어적 진지함을 부여한다. 그것은 의미에 익숙한 우리에게 의미를 비우라고 말함에 의해 진지한 감상을 요구하고 있다. 의미를 비우기는 어렵다. 그것은 획득보다 훨씬 어렵다. 땅을 딛고 사는 법만을 배워온 우리가 무중력을 유영하기는 어렵다. 우리는 무중력의 세계에서도 딛고 설 무엇인가를 구한다. 현대예술 전시장의 감상자들이 작품에 코를 박고 집중하는 것은 그것이 이유이다. 이 광경은 인간희극이다. 거기에는 집중해서 바라볼 어떤 의미도 없는데. 현대예술은 받침대 없는 삶을 요구한다. 대신 우리는 어느 곳으로나 유영할 자유를 얻는다. 단지 휴식하고 정착할 땅이 없을 뿐이다. 무의미와 자유는 이렇게 공존한다. 우리는 의미를 잃는 대신 자유를 얻었다.

전통적 예술에는 의미가 있다. 우리의 조상들은 땅에 붙어살았다. 그러므로 전통예술의 감상은 자기 인식적 의미를 가정해야 한다. 우리 자신을 잠정적으로 과거에 속한 사람으로 만들어야 한다. 이때 그 예술들은 오락의 대상이 되어 준다. 그러므로 전통적인 예술이 우리에게 주는 가치는 앞에서 말한 훈련으로서, 그리고 다음으로는 오락으로서이다. 오락적 기능의 측면에서 전통예술은 현대의 통속예술과 같은 기능을 한다. 그러나 통속예술은 먼저 훈련의 기능을 못하고 다음으로 언제나 통속문화가 그렇듯이 진지함을 결한다. 전통적인 예술은 그러나 그 시대에선 더 없이 진지했었다.

전통예술이 정작 문제가 될 때는 그것을 현재의 예술을 대치하는 것으로 만들 때이다. 어느 시대고 시대 그 자체로는 부도덕하지 않다. 단지 그 이념이 잘못 적용되었을 때 그 시대는 고유의 악덕을 보이게 된다. 엄밀하게는 교황청의 타락은 실재론의 문제는 아니었다. 그것은 현대 교회의 타락이 경험론의 문제가 아닌 것과 같다. 실재론의 윤리는 이데아에의 지향이다. 문제는 이 이데아에 대한 해석이 그 지식의 독점자들에게 어떤 이익으로 다가갈 때이다. 교황청은 신이라는 이데아를 자기 이익에 맞춰 멋대로 해석했다. 만약 실재론이 그 자체로 부도덕하다면 고대의 기하학이 그 자체로 부도덕하다고 말하는 것과 같다.

우리는 기하학을 안다. 그러므로 우리는 누구라도 정리를 환원시켜 어떤 공준에서 연역된 것인가를 확인할 수 있다. 그러나 중세에는 대부분의 속인들이 성경을 읽을 수 없었다. 교권계급이 그것을 막았다. 일단 신앙의 공준이 밝혀진다면 그들의 전횡이 거기에서 연역될 수 없다는 것이 드러나기 때문이다. 도시국가 시절의 로마의 평민들은 누구나 알 수 있는 성문법의 제정을 원하며 참전을 거부했다. 귀족계급의 전횡은 객관적 법률 없는 자의적 동기에 기초하기 때문이다. 마찬가지로 교황청은 신을 자기 이익에 맞춰 자의적으로 해석했다. 루터의 성경의 자국어로의 번역이 혁명의 가장 중요한 요소였던 이유는 이것이었다. 이것은 신앙에 있어서의 객관적 법률의 공표와 같다.

실재론은 그 논증의 기초를 자명self-evident한 것으로 본다. 이것은 물론 독단이다. 그러나 독단은 도덕과는 상관없다. 군주정치는 그 자체로는 나쁜 정체가 아니고 민주정도 그 자체로는 좋은 정체가 아니다. 나쁜 군주정이 있고 좋은 민주정이 있을 뿐이다. 모든 것은 해석과 적용의 문제이다. 빈 자루는 홀로 서지 않는다. 거기에 채워나가는 내용물이 자루를 서게 하고 그것에 형상을 부여한다.

초기교부들의 시대의 기독교는 로마의 몰락이 불러온 혼란과 야만에 대한 훌륭한 대비처였다. 중세유럽이 게르만의 야만으로 빨려들지 않았던 동기는 그리스 철학을 입은 기독교 덕분이었다. 당시에는 기독교의 실재론적 교리가 교권계급의 이익 이상으로 좋은 삶에의 길로 사람들을 인도했다. 즉 바울이나 성 아우구스티누스의 신학은 스스로의 이익 이상으로 세계의 계몽에 공헌했다. 그들은 기독교를 해석함에 있어 상당한 정도로 무사무욕 했기 때문이었다.

하나의 이념으로서의 유명론이 중세 말의 교황청의 신학에 대한 우월성을 보장받는 것은 그 이념에 내재한 어떤 우월성에 의해서가 아니라 단지 순수하고 갱신된 그 이념의 청렴한 적용에 의해서였다. 이러한 우월성은 종교개혁과 청교도의 이념을 통해 근대의 가장 이상적인 양상을 구현할 예정이었다. 물론 이 이념도 궁극적으로는 생명력을 잃고 단지 특권계급의 이익을 수호하기 위해 쓰이게 된다. 루터의 반동 자체가 이 이념이 지닌 한계를 말하고 있었다. 데카르트는 결국 종교개혁에도 불구하고 그리고 흄의 공격에도 불구하고 그 가장 중요한 점에 있어서, 즉 그 기계론적 합리주의에 있어 19세기 말까지 서양세계를 지배한다.

현대는 이러한 기계론적 합리주의의 완전한 폐기를 선언하며 개시된다. 이것의 선언적 양상이 다다이즘이다. 이때 이후로 합리주의적 언명을 끌어들이는 것은 일종의 부도덕을 내포하게 되었다. 왜냐하면 이 이념 자체가 파시즘에 사용되었으며 또한 현대철학의 입장에서 볼 때 인식론적인 문제점을 안고 있었기 때문이다. 현대에 이르러서의 합리주의는 "말해질 수 없는 것"이다. 어떤 것이 말해지기 위해서는 "하나의 규약적 체계" 안으로 들어와야 했다. 이제 이 말해질 수 없는 것을 말하려는 모든 시도는 "황금, 자만심, 질병에의 이익의 전위부대"로 취급되었다. 차라의 이러한 분노는 엄밀히 인식론적 정당화가 가능한 것이다. 물론 하나의 인식론으로서 경험론이 합리론에 우월한 것은 아니다. 모든 것은 규약의 문제이다. 현대의 형이상학적 규약은 경험론인 이유로 이 세계에 계몽적 합리주의를 끌어들이려는 시도가 비난받을 뿐이다. 이때 시대착오는 부도덕이 된다. 모르는 것이 죄악은 아니다. 그러나 모르는 것을 안다고 말할 때 죄악은 시작된다. 만약 모르고 있으면서 안다고 믿으면 편협과 독선과 죄악을 저지르는 것이고, 모른다는 사실을 알면서도 안다고 말한다면 그것은 거기에 기만의 죄악이 더해지는 것이다. 현대의 철학자들이나 예술가들 중 일부가 분노와 혐오에 찬 비난을 시대착오적 예술가와 철학자와 성직자에게 퍼붇는 동기는 이것이다.

결국 필연적 세계, 즉 최초의 이데아에서 — 마치 정리가 공준에서 연역되듯 — 연역된 세계는 우연적 지식을 주고, 단지 우리의 기술 description에 의해서만 비로소 존재하게 되는 우연적 세계는 필연적 무지를 준다. 현대는 우연적 세계이다. 앎에 있어서의 특권적 입장도 없으며 내재한 의미에 있어 우월하고 열등한 위계도 없다. 이것을 부정하는 것은 무지 아니면 키치이다.

10

죄악

S i n

데카르트나 라이프니츠(Gottfried Wilhelm Leibniz, 1646~1716)는 위대한 철학자였고, 성 아우구스티누스나 성 안셀무스는 위대한 신학자였다. 그러나 그들의 위대성은 그들 시대의 한계 내에서 그렇다. 우리 시대에는 우리 시대의 철학과 신학과 예술이 있다. 과거는 의미를 내재하고 있었다. 이 의미에 찬 과거가 의미가 없어야 하는 현대에 개입할 때 죄악이 발생한다. 카뮈는 이러한 의미의 새로운 대두에 대해 반항 la révolte을 말하고, 비트겐슈타인은 "철학은 말해질 수 있는 것과 말해질 수 없는 것을 가르는 하나의 활동"이라고 말한다. 즉 의미를 내재한 모든 것은 그것이 하나의 외연으로 바뀌지 않는 한 말해져서는 안 되는 것들이다. 다시 말하면 말해질 수 있는 것은 가치체계와 관련된 것들이고 말해질 수 없는 것들은 내재적 의미를 지닌 것들이다.

의미의 소멸이 곧 근대의 죽음이다. 이것이 되살아나서는 안 된다. 우리 모두는 실재를 모른다는 점에서 등거리라는 단일 차원에 있다. 우리의 지적 탐구는 단지 우리가 알 수 없는 것의 목록을 늘릴 뿐이다. 즉 우리 시대의 지성은 무엇을 아느냐보다는 얼마나 많은 모르는 것을 확인하고 있는지, 또 왜 우리는 그것을 모를 수밖에 없는지를 확인해 주는 역할을 한다. 우리의 인식론의 이면이 윤리학이 될 때 현대의 윤리학은 겸허에 대해 말하게 된다. 지식의 확장은 불가지의 확장을 의미하기 때문이다. 그러므로 오만은 무지에서 나오게 된다. 모르는 사실을 좀 더 적게 수집했을 때 오만해지기 때문이다.

이때 무엇인가를 안다고 말하는 것은 등거리라는 단일차원을 부정하는 것이 된다. 그렇게 주장하는 사람은 자신은 실재를 포착한다고 있다고 말하기 있기 때문이다. 우리는 "안다"와 "모른다" 대신에 "말할 수 있다"와 "말할 수 없다"라는 표현을 사용해야 한다. 이때 말해질 수 있는 것은 결국 우리의 규약에 한정된다.

실재를 포착했다고 말하는 사람은 "의미"를 말하고 있다. 즉 소멸된 의미를 되살리고 있다. 우리의 가치 있는 분투는 언제나 투쟁과 파산과 새로운 투쟁 외에는 없다. 실재에 다가가려는 노력 가운데 살고, 파산하면서 죽는 외에 다른 삶의 양식은 없다. 실재 위에 착륙했다고 말하는 것은 스스로는 새장을 벗어났다고 말하고 있는 것이고 이것은 의미를 포착했다고 말하는 것이다. 부조리에의 직시에서 실재에의 안주로 삶이 바뀌게 된다. 이것이 카뮈가 말하는 "도약"이며, 키치의 양식인 "이차적 눈물"이다. 실재를 향하던 눈이 방향을 고정시켜 실재 위에 착륙할 때 이것은 이차적 행위이다.

실재와 인간 사이에 끼어드는 의미가 키치이다. 즉 실재라는 일차 성에서 의미라는 이차성으로 우리의 시각이 전환될 때 키치가 생겨난 다. 윤리에서의 위선이 예술에서의 키치이다. 좋은 삶 자체를 향하지 않 고 좋은 삶이라고 믿어지는 생활양식을 견지하는 스스로에게로 관심이 전환될 때 위선이며, 작품 자체로 향해야 할 관심이 작품이 조성하는 의 미로 전환될 때 키치가 된다.

▲ 한스 멤링, [올리브 가지를 든 천사], 15C경

▲ 에두아르 마네, [올랭피아], 1863년

전통적인 예술은 의미를 내재한 것들이다. 각각의 예술은 각각의 고유한 의미에 의해 존재 의의를 가진다. 한스 멤링(Hans Memling, 1430~1494)의 〈올리브 가지를 든 천사〉는 고요와 평온과 체념의 분위기를 내포한 채 신의 전령으로서의 의미를 지닌다. 마찬가지로 마네(Édouard Manet, 1832~1883)의 〈올랭피아〉는 냉소와 야유와 자신감에 의해 부르주아 사회의 신성 가족이라는 가식적 품격을 붕괴시키는 의미를 지닌다. 전통적인 예술의 이러한 의미획득은 그 예술 자체에 내재한 예술가의 영혼에 의해 가능한 것이었다.

현대예술에는 이와 같은 것이 없다. 현대예술이 예술이 되는 것은 거기에 내재한 어떤 것에 의해서가 아니라 거기에 부여하는 외재적인 어떤 것에 의한다. 예술가의 임무는 예술품을 통해 드러나는 것이 아니라 창조의 활동creative activity으로 드러난다. 현대예술은 의미의 진공이거나 지워질 의미를 가진다. 따라서 의미의 부재가 현대예술의 특징이며 동시에 삶과 특징이다. 의미는 추구되기 위한 것이지 쥐기 위한 것은 아니다.

전통예술이 현대의 감상자에게 진지하고 엄숙하게 다가오지 말아야 할 이유가 여기에 있다. 만약 그것이 변명을 앞세운 채로 다가온다면 그것은 소비되기 위한 오락으로서의 기능을 가진다. 그러나 변명 없는 진지함을 지닌다면 그것은 키치이다. 의미의 설정은 현대에 있어 이차적 행위이기 때문이다. 물론 전통적인 예술은 집중을 요구한다. 그러나 이 집중은 체스게임에서의 집중과 같은 종류이다. 수준 높은 오락은 긴장을 요구한다. 그러나 이 긴장은 삶과 우주의 이해에의 추구는 아니다. 그것은 오락을 위한 긴장일 뿐이다.

수학적 집합에 있어 "닫혀 있다"의 반명제는 "열려 있다"가 아니라 "닫혀 있지 않다"가 된다. 현대인은 모두 닫혀 있는 집합에 속하게 되고 말았다. 이것은 현재만의 문제가 아니라 경험론적 인식론이 세계관이 되었을 때 언제나 발생한다. 경험론하에서는 우리 모두는 결국 규약

agreement 이라는 정의definition에 의한 집합에 갇혀 있게 된다. 이것이 비트겐슈타인이 은유적으로 말하는 새장이다. 우리는 새장 밖에 있다고 믿어지는 실재reality에 대해 닫힌 집합의 한계 내에 차단되어있는 원소가 되고 말았다. 존재의 개념과 관련한 유명론이, 운동의 법칙과 관련한 경험론이 등거리론the equidistance theory을 불러들이는 소이는 여기에 있다. 우리는 모두 실재로부터 등거리에 있다. 그러나 이 등거리는 앎에 있어서의 등거리가 아니다. 알 수 없다는 점에서의 등거리이다. "모른다"에는 위계가 없다. 거기에는 양적 차이가 없다. 우리는 모두 실재에 대해 알 수 없다.

11

전통예술과
키치

*T r a d i t i o n a l   A r t
a n d   K i t s c h*

    물론 실재론을 받아들이면 집합은 더 이상 닫혀 있지 않게 된다. 문제는 집합은 단지 닫혀 있지 않을 뿐이지 열려 있지는 않다는 사실이다. 만약 집합이 열려 있다면, 즉 새장이 철폐된다면 우리는 모두 이번에는 앎에 있어 등거리가 된다. 그 앎의 대상이 실재이건 신이건 우리는 모두 대등하게 알게 된다. 그러나 실재론에 있어서의 새장은 철폐되는 것이 아니라 작은 틈만 생길 뿐이다. "닫혀 있다"의 반명제가 "닫혀 있지 않다"인 것처럼 실재론은 경험론에 대한 반명제이기 때문이다. 이제 이 틈을 비집고 나왔다고 주장하는 사람들은 실재와 신에 대해 안다고 주장할 수 있게 된다. 이들은 스스로가 의미의 소유자임을 주장한다. 이들은 실재와 집합 안을 자유롭게 드나들며 실재에 대해 말하고 그것을 닮을 것을 주장한다. 이렇게 예언자들이 생겨난다.

가우닐로(Gaunilo of Marmoutiers, 11C), 오컴, 흄 등이 실재론 혹은 합리론에서 윤리적 부정의를 발견한 것은 이와 같은 동기에 의한다. 실재론은 세계의 위계화를 부른다. 신에서부터 노예에 이르기까지 세계는 위계적으로 구축되고 만다. 무지의 집합은 닫혀 있지 않게 된다. 일부는 스스로가 그 새장을 벗어났다고 주장한다. 그러나 이것은 역겨운 기만이라고 유명론자 혹은 경험론자들은 생각했다. 실재는 모두에게 차단되어 있으며 의미는 상실된 것이었다. 그러나 자신만은 집합의 반례라고 주장하는 사람들은 의미와 위계와 독단에 기초한 파시즘을 불러들인다. 이것이 의미의 도입이 위험한 이유이다. 의미의 소유를 주장하는 사람들은 사심 없음을 주장한다. 사실 사심이 없을 수도 있다. 그러나 무의식까지 사심 없을지는 누구도 모른다. 사심 없음은 사심 없기 위해 노력하는 과정이지 착륙할 수 있는 계류장이 아니기 때문이다.

현대에 의미를 끌어들이는 것은 한편으로 시대착오이며 다른 한편으로 부도덕이고 또한 키치이다. 시대정신과 세계관은 각각의 구성원에게 구속력을 가진다. 경험론의 시대에 실재론을 끌어들이는 것은 어리석음이며 위선이다. 여기에 의미를 위한 여지는 없다. 우리는 모두 의미를 미지의 것으로 본다는 점에 있어 등거리에 있다. 누군가가 의미를 끌어들인다면 그것은 진지하게 끌어들이는바 — 그는 키치를 하고 있다.

따라서 전통적인 예술을 현재에도 호소력 있는 것으로 말한다면 그것은 의미를 도입하는 것이며 따라서 키치를 도입하는 것이다. 많은 감상자들이 전통적인 고급예술 — 보통 클래식이라고 말해지는 — 의 감상에 가치와 품격을 부여한다. 그러나 시대착오에는 그러한 것이 없다. 전통적인 예술은 그들 시대에 호소력이 있었다. 그것은 그 시대의 세계관에 입각한 것이며 우리 시대에 대한 얘기가 아니다. 그뿐만 아니라 그것들은 "의미"의 표현이었다. 만약 과거의 예술이 우리 시대에도 호소력이 있다고 주장한다면, 또한 우리 시대의 예술이 과거와 같지 않다고 탄식한다면 그 사람은 키치를 요구하고 있다. 우리 시대 역시 과거 어느 시대에 못지않게 풍요로운 예술을 생산하고 있다. 단지 우리의 예술들은 과거의 예술과 양식을 달리하고 있을 뿐이다. 과거와 현재가 다르듯이 과거의 예술과 현재의 예술은 다르다. 현대인에 대한 과거 예술의 기능은 두 가지를 벗어나서는 안 된다. 그것은 훈련과 오락이다. 제3의 길이 있다면 그것은 키치이다.

사실주의와
인상주의

Realism and
Impressionism

1

인식론

고형적 개념에 대한 쿠르베와 발자크(Honore de Balzac, 1799~1850)의 의심은 부르주아계급이 형성한 "의미"에 대한 최초의 본격적인 공격이었다. 지성과 입체와 개념은 의미의 다른 이름이다. 의미는 견고하게 뭉쳐진 것이다. 그것은 안쪽에서부터 바깥쪽으로 단단하게 뭉쳐진 덩어리로 나타난다. 지성을 감각에 앞선 생득적 지식으로 보건, 아니면 감각의 종합자로서 감각을 따라다니는 지적 능력으로 보건, 지성의 존재와 거기에 부여하는 중요성은 언제나 사물을 입체로 제시하고, 삶을 의미로 치환하며, 현존을 본질로 환원한다.

신석기, 중세, 현대의 예술이 평면적이라면, 구석기, 고전기 그리스, 근대의 예술은 전체적으로 입체적이다. 중요한 하나의 일반화를 더 부여한다면, 전자의 세계는 감각과 현존existence을 우선시하고, 후자의 세계가 지성과 본질essence을 우선시한다는 사실이다. 이것은 매우 중요한 패턴이다. 미술사에서 가장 해명하기 어려운 정면성frontality과 환각주의illusionism는 단지 일회적으로 나타났다 사라진 것은 결코 아닌 것으로, 각각 전자와 후자의 문제로 계속 변주되기 때문이다.

예술사가(藝術史家) 누구도 정면성과 환각주의가 미술에서뿐만 아니라 우리 세계관 전체에 걸쳐 서로 교체되는 패턴을 구성한다는 사실을 인식하지 못했고, 또한 그 양식의 교체는 감각과 지성 각각에 부여하는 우리 신념과 관련된다는 사실을 인지하지 못했다. 이것은 예술양식의 탐구에 있어 각각의 영역 혹은 각각의 예술작품에 대한 안일한 탐구를 넘어서야 하는 문제이며, 궁극적으로는 형이상학적 인식론에 기초하여 구석기 시대부터 현대에 이르기까지의 모든 시대에 대한 통일적 고찰의 역량을 요구하는 문제이다. 이때의 연구는 주어진 것에 대한 수동적이고 상투적인 지식의 수집을 넘어선다. 이러한 패턴에 대한 연구는 인간 지성의 가장 궁극적인 종합력에 기초하며, 예술을 넘어서는 인간 활동의 영역과 양식 전체에 대한 고찰과 상상력에 입각한다. 이러한 새로운 조망은 탐구의 탐구이며, 고찰의 고찰이다.

우리의 감각과 지성은 물론 함께 작동한다. 가장 감각적이라 할 만한 인상주의 예술에도 최소한의 지성은 개입하며, 가장 지성적이라 할 만한 고전기 그리스의 예술에도 감각적 예리함이 개입한다. 중요한 것은 감각과 지성에 부여하는 각각의 시대의 서로 다른 비중이다. 어떤 시대는 감각을 더 중시하고 다른 시대는 지성을 더 중시한다. 전체적으로 감각과 지성은 서로 보완적이지만, 각각의 시대는 이 둘을 자못 대립적인 것으로 본다. 이것은 각각의 시대가 한쪽에 좀 더 높은 비중을 부여하기 위해 다른 쪽을 깎아내려야 했기 때문에 과장되어왔다. 그러나 어떤 양식이고 간에 전적으로 감각적일 수도, 전적으로 지성적일 수도 없다는 것도 사실이다.

플라톤은 자신의 기하학적 지성을 강조하기 위해 우리의 감각인식을 부정확하고 변덕스러운 미망으로 치부한다. 반면에 베르그송은 지성을 단지 생명의 한 국면, 한 방출물로 전락시키며, 생명의 결과가 생명 전체의 원인을 포괄할 수 없다고 말한다. 그러나 이 두 철학자가 자기의 입장에서 무엇을 말하건 우리는 지성 없는 감각이나 감각 없는 지성을 생각할 수 없다. 기하학에도 감각은 개입하며 인상주의 회화에도 최소한의 지성이 개입한다.

정면성은 가치value에 집중하고, 환각주의는 의미meaning에 집중한다. 또한 전자는 과거를 요청demand하고, 후자는 현재를 과거에서 연역deduce한다. 전자가 세계를 본떠 과학이 만들어졌다고 생각할 때, 후자는 과학이 세계를 거울처럼 비춘다고 생각한다. 예술에 있어서는, 전자가 예술 활동은 결국 하나의 세계의 창조라고 생각할 때, 후자는 예술은 자연을 모방한다고 생각한다.

논의를 경제학으로 옮겨 보자. 전자의 세계관하에서는 수요 · 공급의 법칙이 상품의 가치를 요청한다고 할 때, 후자의 세계관하에서는 상품의 내재적 원가가 그 가격을 결정짓는다고 생각한다. 결국 전자에서는 꼬리가 개를 흔든다wag the dog고 생각하고, 후자에서는 개가 꼬리를 흔든다고 생각한다. 다시 말하면 전자의 세계관은 금융이 실물경제에 대해 우선권을 가진다고 생각한다. 전자는 시장에 중심을 놓고, 후자는 시장참여자와 상품에 중심을 놓는다.

이러한 패턴에는 단지 두 개의 독립변수만 있을 뿐이다. 간단히 말해 전자는 유명론, 경험론적이고 후자는 실재론, 합리론적이다. 모든 것은 인식론의 문제이며, 그것은 결국 감각과 지성에 부여하는 서로 다른 비중의 문제이다. 만약 우리가 유명론, 혹은 — 같은 얘기지만 — 경험론으로 우리의 세계관을 옮기게 되면, 지성은 갑자기 빛을 잃고 호롱불로 변해나가고, 본래 그것이 누렸던 영광은 감각에게 계승된다. 이때 지성은 감각이 제시하는 자료의 노예로 전락하게 된다. 감각은 직접적이고 생생하지만 지성은 그것의 희미한 잔류물의 집적(集積)이기 때문이다. 감가 속에 없으면 지성 속에도 없게 된다.

이러한 인식론하에서는 지성은 경계의 대상이 된다. 언제라도 관념은 몰래 스며서 감각에 독단적 지침을 내릴 위험이 있다. 몇 차례에 걸쳐 발표된 다다 선언Dada Manifesto은 간단하게 "독단적 지성에 대한 분노"로 요약될 수 있다. 플라톤은 감각을 경계하고, 트리스탄 차라는 지성을 혐오한다. 차라에게 철학자는 "예언자를 가장한 사기꾼이다." 감각은 경박하지만 지성은 완고하다. 각각은 각각의 문제를 가진다.

감각의 시대에는 공준postulate, 과거the past, 본질, 요소명제

elementary proposition, 기의signifié, 제1원인causa prima, 자연은 모두 정리theorem, 현재the present, 실존, 복합명제composite proposition, 기표signifiant, 우주, 예술에 자리를 양보해야 한다. 전자는 모두 지성의 소산이며 후자는 모두 감각인식의 우선권에 의해 차별적 비중을 부여받은 것이기 때문이다. 만약 경험론의 주장대로 우리 지식이 모두 경험의 소산이라면 거기에 선험적이고 필연적인 지식은 없다. 감각은 중심을 인식 주체에 놓는다. 우리가 보는 것은 실재reality가 아니라 우리의 감각인식sense perception일 뿐이다. 이 감각인식은 우리에게 귀속된다. 이때 거기에서 우리 감각에 명령을 내리는 고형적 원칙 혹은 의미meaning는 증발한다. 필연적 지식은 사라진다. 거기에는 단지 세계에 대한 우리의 언명statement만 남을 뿐이다. 언명이 지식knowledge을 대체한다. 이것이 비트겐슈타인이 말하는 "사실로서의 세계the world as the totality of facts"이며, 소쉬르가 말하는 공시적 연구 대상으로서의 우리의 언어이다.

2

환각주의와
평면성

Illusionism
and Planeness

인식론에서의 지성은 예술에 있어서 입체에 대응하고, 존재론에
있어서 의미에 대응한다. 지성은 사물을 삼차원으로 제시한다. 사물의
삼차원적 제시, 공간의 선험성 등이 미술에 있어서의 주지주의이며 이
것의 총체가 환각주의illusionism이다. 그러나 이것은 단지 미술만의 문제
가 아니다. 이것은 우리 문화의 모든 영역의 문제이다. 브레히트(Bertolt
Brecht, 1898~1956)가 소격효과Verfremdungseffekt에 입각한 희곡을 제시
했을 때, 우리는 정면성이 희곡에서 나타날 수도 있다는 사실을 즉시로
알 수 있다. 물론 모든 예술사가나 특히 문학사가가 이 사실을 인지하지
못하고 있다. 그들의 사유의 협소함은 브레히트의 희곡과 그 양식을 뛰
어넘는 통찰을 불가능하게 만들기 때문이다. 그러나 브레히트의 이념은
명백히 새로 깨어난 이집트인이다.

▲ 아멘호테프 3세(좌), 소베크 신과 아멘호테프 3세(우), BC1400년경

    이것은 아이스킬로스(Aeschylus, BC525~BC456), 소포클레스 (Sophocles, BC496~BC406), 에우리피데스(Euripides, BC480~BC406)에 이르는 고전비극의 전개를 보아서도 명백하다. 그리스 고전주의가 점점 전성기로 다가감에 따라 이들 희곡에서 합창단의 비중은 극적으로 줄어들게 된다. 아이스킬로스의 '오레스테스Orestes 3부작'은 마치 조각에 있어서 이집트의 정면성의 원리가 아직 그리스예술에 많이 남아 있듯 합

창단의 비중이 매우 높게 남아 있다. 이것은 그리스인들의 이념이 아직까지 지성의 완연한 개화를 보지 못하고 있다는 증거이다.

그리스 희곡의 기원은 합창단이다. 그리스인들은 자신들의 도시국가에 대한 자부심과 영광을 합창단으로 하여금 낭송하게 했다. 그때의 합창단은 직접 도시국가의 시민들을 향하는 것으로서 그 자체로 정면성에 입각한 것이었다. 따라서 희곡에서의 합창단의 존재는 그리스 비극에서 관객을 직접 향하는 정면성을 의미한다. 희곡에 있어서 청중을 의식하는 것, 청중을 향해 직접 말하는 것, 혹은 청중이 드라마에 참여하도록 유도하는 것은 모두 극에 있어서의 정면성이다.

극의 전개가 관객에게 직접 말하기보다는 단지 환각적으로 전개되는 희곡의 한 요소로 작동할 때, 그리하여 극 전체가 청중과 분리되어 독자적으로 전개되어 나갈 때, 지성은 이제 감각을 넘어서는 선험성을 행사하고 있다. 이때 비극은 환각적 고형물이 되고, 의미의 덩어리가 된다. 이것이 미술에서는 입체와 삼차원을 의미한다. 세계는 인식주관에서 완전히 독립한다. 그것은 우리 인식에 의해서가 아니라 스스로의 내재적 동기에 의해 존재하게 된다.

정면성은 감상자를 의식한다. 왜냐하면 모든 인식이 단지 인간의 감각인식으로 수렴된다고 할 때 세계의 객관적 독립성은 소멸하기 때문이다. 이때 세계의 존재는 우리의 바라봄에 의존한다. 이집트의 부조는 정면에서 바라보는 것으로 충분하다. 그러나 그리스의 조각은 우리와 떨어져서 존재하며 오히려 우리가 그 조각의 주위를 선회하며 작품을 감상해야 한다. 지성이 도도한 독립성과 자부심을 갖기 때문이다. 이 경우 세계가 우리보다 우선하며 따라서 우리 인식은 세계에 대응해야 한다. 이와 반대로 인식론에 있어서의 경험론의 도입은, 세계는 단지 우리의 지성적 편견의 소산이라는 생각을 팽배하게 하고, 세계의 삼차원성을 해체시킨다. 우리 인식에서 독립한 인식주관으로서의 지성이 객관적 조망의 능력을 가졌다는 생각이 세계를 견고한 입체로 만든다. 따라서 정면성과 환각주의의 교체는 지성에 부여하는 각 시대의 비중에 달려있게 된다.

르네상스가 인본주의와 입체를 동시에 불러들임에 의해 중세적 세계를 벗어난 것은 이것이 이유이다. 인본주의는 언제나 입체와 의미와 단순자의 존재를 동반한다. 인본주의는 결국 인간 지성의 독립성과 필연성에 대한 신념이기 때문이다. 중세는 전체적으로 우리 지성을 신의 의지의 노예로 생각했다. 인간의 지성은 단지 신의 의미와 명령에 종속된 것이었다. 바울은 "이제 내가 산 것이 아니라 내 안에 주 예수 그리스도가 사신 것이라"고 말한다. 여기에서 인본주의는 증발한다. 중세 예술이 계속해서 평면적 정면성을 지니며 회화의 배경이 단지 금빛으로 처리됨에 의해 원근법을 배제한 소이는 이것이다. 이러한 바울의 이념은 끈질기게 살아남아 지오토(Giotto di Bondone, 1266~1337)의 동시대인인 시모네 마르티니(Simone Martini, 1284~1344), 치마부에(Cimabue, 1240~1302), 두치오(Duccio di Buoninsegna, 1255~1318), 로렌체티 형제(Pietro Lorenzetti, 1280~1348, Ambrogio Lorenzetti, 1290~1348)에 까지도 영향을 미치게 된다. 르네상스는 피렌체의 몇몇 화가에 제한된 채로 발생하게 된다. 르네상스가 신에게 씌워졌던 왕관을 인간에게로 옮기는 혁신이란 사실은 환각주의의 도입에서 가장 명백하게 드러난다.

근대 유럽의 예술의 입체성은 바로크를 정점으로 하여 점차 평면적인 정면성의 원리로 접근해가다 사실주의와 인상주의에 이르러 입체의 해체는 전면적인 것이 된다. 사실주의 예술과 인상주의 예술에 대한 부르주아 계층의 반발은 기득권 계층의 이념은 언제나 지성과 의미 속에 고형화되기 때문이다. "상승하는 중산층"은 상승하고 있는 동안에는 기존의 입체와 의미를 붕괴시키려 애쓰지만 곧 지성에 의해 세계를 고정화시키려는 반동에 진입하게 된다. 어떤 계층이고 일단 기득권을 얻게 되면 "세계를 우리의 표상으로 보기"를 그치게 된다. 세계를 우리 인식에 귀속시키게 되며 거기에는 변전이 남게 되기 때문이다. 변전이 세계의 본질이라면 자기네의 기득권도 언제라도 다른 계층에 의해 대체될 수 있다. 이들은 우리의 변덕에서 독립한 지성을 가정함에 의해 세계를 우리로부터 독립한 견고하고 의미에 찬 것으로 만들고자 한다. 객관성과 필연성은 세계를 정적인 것으로 만든다. 이것이 세계를 복수pluralitas화 한다. 지성은 세계를 복수화하고, 감각은 세계를 단일화한다. 오컴의 면도날은 복수화된 세계에 작동하여 입체를 평면화한다. 오컴은 말했다. "복수성은 이유 없이 가정되어서는 안 된다Pluralitas non est ponenda sine neccesitate."

▲ 지오토, [모든 성인들과 함께 있는 성모], 1310년

▲ 치마부에, [천사들과 함께 있는 성모], 1290~1295년

▲ 두치오, [성인, 천사들과 함께 있는 성모], 1308~1311년

▲ 시모네 마르티니, [두 명의 성자가 있는 수태고지], 1333년

▲ 암브로조 로렌체티, [수태고지], 1344년

3

사실주의의
대두

　　미술사는 그 양식적 측면에서 결국 평면과 입체의 문제이다. 이
집트인들은 입체조차도 평면으로 묘사하고, 고전기의 그리스인들과 르
네상스인들은 저부조bas relief에도 삼차원적 환각주의illusionism를 부여
한다. 르네상스 초기의 기베르티(Lorenzo Ghiberti, 1378~1455)는 단지
1cm도 안 되는 청동판에 수십 미터의 공간을 담는다. 철학이 유명론과
실재론 사이를 왕복할 때, 미술사는 이차원과 삼차원을 왕복한다. 겹눈
이 아니라면 두 개의 눈이다.

　　르네상스는 그리스 고전주의 시대 이후로 가장 완벽한 삼차원을
구축한 양식이었다. 이러한 삼차원적 양상이 존재에 대한 것에서부터
운동에 대한 것으로 옮겨간 것이 바로크이며 이때가 바야흐로 현재까지
도 우리의 무의식을 지배하고 있는 전성기 근대의 이념이 나타나는 순

간이다. 르네상스가 삼차원적 존재를 표현했다면 바로크는 삼차원적 운동을 표현한다. 이것이 바로크 회화의 화폭의 굴곡을 과장되게 하며 깊은 후경과 튀어나오는 전경을 표현하게 한다. 바로크 화폭의 삼차원은 감상하고 있는 그 순간에도 계속 깊어지고 있다는 느낌을 주는 동적 원근법이다.

▲ 로렌초 기베르티, [이삭을 제물로 바치는 아브라함], 청동부조, 1402년

르네상스가 존재의 의미를 포착할 수 있다는 자신감을 바탕으로 삼차원을 구성했다면, 바로크는 운동법칙을 포착할 수 있다는 자신감을 바탕으로 삼차원적 화폭을 구성한다. 이때 운동법칙은 우리의 인식과는 독립한 내재적 고유성을 지니는 것으로서 견고하고 고형적인 "운동의

의미"였다. 데카르트의 함수는 매우 고유한 바로크 세계관의 업적이다. 그것은 인과율의 수학적 표현이었다. 이 업적은 뉴턴에 의해 완전히 개화한다.

예술사에 있어서의 사실주의의 대두는 칸트의 몰락 이후 새롭게 대두된 아베나리우스의 경험비판론empiriocriticism에 입각한 것이다. 인간 지성의 선험성에 대한 회의, 즉 의미의 존재와 확고함에 대한 회의는 데이비드 흄의 《인간 오성론》에 의해 본격적인 것이 되어가고 있었다. 칸트가 한 것은 기울어지고 있는 지성의 제국을 어떤 수단을 써서라도 지탱해 보려는 영웅적인 반동이었다. 자기 자신 한 명의 부르주아로서, 밑으로부터의 계속 진행될 예정인 혁명을 막아야 했기 때문이다. 그러나 이 반동은 소용없는 노력이었다. 지성의 몰락은 흄의 공격이 예측한 그 길을 따라갔다. 지성의 선험성은 부정될 수밖에 없었다.

남은 것은 경험의 종합적 기능으로서 지성의 역할이었다. 즉 지성은 경험에 대해 우월권을 주장할 수는 없었으나 어쨌든 삶의 질서는 구축되어야 했다. 감각이 질서를 줄 수는 없다. 감각은 무차별이다. 먼저 감각적 경험을 정리해야 한다. 모든 사실이 유의미하지는 않다. 감각은 비판에 의해 가지가 쳐져야 한다. 아베나리우스와 마흐는 경제성의 원칙the principle of economy, the law of least effort 을 내세운다. 가장 적은 수의 감각의 다발로 설명될 수 있는 지식이 우수한 다발이다.

이 원칙은 그 자체로는 철학사에 있어서 새로운 것은 아니다. 아리스토텔레스가 플라톤을 공격할 때 이미 이 원칙이 천명된다. 아리스토텔레스는 플라톤이 세계를 이유 없이 이원화했다고 비난한다. 다시 말하면 플라톤의 이데아의 세계는 가정될 이유가 없는 덧붙여진 세계라는 것이다. 만약 이데아를 개별자 가운데 공통의 본질common nature, 혹은 실체substance로 위치시키면 굳이 또 하나의 세계를 가정할 이유가 없다. 더구나 이 새로운 가정은 운동과 변화도 설명할 수 있다. 변화는 존재의 현실태의 실현을 위한, 운동은 위치의 현실태를 찾아가고자 하는 엔텔레케이아에 의한다.

이 원칙은 오컴에 이르러 오컴의 면도날 혹은 근검의 원칙the principle of parsimony이라는 새로운 이름으로 재천명된다. 이번에는 아리스토텔레스의 철학에 있어서 보다 더욱 과격한 양상으로 주장된다. 이데아 자체가 제거된다. 이데아란 하나의 환상으로서 거기에 있는 것은 기껏해야 유사성similarity에 입각한 "이름"뿐이라는 것이 오컴의 주장이었다.

이 근검의 원칙이 아베나리우스에 이르러서는 경험의 경제성에까지 이르게 된다. 과학적 가설은 거기에 내재한 어떤 동기에 의해 가설이 되지는 않는다. 즉 그것은 스스로의 "의미"에 준하지는 않는다. 그것은 단지 얼마나 적은 수의 독립변수를 지니는가의 문제가 된다. 동일한 물리적 사실이 더 적은 수의 독립변수에 의해 설명되면 그것이 새로운 과학적 가설로 채택된다. 예를 들어 연소라는 화학적 작용에 있어 플로지스톤이라는 물질의 개입 없이 그것이 설명된다면 그것이 그 가설이 채택될 이유가 되고, 에테르의 존재 없이 빛의 운동이 설명 된다면 역시 그쪽이 채택될 가능성이 높은 가설이 된다.

근검의 원칙은 이데아의 세계가 잘려나가는 것으로 아리스토텔레스에 의해 시작된다. 그리고는 중세 말에 이번에는 오컴에 의해 이데아 자체가 잘려나간다. 즉 아리스토텔레스는 이데아를 이동시킴에 의해 천상의 세계를 사족으로 만들어버리지만, 이제 오컴은 이데아 자체를 부정함에 따라 세계를 완전한 감각의 충만으로 만들고 만다. 이러한 사유 양식이 경험비판론자들에 이르러는 감각의 쓸모없는 부분도 잘려나가게 만든다. "쓸모없으면 의미 없다What is useless is meaningless."

근검의 원칙은 언제나 경험론적 인식론에서 팽배하게 된다. 어떤 견지에서는 근검의 원칙 자체가 곧 경험론이다. 경험론자들은 우리 지식이 경험과 기억에 준한다고 본다. 그들은 "경험에 없는 것은 어디에도 없다"는 원칙에 준해 감각인식상에 없는 현상을 "말해질 수 없는 것"으로 치부한다. 따라서 실재나 신 등의 대상은 지상에서 사라지게 된다. 그것은 지상에서의 문제가 아니기 때문이다. 다시 말하면, 그들은 감각을 넘어서는 대상에 대해 존재하지 않는다고 말하지 않고 단지 "안다고 말할 수 없다"거나 혹은 "말해질 수 없는 것"이라고 말한다. 그것들은 지상을 거닐지 않는다. 그것은 인간을 벗어난 문제이다. 따라서 "신은 죽었다"는 확언은 "신에 대해 인간적 언어로 말해서는 안 된다"는 새로운 언명으로 바뀌어야 한다. "간결"은 이렇게 중요한 요소이다.

스탕달, 도스토옙스키(Fyodor Mikhailovich Dostoevskii, 1821~1881), 디킨스, 발자크의 문장들은 한편으로 풍부하지만 한편으로 간결하다. 즉 거기에 읽을 만한 많은 내용이 있지만 감각인식에 준하는 사실적 문장은 사물의 표층에만 머무른다는 느낌을 준다. 거기에 이들 사실주의 작가들의 판단이 있다 해도 — 거의 없지만 — 그것은 선험적 확신이라기보다는 관찰의 종합으로서 존재한다. 이들 작가는 가장 경제적으로 사물과 사태의 양상을 묘사함에 의해 고형성을 해체한다. 그 묘사는 전 시대의 낭만주의의 풍부한 색감과 질량을 제거한 채 소묘 중심의 예술을 만들고 있다. 이러한 경향은 특히 도미에(Honoré Daumier, 1808~1879)의 회화에서 강하게 드러나는바, 그의 〈삼등 열차〉에서는 전체적인 어두움 가운데 선적인 묘사가 선명하게 드러나고 있다. 기존의 의미는 편견에 찬 것이었다. 그들은 등장인물에 대해서나 이념에 대해서나 그 사실적 양상을 단지 중립적인 관찰자의 입장에서 서술한다.

▲ 오노레 도미에, [삼등 열차], 1860~1863년

실증주의와 경험비판론을 바탕으로 한 사실주의 예술은 스스로의 존재 자체가 의미를 지닌다고 말해온 사람들에게는 치명타를 가하게 된다. 문제는 언제나 정의justice와 힘power 사이에서 발생한다. 현대의 윤리학자나 정치철학자는 — 얼치기 이상주의에 젖은 멍청이 학자들을 제외하곤 — "정의는 강자의 이익"이라는 소피스트의 상대주의를 인정할 수밖에 없다는 사실을 안다. 경험론은 — 힘을 연역해 주는 — 정의는 "말해질 수 없는" 것이라는 사실을 분명히 한다. 현대에서의 정의와 힘의 관계는 힘을 먼저 가정하고 그것이 정의를 요청demand한다고 본다. 정의는 물론 의미에 대응하고, 힘은 가치에 대응한다. 현대의 누구도 거기에 정의가 없다고 말하지는 않는다. 단지 그것을 규약적인 것으로 포착할 수 없다고 말한다.

힘에 의해 권력을 잡은 부르주아 계층은 이제 거기에 정의를 끌어들여 자신들의 계급을 고형화하고, 의미의 담지자로서의 우월성을 항구적인 것으로 만들고자 했다. 이들은 말해질 수 없는 것을 말한다. 이들뿐이겠는가? 누구라도 자신의 의미를 설정함에 의해 자신들의 권력을 항구화하려 한다. 단지 당시에 이들의 의미는 공화제적 혁명 이념이었다. 영국의 혁명은 존 로크의 《인간 오성론》에 의해 의미를 부여받고, 프랑스 혁명은 프랑스의 인권선언으로 의미의 덩어리가 되고, 나폴레옹 전쟁은 칸트의 순수이성비판에 의해 역시 의미를 부여받는다. 그때 그들의 의미는 물론 정의였다.

사실주의 예술은 이를테면 입체를 평면화하듯이 고형적 의미를 감각적 피인식으로 해체해낸다. 거기에서는 품위와 절도의 의미를 지녔다고 믿어져 온 귀족이 그의 개별적 행위들로 교체된다. 사실주의 예술이 사회적인 평등을 구현해내는 것은 이러한 방식으로 이다. 또한 이 역도 성립한다. 전통적으로 천하다고 믿어져 온 계급에 속하는 인물들도 그의 개별적 행위들로 해체된다. 이때 그의 행위는 전체적으로 천하고 품격 없을 수도 있고 그렇지 않을 수도 있다. 사실주의 예술은 어떤 대상에 선험적으로 내재해 있다고 말해져 온 의미를 해체해낼 뿐이다.

대상의 선험적 의미는 해체되고 경험적 의미에 의해 재구성된다. 모든 인물은 그의 행위의 결과이지 원인은 아니다. 남작이 그의 행위에 의해 천할 수도 있고, 거지가 그의 행위에 의해 고귀할 수도 있다. 물론 고결한 귀족도 천한 몸종도 여전히 있을 수 있다. 사실주의 예술가들은 선입견을 배제하려 노력할 뿐이다.

사실주의 예술이 박진감을 얻어내는 것은 이렇게 해서이다. 거기에는 전형이나 편견이 없다. 도스토옙스키의 인물들은 선하며 또한 악하다. 그들은 전 시대의 화석화된 악인이나 화석화된 선인은 아니다. 악한 자도 인간적인 공감을 보여주고, 선한 자도 때때로 비겁하고 우유부단하다. 그들은 하나의 덩어리진 의미로서 우리에게 던져지기보다는 낱낱의 행위로서 우리에 묘사된다. 사실주의 예술은 대상을 설명하지 않는다. 설명은커녕 종합조차 하지 않는다. 사실주의에서는 대상이 단지 묘사될 뿐이다. 이때 등장인물들의 행위들은 어떤 것은 선하고 어떤 것은 악하다. 이쪽이 삶의 실제적 모습에 가깝다. 선이나 악의 선험적 덩어리들은 화석화된 인물, 죽은 인물들이다. 그러한 인물은 없다. 선과 악이 얽혀야 사실적으로 보인다.

스탕달의 《파르므의 승원》의 나폴레옹 전쟁의 한 장면은 우리가 일반적으로 전투에서 기대하는 바의 격렬함으로 제시되지 않는다. 주인공은 전투가 기대했던 격렬함을 결한 채 오히려 조용히 긴장 속에서 진행되고 있다고 느낀다. 독자 역시도 일반적인 전투에서 기대하는 격렬함이 한꺼번에 제시되지 않고 전투양상의 하나하나가 실타래가 풀리듯이 기술되고 있다고 느낀다. 전투는 독자에 의해 종합될 예정이다. 아마도 그때 살육과 파괴와 굉음이 독자를 몸서리치게 만들 것이다. 사실주의 예술이 박진성을 획득하는 것은 이렇게 해서이다. 사실만의 기술이 더 설득력 있다.

도미에의 〈삼등 열차〉의 가난한 사람들은 화가의 주의 깊은 주시와 애정의 대상이지만 결코 미덕 혹은 악덕의 덩어리로 묘사되지 않는다. 거기에서 주의 깊게 묘사되는 노파는 삶이 주는 고달픔과 가난으로 표독하고 날카로운 모습을 보인다. 그러나 그 노파는 악덕의 덩어리로 나타나진 않는다. 남루하고 거친 옷을 걸친 이 노파는 자기 생존을 위해서 힘든 인생을 살아왔다. 그 삶의 모습들이 도미에의 선들을 통해서 드러나고 있다. 이 작품과 할스(Frans Hals, 1580~1666)의 〈말레 바베〉, 무리요(Bartolomé Esteban Murillo 1618~1682)의 〈부랑아들〉, 그뢰즈(Jean Baptiste Greuze, 1725~1805)의 〈마을의 약혼식〉, 제리코의 〈광인〉, 드가(Edgar Degas, 1834~1917)의 〈압생트〉 등과의 비교는 사실주의 예술이 무엇을 위한 것인지, 어떻게 박진감을 얻는지, 그 한계는 어디에 있는가를 잘 보여준다.

그뢰즈의 〈마을의 약혼식〉은 호가스(William Hogarth, 1697~1764)의 풍속도들과 아울러 아마도 부르주아의 공화제적 이념이 장차 어떤 의미로 응고될 것인가를 보여주는 대표작이다. 거기에는 소박함과 건강함이 가장 큰 미덕으로 묘사된다. 미래의 장인과 장모, 신랑과 신부는 덕성에 찬 모습으로 묘사되며, 심지어는 닭과 병아리들조차도 가정의 미덕을 보여준다. 부르주아 사회에서는 가정이 "신성 가족Holy Family"이될 예정이었다. 이 회화는 아마도 전면에 드러내는 노골적인 이념과 그 선전에 의해 가장 많이 칭찬받은, 그러나 가장 졸렬한 작품일 것이다.

▲ 장 밥티스트 그뢰즈, [마을의 약혼식], 1761년

프랑스 혁명은 이러한 소박하고 건강한 사람들이 주도하여 일으킬 것이었다. 그것은 앙시앵 레짐ancien regime을 붕괴시킨다. 구체제는 부르주아들의 새로운 이념으로 교체될 예정이었다. 소위 말하는 자유, 평등, 박애를 기반으로 한다고 말해지는. 그러나 사실은 돈과 권력을 기반으로 한 중산층이 여전히 하층계층을 억누를 예정이었다. "의미"의 존재는 언제나 계층을 구분한다. 의미와 위계는 동시에 존재하게 된다. 그것은 배타적으로 실재를 반영하는 계급의 것이기 때문이다.

이전 시대의 〈말레 바베〉는 술에 취한 여성을 매우 가혹하고 통렬한 시선으로 바라보는 풍속화이다. 그 여성은 완전히 만취상태에서 누

▲ 프란츠 할스, [말레 바베], 1633~1635년

군가에게 욕을 하고 있는 듯하다. 여기에서는 인간이 어떻게 타락하고 어떻게 천박해질 수 있는가가 노골적으로 보여진다. 프란츠 할스는 그 여성에 대한 선험적 재단을 했다. 이 여성은 속속들이 타락했으며, 속속들이 천박하다. 어쩌면 타락 그 자체이다. 할스는 이 점에 있어 타락을 하나의 선험적 덩어리로 만들고 있다.

제리코의 〈광인〉은 낭만주의 이념이 어떻게 공감과 연민을 끌어내는가를 잘 보여주는 작품이다. 거기에서는 초점 없는 눈과 자의식 없는 표정의 광인이 무기력하게 묘사되어 있다. 이 사람은 어떤 자존심과

▲ 테오도르 제리코, [광인], 1820년

독립성도 보여주지 못하고 있다. 그는 세상에 내맡겨져 있다. 이때 우리는 이 사람에게 연민과 책임을 똑같이 느낀다. 이 무기력하고 수동적인 사람은 우리의 공감과 보살핌에 의해서만 생존이 유지될 수 있다. 우리는 마치 주인을 올려다보는 강아지의 눈을 이 사람에게서 발견한다. 그러나 낭만주의 역시도 선험적 의미를 제시한다. 단지 지성적 의미가 감성적 의미로 바뀌었을 뿐이다. 낭만주의 예술가들은 사회의 패배자, 하층민, 세계의 잔류물들에 대해 한층 증대된 관심을 가진다. 그러나 거기에는 이미 선입견이 침투한 채로이다. 전형적인 빈자, 전형적인 슬픔, 전형적인 무기력 등.

4

인상주의

Impressionism

드가의 〈압생트〉는 풍속화의 최고 걸작 중 하나이다. 드가는 완고하고 폭압적으로 보이는 술꾼과 거기에 동반하는 절망에 의해 어떤 희망조차 품지 못하는 그의 부인을 몸서리쳐질 정도로 매섭게 포착하고 있다. 이 작품이 지닌 섬뜩한 묘사는 형언할 수 없을 정도이다. 그렇지 않고는 그들의 성격묘사가 그렇게까지 직관적으로 묘사될 수는 없다. 우리는 그 술꾼에게서 가장 무책임하고 야비한 한 명의 가장을 보며, 그 부인에게서 결단과 자발성을 결여한 절망에 빠진 한 여성을 본다. 이 작품은 어떠한 숙고에 의한 것이 아니다. 아마도 이 술꾼의 삶이나 그의 부인의 삶 모두 드가가 살 수도 있었을 삶이었다. 드가는 될 수도 있었던 자기 자신, 자기가 걸은 길에 죽어있는 자기 자신들을 그렸다.

인상주의 예술은 이렇게 사실주의를 극복한다. 종합의 제시보다 사실들의 제시가 설득력 있지만, 어떤 제시보다도 공감은 더욱 설득력 있다. 인상주의 화가들이 한 것은 이것이었다. 이러한 표현양식은 쿠르베나 도미에의 회화에서도 어느 정도 사용된다. 이제 낭만주의의 덩어리진 인물들은 더 이상 존재하지 않는다. 세상은 양감을 잃는다. 거기에는 더 이상 삼차원적 인물도, 키아로스쿠로chiaroscuro의 빛과 어둠의 덩어리도 없다. 평면화된 인물들이 가장 경제적인 선과 최소한의 색조에 의해 표현될 뿐이다.

사실주의 예술은 두 가지 점에 있어 혁신을 이룬다. 하나는 의미의 해체이고, 다른 하나는 예술가의 소멸의 시작이다. 이제 예술가들은 더 이상 감상자에게 만들어진 의미를 제시하지 않는다. 예술가들은 단지 관찰자이고 사실의 제시자이다. 그것을 종합해서 의미를 구성하는 것은 감상자이다. 전통적으로 창조적 소수로서 예언자의 역할을 해온 예술가들은 스스로를 지우기 시작한다. 사실주의의 이러한 경향은 계속 확대되어 현대의 미니멀리즘에 이르러 완성되게 된다. 궁극적으로 예술가는 더 이상 독점적인 창조자가 아니게 된다. 미니멀리즘 예술가들은 하나의 가벼운 계기만 던져놓고 사라지게 된다. 거기에 무엇인가를 덧붙여 세계를 창조의 한 과정으로 만드는 것은 감상자이다.

근대에 들어 부르주아와 예술가의 충돌의 역사는 사실주의 시대에 이미 개시된다. 부르주아들은 의미의 해체가 자기들에게 무엇을 의미하는지 정확히 알고 있었다. 그것은 먼저 그들의 우월성이 사라지는 것이

▲ 에드가 드가, [압생트], 1876년

며, 존재 자체에 의한 의의보다는 자기 일상에서의 행위에 의한 의의를 획득해야 한다는 것을 의미했으며, 세계는 가차 없이 의미의 소멸과 가치의 민주화를 향해 가게 된다는 사실이었다.

부르주아는 진보와 반동을 동시에 구현했던 계급이었다. 그들은 경험론에 입각하여 앙시앵 레짐을 붕괴시켰지만 그 경험론이 그 끝에까지 이르러 사회의 하층민조차도 자신들과 같은 자격을 가질 위험에 직면해서는 반동을 일으켰다. 이 반동의 역사는 매우 길다. 루터의 종교개혁과 반동, 로크의 제1성질, 칸트의 선험적 감성과 범주, 로베스피에르에 대한 테르미도르의 반동 등은 모두 부르주아가 사회에서 어떤 입장에 있는가를 분명히 보여준 사건들이었다.

경험론은 선험적 원리에 준한 귀족과 교권계급을 공격하기 위해서는 좋은 무기였지만 공고해진 자신들의 위치를 하층민들로부터 방어하기 위해서는 좋은 이념이 아니었다. 그들은 결국 새로운 실재론을 불러들이게 되는바, 이것이 로크의 제1성질과 칸트의 선험적 원리transcendental principles들이었다. 모든 인간은 평등해야 했지만, 어떤 인간은 더 평등해야 했다. 여기에서 로크의 제1성질이나 칸트의 선험적 원리들은 새롭게 불러들여진 갱신된 "의미meaning"였다. 만약 인식론적 경험론의 논리를 끝까지 밀고 나가게 되면 거기에 고형적인 것으로서 남아있을 수 있는 의미는 없다. 로크와 칸트는 거기까지 경험론을 밀고 나갈 수는 없었다. 그러나 경험비판론자들과 사실주의 예술가들은 고형성을 완전히 해체한다. 이들은 물론 의미의 가능성을 부정한 것은 아니었다. 그들이 부정한 것은 의미의 선험성이었고, 스스로에게서 박탈한 것은 의미의 예언자로서의 역할이었다.

부르주아 계급은 사실주의 예술에서 의미의 담지자로서의 자기의 의의가 부정되고 있다는 사실을 발견했다. 최초의 공격은 쿠르베를 아카데미에서 배제하는 데서 시작한다. 또한 발자크가 불러들이는 사회의 평준화에도 반발한다. 물론 사실주의 예술은 그렇게까지 멀리 나간 것은 아니었다. 이제 선험적 의미 대신에 경험적 의미가 있었기 때문이다. 모든 것은 실증적 입증에 의해야 했다. 이것이 사실주의 예술이 시도한 의미의 해체와 의미의 재구성이었다.

이 재구성마저도 불가능해질 때 현대가 찾아온다. 사실주의 예술과 현대예술의 차이는 사실주의는 의미의 완전한 소멸을 가정하지 않았지만, 현대는 어떤 종류의 의미고 그것을 인정하지 않는다는 데에 있다. 거기에 재현representation이 있는 한 의미도 있다. 재현은 어쨌건 "자연의 모방"이라는 원리를 포함하고 있는 것이고 그만큼은 이데아로서의 자연, 즉 의미를 가정하는 것이기 때문이다. 사실주의 예술은 원인으로서의 의미, 즉 독립변수로서의 의미에서 결과로서의 의미, 즉 종속변수로서의 의미로 중심축을 옮겨 놓았다. 이것조차도 당시로써는 혁명적인 것이었다.

인상주의가 사실주의를 부정한 것은 사실주의가 의미는 어쨌건 "지적 종합"에 준한다고 말하는 것에 대해서였다. 인상주의 역시도 의미의 가능성을 부정하지는 않는다. 이것이 인상주의까지가 근대로 분류되는 이유이다. 인상주의가 부정한 것은 지성이 구축하는 의미였지 의미의 존재 그 자체는 아니었다. 이것은 사실주의가 인상주의로 전환되는 중요한 동기를 이룬다. 인상주의는 심지어 연역의 최초의 단순자도 구해질 수 있다는 철학에 입각한다. 그것이 단지 지적 환원의 소산이 아니라 직관적 생명의 소산이라는 주장에 의해 기존의 기계론적 합리주의와 다를 뿐이다.

인상주의 미학은 쇼펜하우어와 베르그송 등의 생철학에 기초한다. 이들 생철학의 가장 중요한 요소는 지성을 생명현상의 한 방출물, 한 국면으로 보면서 그것에서 포괄적 원인의 자격을 박탈한다는 것이다. 서구의 오랜 주지주의는 이제 매우 주정주의적인 간주곡에 처한다. 사실주의는 감각인식과 그 종합자인 지성에만 권력을 부여함에 의해 기존의 의미의 중심을 사태의 표면으로 이끌고 나온다. 이때 그 표층의 종합에서 의미만 제거하면 그 종합은 하나의 규약적 명제, 즉 언어로 바뀌게 되고 비트겐슈타인이《논리철학논고》에서 그것을 말해줄 예정이었다.

인상주의는 이와 반대로 사태의 심층으로 들어간다. 단지 그 인식의 도구가 지성이 아니라 "직관intuition"일 뿐이다. 지성은 태초의 생명에서 갈려 나온 동물이 생존을 위해 개척하여 전문화시킨 두 영역 중 하나일 뿐이다. 동물은 한쪽은 본능을 향해, 다른 한 쪽은 지성을 향해 나아갔다. 이때 본능의 방향의 정점에는 절지동물이 있고, 지성의 방향의 정점에는 인간이 있다. 그러므로 인간이 스스로를 기하학자로 보는 한 생명의 파편에 지나지 않게 된다. 인간이 생명의 본질을 이해하기 위해서는 모든 것의 원천, 즉 아직 분기되지 않은 최초의 생명과 방법론적인 일치를 해야 한다. 이것이 베르그송 특유의 공감이며, 그 도구는 직관이다. 직관에 의해 우리가 생명의 원초성과 하나가 되면 거기로부터 현존이 새롭게 연역될 수 있었다. 따라서 베르그송은 공감적 일치와 내적 침투에 대해 말하게 된다. 직관을 원초적이고 근본적인 인식도구로 봄에 의해 베르그송 역시 부르주아 계급과는 결별하게 된다. 당시의 부르주아들은 베르그송의 철학에 내포된 사회적 의미를 충분히 알지 못했다. 베르그송의 이념이 마네와 모네(Claude Monet, 1840~1926)를 통해 현실화되었을 때에야 그들은 새로운 철학과 그 예술적 대응이 자기네에게서 어떤 우월권을 박탈하고 있는지를 알게 된다.

다시 말하지만, 예술에 있어서의 재현, 즉 표상representation의 제시는 언제나 "의미"를 가정한다. 만약 대상에 내재적 의미가 없다면 모방은 불가능하기 때문이다. 아리스토텔레스가 "예술은 자연이 모방"이라고 했을 때 그 자연은 의미의 고형물이라는 사실은 분명하다. 만약 대상이 의미를 잃는다면, 다시 말하면 우리가 대상을 바라보는 것이 아니라 대상에 대한 우리 감각인식만을 바라본다면, 궁극적으로 재현은 불가능해진다. 우리 인식에 대해 실재가 보증해주지 않을 때, 우리는 갑자기 세계는 단지 우리 기술description의 소산 외에 아무것도 아니라는 사실을 알게 된다. 우리는 우리의 체계에 갇혀 있으면서 실재에 대해 말하고 있다고 믿어 왔다. 사실은 우리는 세계에 "우리의 체계화된 인식체계"를 부여했을 뿐이다. 이 체계화된 인식체계의 궁극적인 양상이 곧 기호의 체계이다. "기호"를 빼고 현대에 대해 말할 수는 없게 된다. 소쉬르, 퍼스(Charles S. Peirce, 1839~1914), 클로드 레비-스트로스(Claude Lévi-Strauss, 1908~2009) 등이 가장 현대적인 학자들인 이유는 여기에 있다.

이때 예술은 세계에 대한 심미적 기호의 체계로 바뀌게 된다. 이것이 추상예술이다. 우리가 사는 세계는 단지 분절된articulated 기호들의 총체이기 때문이다. 이렇게 되어 표음문자, 즉 기호언어sign-language의 진정한 의미가 드러나게 된다. 우리는 다시 깨어난 신석기인일 뿐이다. 카탈 후유크Catal Huyuk의 주택 벽을 장식한 것은 우리가 해독해내지 못한 최초의 표음문자에 속한다. 장식적 문양은 절대 야만의 표지가 아니다. 그것은 하나의 세계관이다. 신석기 시대인들 역시 우리와 마찬가지로 세계의 실재의 인식에 대한 희망을 잃었을 것이다. 고대 말의 고트족의 장식적 문양도 하나의 세계관이다. 그것은 휴머니즘과 다를 뿐이지 야만은 아니다. 하나의 문명으로서의 야만은 없다. 그들은 세계의 실재에 대해 겸허했을 뿐이다. 그렇지 않으면 구석기의 재현적 동굴벽화가 포기될 이유가 없고, 최초의 추상화가 도입될 이유도 없다.

인상주의 예술이 아직까지 재현을 포기하지 않은 것은 그들 역시도 우리 감각의 벽에는 구멍이 있으며 특권적인 입장에 있는 창조적 소수는 그 좁은 틈을 통해 실재와 교류할 수 있다고 믿고 있다는 사실을 보여준다. 물론 이 특권은 부르주아 계급만의 것은 아니었다. 지성과 그 소산인 지식은 분명히 부르주아 계급의 것이었지만 직관은 그렇지 않았다. 이것은 세계의 지적 구성을 포기한 일부의 사람들, 즉 그들 의식의 심연에 가라앉을 수 있는 사람들의 것이었다.

우월성은 그것이 어떤 다른 수단에 의해 얻어질지언정 결국 지성이라는 이름으로 고착화된다. 그것이 인간이 가진 것 중 가장 견고하고 항구적인 것이기 때문이다. 유클리드 기하학은 철옹성처럼 보인다. 부르주아 계급은 어떤 기회에 의해 상층계급이 될 수 있었지만 스스로를 지성의 담지자로 만들고는 자신의 지위를 공고히 한다. 의미가 생겨나는 과정은 이와 같다. 플라톤은 이데아라는 의미에 의해 귀족계급의 기득권을 공고히 하려 하고, 성 아우구스티누스에서 토마스 아퀴나스에 이르는 신학자들은 의미로서의 신을 도입해 교권계급의 이익을 보호하고, 부르주아는 지성이라는 의미를 도입해 자신들의 이익을 견고한 것으로 만들려 했다.

5

지성의
몰락

19세기 중반에 이르러 시대가 바뀌고 있었고 지성이 구축한 의미는 이제 계몽서사와 거대담론이 되어가고 있었다. 인상주의는 입체와 분절을 완전히 소멸시키고 있었다. 그러나 이러한 이념에 의해 도입되는 세계 역시 받아들이기 힘든 세계이다. 거기에는 질서와 규범이 자리 잡을 수 없기 때문이다. 지성은 분절과 입체 위에 기초한다. 분절이 없고 입체가 없으면 문명도 없다. 그것들은 곧 개념이기 때문이다.

현대의 언어학과 기호학은 분절 자체를 문명으로 본다. 현대의 입장에서의 분절은 자의적이며 자기 인식적인 것으로서 거기에 내재적 의미는 없다. 근대의 분절은 입체로 고착되며 내재적 의미에 따르는 것이었다. 현대가 무엇인가 근대와 같은 것을 보존한다면 그것은 자기 인식적이고, 방법론적인 것이지 사태에 내재한 선험적 의미에 의해서는 아니다. 다시 말하면 현대는 과거의 어느 시대보다도 더 고형성과 입체를 노골적으로 제시하지만 그것은 그 고형성이 내재적 의미를 지녀서가 아니라 하나의 자의적 기호로써이다. 이것이 추상예술과 신사실주의 예술의 이념이다. 추상예술은 세계를 대체하는 기호체계의 심미적 창조에 의해, 신사실주의는 지워질 것을 전제함에 의해 현대의 문명은 자의성 위에 기초함을 분명히 한다.

사실주의 이념이 제시하는 삶의 원칙은 분명하다. 거기에 선험적 기득권은 없다. 모두가 자기들의 행위에 의한 결과로써 판단될 예정이지, 원인으로서의 고결함이나 성스러움은 없다. 개인의 가치는 그들이 속한 계급이나 그들이 가진 자산에 의해 결정되는 것이 아니라 단지 그가 인간으로서 보여주는 행위의 종합에 의해 결정된다. 쿠르베의 〈돌 깨는 사람들〉은 비참함과 노역 속에 처한 인간이 어떻게 고결해질 수 있

▼ 귀스타브 쿠르베, [돌 깨는 사람들], 1849년

는지를 보여준다. 한 명은 그렇게 고된 일을 하기에는 너무 나이 들었고 또 한 명 — 아들인 듯한 — 은 역시 그렇게 거친 일을 하기에는 지나치게 어리다. 또한 그들의 작업복은 더할 수 없을 정도로 남루하다. 그럼에도 이들은 비천하지 않다. 그 캔버스에 입체는 없다. 모든 것들이 평면을 지향한다. 그들은 하나의 바위나 소나무가 자연의 뺄 수 없는 일부인 것처럼 세계 속에서 필수적인 존재들이다.

입체들이 도열한 세계는 위계적 질서를 고집한다. 거기에서는 모두가 나름대로의 의미를 주장한다. 말해진 바대로 입체는 곧 의미이다. 입체의 도입에 의해 이 세계는 더 이상 닫힌 세계가 되기를 그친다. 모두가 이차원의 평면에 녹아 있을 때에는 모두가 실재에 대해 등거리를 가진다. 그것은 누구나 "안다고 말할 수 없다"는 사실에 의한 등거리이다. 그러므로 화폭은 이를테면 무지의 감옥이다. 그러나 어떤 것들이 입체가 되는 순간 그리고 나머지가 배경에 속하게 되는 순간 두드러지게 코를 내민 존재들은 "안다고 말할 수 있는" 존재들이 된다. 감옥의 쪽문이 열렸고 일부는 실재와 왕래한다. 이들은 신념과 동시에 오만을 불러들인다.

쿠르베는 근대의 회화사에 있어서 입체의 코를 눌러 평면 안으로 집어넣은 최초의 예술가이다. 이제 다시 인간은 무지의 감옥 안으로 들어가야 한다. 물론 이 무지는 지상적 삶에 대해서 조차는 아니다. 그는 단지 생득적 지성에 의한 실재와의 조우를 부정한 것이었다. 그는 경험의 종합으로서의 지성은 받아들인다. 인간의 평등, 곧 무지의 평등은 단지 실재에 대한 지식에만 적용되는 것이었다. 다시 말하면 경험 이전의 지식은 없고, 위계도 없다. 거기에 차별성은 없다. 그러나 경험, 즉 행위에 의해 드러나는 우열은 있다. 그것은 "무엇임"에 의해 결정되는 우열이 아니라 "어떻게"에 의해 결정되는 우열이다. 두 명의 돌 깨는 사람은 사회적으로 아무도 아니다nobodyness. 그러나 그것은 사실주의 예술에서 중요하지 않다. 사실주의에서 중요한 것은 그들이 자신의 일을 어떻게 수행하는가이다. 누구도, 어떤 것도 두드러지지 않듯이 그 두 인물 역시도 두드러지지 않고 또 그것을 요청하지도 않는다. 그 둘은 분절되지 않은 채로 배경 속에 녹아들고 있다. 거기에서의 인물들은 스스로를 내세우지 않음에 의해 오히려 당당하고 심지어는 아름답게 보인다. 그들은 자연의 모든 것들이 스스로의 운명을 감수하듯이 돌 깨는 노역자로서의 운명을 감수하고 있다. 여기에는 초연함과 의연함이 있다.

현대의 어떤 대중예술의 담당자가 "무엇을 묘사하느냐기 중요한 것이 아니라 어떻게 묘사하는가가 중요하다."라고 말했을 때, 그는 통속예술의 담당자로서 매우 진보적이며, 현대예술가로서 매우 시대착오적인 모습을 보인다. 통속예술이 고급예술의 잔류물이라고 할 만한 줄거리와 의미 — 기껏해야 하잘것없고 감상적인 결론으로 이끌고 가는 — 에 언제나 잠긴다는 것을 생각하면, 그 예술가는 매우 진보적이었지만 현대예술이 무엇을 묘사하건 어떻게 묘사하건 모든 종류의 줄거리와 의미를 배제시키거나 혹은 배제시킬 것을 전제로 줄거리와 의미를 구성하게 된다는 것을 고려하면 그는 현대예술가로서는 매우 시대착오적이다. 그는 현대에 와서 사실주의의 이념을 말하고 있다. 그는 여전히 줄거리와 그 줄거리에 내재된 의미의 존재를 인정하고 있다. 물론 그것들은 묘사에 종속되는, 다시 말하면 행위에 종속되는 것이긴 하지만. 결과로서의 의미의 형성조차 불가능해질 때, 즉 거기에 묘사조차도 하나의 규약으로 바뀔 때, 그때 재현은 사라지며 새장과 자유가 동시에 우리를 엄습하고, 본격적인 현대가 온다.

르네상스 이래 처음으로 세계의 중심으로서의 인간, 즉 "지성의 소지와 의미의 담지자로서의 인간"이라는 인본주의 이념은 서서히 붕괴하고 있었다. 우리가 겸허했더라면 오히려 더 품격 있었을 것이다. 물론 신에게 위임되었던 권위를 인간의 지적역량으로 옮겨 놓음에 의해 새로운 시대를 열게 된 인본주의 이념의 의의는 작지 않은 것이었다. 그러나 그 이념은 퇴색해가고 있었고 이제 그 최초의 생명력을 잃어가고 있었다. 세계는 인간의 지성에 의해 포착될 수 없는 것이었고, 예술은 자연을 모방할 수도 없었다. 인간이 자연을 안다고 말할 근거를 잃었기 때문이다. 안다고 말하는 예술가나 철학자는 더 이상 신뢰할 수 있는 사람도 선택된 사람도 아니었다. 그들은 단지 휘황찬란한 착각에 빠진 거짓 예언자들이 되어가고 있었다.

진정한 예언자는 자기가 무능하다는 사실을 인지함에 의해, 그리고 왜 무능할 수밖에 없는지를 인지함에 의해, 다시 말하면 자신들이 왜 예언자일 수 없는지를 인지함에 의해 새로운 예언자가 될 운명에 처하게 되었다. 현대의 언어학과 기호학, 분석철학과 양자역학, 추상예술과 신사실주의 예술, 미니멀리즘 등은 모두 실재를 알 수 없다는 전제를 분명히 한 채 세계를 단지 얇고 바삭거리는 망사로 대체한다. 기표와 상징, 명제와 해석, 선과 면, 지워질 수프 깡통과 물에 풀리는 쿨 에이드 등은 기의와 지표, 법칙과 진리, 견고한 입체, 진짜 서사, 대하소설 등에 비해 얼마나 가볍고 덧없는 것들인가.

6

정치적
문제

사실주의 예술과 인상주의 예술은 선험적 지성과 그 지성의 결과인 고형적 의미를 해체함에 의해 현대에의 길을 열게 된다. 그러나 이 새로운 세계관과 새로운 예술은 여전히 선험적 의미를 주장하는 부르주아와의 대립을 겪고 있었다. 물론 부르주아의 선험성은 플라톤이 주장하는 종류의 선험성, 즉 우리에서 독립한 객관적 실재의 존재와 그것에 대한 인간의 생득적 인식능력에 입각한 선험성은 아니었다. 그것은 우리에게 내재한 ─ 칸트의 용어로는 초월적transcendental인 ─ 종류의 선험성으로서 미국의 독립선언이나 프랑스의 인권선언에 구현된 선험성이었다. 거기에서 이 새로운 선험성은 공화제적 자유와 평등과 박애의 옷을 입는다. 즉 자유, 평등, 박애 등이 새로운 선험성, 새로운 의미가 되었다. 물론 자유, 평등, 박에 등은 그 자체로 문제를 지니지는 않는다.

문제는 이것들에 부여한 선험성과 그것들을 의미로 보았다는 데 있다. 이것이 에드먼드 버크(Edmund Burke, 1729~1797)가 인권선언을 "형이 상학적인, 너무도 형이상학적인metaphysique, le plus metaphysique"이라고 말한 동기이다. 의미는 차별적이다. 그것은 "안다"는 것을 전제하기 때문이다. "알 수도 있다"는 것은 일부는 알고 나머지는 모른다는 것을 의미한다. 이때 앎에 있어 특권적인 계층이 생겨난다. 이 특권적 계층이 부르주아이다. 물론 사회에 계층이 없다고 말한다면 그것은 위선이다. 그러나 행위의 결과로서의 우월성과 선험적 우월성 각각이 규정하는 계층은 완전히 다른 것이다. 부르주아 계급은 전자를 주장하며 상퀼로 트를 끌어들여 혁명에 성공하지만 후자를 주장하며 혁명의 열매를 독식한다.

예술사상의 키치의 발생과 철학사상에 헤겔(Georg Wilhelm Friedrich Hegel, 1770~1831)의 국가론과 법철학은 모두 부르주아 계급의 이념을 옹호해주기 위해 생겨났다. 도대체 민족국가가 어떻게 선험적 의미일 수 있을까? 아마도 헤겔의 철학은 허장성세와 가식을 그럴듯하게 포장함에 의해 예술적 키치에 대응하는 철학적 키치가 된다. 민족국가는 절대주의 왕조가 귀족의 혈연과 계승 그리고 교황청과의 결탁에 의해 유지되던 중세적 세계를 벗어나기 위한 유용한 이념이었다. 영국과 프랑스는 선도적으로 이 과업을 완수한다. 그러나 신성로마제국이라는 고대와 중세의 헛된 이상향에 빠져있던 게르만 국가는 여기에서 실패한다. 게르만 민족은 뒤늦게 민족국가로의 이행을 겪는다. 최초의 그럴듯한 게르만 국가는 프러시아가 보불전쟁에서 승리한 1871년에 들어서였다.

헤겔의 철학은 독일이라는 새로운 민족국가의 탄생을 뒷받침하기 위한 이념이었다. 그러나 뒤늦게 탄생한 독일은 이미 프랑스와 영국에 대한 경쟁력을 잃고 있었다. 독일은 결국 군사적 해결 외에 길이 없다는 것을 발견한다. 이제 두 번에 걸친 게르만의 마지막 민족이동이 시작된다. 이 두 번의 전쟁의 이념은 독일 민족주의였다.

키치의 병든 달콤함은 이런 파국을 내포하고 있었다. 어떠한 이념이건 이념 그 자체로서 문제가 되는 것은 없다. 사회와 세계관의 조화가 문제이다. 확실히 민족주의도 혁명도 심지어는 선험적 의미도 필요했다. 세계는 더 이상 낭만적 기사의 시대는 아니었다. 오랜 기사의 훈련을 안 받은 장궁수(長弓手)가 간단하게 기사를 해치울 수 있었다. 백년전쟁에서의 프랑스의 계속된 패배는 시대착오적인 기사도를 고집한 것이 이유였다. 그러나 이 장궁조차도 화약과 총포의 보편적 사용에 의해 무의미해졌다. 이제 전쟁은 물량과 거기에 투입되는 자본에 달리게 된다. 나폴레옹(Napoléon, 1769~1821)의 승리는 국가의 모든 자원의 총동원령, 즉 총력전total war에 의한 것이었다. 지난 시대의 전쟁은 귀족들만의 문제였다. 그러나 부르주아 계급의 혁명의 공고화를 위한 새로운 전쟁은 국가의 전체 부를 동원하는 새로운 것이 되어가고 있었다. 국가 전체가 하나의 공동운명체라는 인식이 프랑스의 총력전을 가능하게 했고 이것이 유럽 전체를 패배시킬 수 있었던 이유였다. 프랑스 혁명은 왕정

복고에도 불구하고 살아남는다. 세계는 전과 같지 않다.

문제는 혁명과 공화제를 위해 필요했던 이념이 그 효용성을 잃었음에도 오히려 화석같이 스스로를 응고화시켜 살아남으려 하는 데 있었다. 이제 세계는 어떠한 종류의 선험적 가치도 쓸모없는 곳이 되어가고 있었다. 흄에 의해 제기된 경험론은 인간의 생득적 인식 역량을 박탈하며 세계를 회의주의로 몰고 가면서 결국은 "누구도 안다고 말할 수 없다"는 사실에 의해 불가지론에 돌입하게 만든다. 세계는 의미의 완전한 상실에 의해 태초의 "흑암"으로 다시 돌아간다. 그리고 이 어두움 속에서 인간은 먼저 절망적인, 다음으로는 무한대의 자유를 가지게 된다. 이것이 경험론하에서의 새로운 평등이었다. 새로운 평등은 인식론적 절망의 결과였다. 물론 이것은 아직도 한참이 지나야 수용될 세계관이었다. 단지 사실주의와 인상주의는 거기로 이르는 길을 닦을 뿐이었다.

실재론에서의 평등은 그 자체로서 위선이다. 그것은 기득권자의 선심과 너그러움에 기초한 것으로서 기득권자들의 의지에 따라 얼마든지 박탈될 수 있는 것이었다. "안다고 말할 수도 있다"는 주장하에서의 평등은 단지 수사일 뿐이다. 진정한 평등은 먼저 불가지론을 전제해야 한다. 모두가 실재로부터 등거리에 있어야 한다. 새로운 평등은 결과로서 오는 것이었다. 이것이 보통선거권의 도입에도 불구하고 프랑스가 계속된 소요를 겪을 수밖에 없는 이유였고, 차등선거에도 불구하고 영국이 세계를 지배하게 된 동기였다.

7

최초의
키치

　　키치는 병든 행복이며 혐오스러운 시대착오이다. 대부분의 부르주
아들은 그뢰즈와 호가스가 도입한 예술에 계속 집착했다. 그러나 그러
한 종류의 도덕률은 부르주아의 도덕률이었다. 발자크는 "도덕 자체가
먹고 살만한 사람의 독점물"이라고 야유한다. 물론 이 도덕률, 즉 그뢰
즈, 호가스, 다비드(Jacques Louis David, 1748~1825), 베토벤 등이 구현
한 도덕률은 구체제를 붕괴시키기 위해 절대 필요한 것이었다. 그러나
세계는 바뀌고 있었고 부르주아가 그들의 혁명을 위해 도입한 경험론은
로크와 칸트의 반동에도 불구하고 애초에 흄이 제시한 길을 따라가게
된다. 세계는 더 이상 정치혁명의 시대에 있지 않았다. 이제 산업혁명의
시대였다. 이때 혁명 이념적 반동에의 집착이 곧 키치의 발생이다. 부르
주아들은 바뀐 세상에서도 물론 자신들이 형성한 부와 지위에 의해 모

든 것을 누리고 있었다. 그러나 그들은 이 향유에 실재론적 정당화조차 부여하기를 원했다. 자신들의 향유가 단지 돈과 힘과 같이 변전하는 것에 입각한 것은 아니라는 정당화가 필요했기 때문이다.

▲ 윌리엄 호가스, [퇴폐적인 술자리], 1735년

모든 기득권자는 자신을 위한 응고된 의미, 즉 이데올로기를 필요로 한다. 의미는 견고하기 때문이고, 가치를 유출시키는 단순자이기 때문이다. 그들의 사회적 우월성, 즉 그들의 가치는 스스로에 내재한 의미로부터 나온 것이고, 그 의미는 의미의 본래적 성격에 의해 항구적이었다. 그들은 영원히 사회적 우월성을 누려야 했다. 그들은 의미 속에 웅크리고 있으면 밖으로부터의 모든 비바람을 피할 수 있다고 믿었다. 그것은 안온한 안식처였으며 따라서 일종의 사회적 키치였다. 그들은 삶과 세계로부터 눈을 돌려 기만적으로 조작된 의미에 시선을 집중했다. 즉 그들의 시선은 이차적이었다. 여기에 예술적 키치나 종교적 키치는 쉽게 기생한다.

사실주의와 인상주의 예술이 행한 첫 번째로 중요한 기능은 현존에의 직시였다. 그 예술가들이 삶과 우주를 바라보았을 때 거기에 의미는 없었다. 거기에는 단지 감각인식에 호소하는 경험적 사실(사실주의)만 있을 뿐이었고, 우리 직관에 호소하는 생명의 원초적인 약동(인상주의)만 있을 뿐이었다. 이때 키치는 거기로 향하는 시선을 의미라는 솜사탕으로 차단한다. 키치는 단지 속된 신념 혹은 속된 예술이 아니다. 통속은 의미와 진지함을 위장하지 않는다. 물론 때때로 제정신이 아닌 통속예술가나 그 감상자가 거기에 진지한 의미를 부여하기도 하지만. 그러므로 키치는 두 개의 기원을 가진다. 하나는 위로부터, 다른 하나는 아래로부터.

계몽주의와 혁명이념은 민족주의를 부르고 이제 파시즘이라는 파국을 기다리게 되었다. 당시의 탁월한 예술가들은 지성이 지닌 야만적 모습을 예언하고 있었다. 사실주의는 입체를 해체해서 제시함에 의해 지성의 실패를 예견하고 인상주의는 사물을 평면화시키는 것은 물론 대상 사이의 경계를 흐림에 의해 세계를 입체의 도열에서 하나의 이차원의 스크린으로 전환시킨다.

지성의 실패에 대한 자기 인식이 중요했다. 대상들을 돌출시킴에 의해서가 아니라 자신을 포함한 모든 것을 세계에 속하게 함에 의해, 그리고 그 새로운 어둠에 대한 겸허하고 초연한 수용에 의해 인간은 오히려 가치 있을 수 있었다. 세계는 삼차원 입체의 나열에서 이차원의 분절 없는 연속으로 해체되어야 했다. 이것이 경험비판론과 사실주의 예술이 시사하는 바였다. 그러나 이 이념은 먼저 세계를 재단함에 의해, 그리고 그 재단해낸 개념을 응고화 시킴에 의해 선험적 의미를 부여받은 부르주아가 수용할 수 없는 것이었다. 쿠르베와 부르주아 계급과의 충돌은 이것이 동기였다. 발자크, 디킨스, 도스토옙스키, 레온카발로(Ruggiero Leoncavallo, 1858~1919), 마스카니(Pietro Mascagni, 1863~1945), 쿠르베, 도미에 등의 예술은 모두 귀족이나 부르주아 계급에 속한 사람들 그리고 그 이념에 거침없는 해체의 칼날을 들어내고 노동자나 광인이나 죄인 등에 대하여도 역시 거침없는 관찰기록을 만들어 낸다. 누구도 미리 우월할 수는 없었다.

사실주의 예술은 그때까지의 예술이 도입했던 상투성을 완전히 배제한다. 거기에는 미리 규정된 고결함이나 상스러움은 없다. 또한 하나의 인물이 전적으로 고결하지도, 전적으로 상스럽지도 않다. 인물은 미리 종합된 채로 제시되지 않는다. 인물은 때때로 고결한 행동을 하고 때때로 존경받을 만한 행동을 한다. 누구도 미리 악인이며 선인일 수 없다. 이것이 사실주의 문학을 오히려 박진감 있게 만든다. 거기에선 모든 것이 살아있고 모든 것이 생생하다.

기득권 계급이 항상 그렇듯이 부르주아 계급은 자신들에 대한 상투적인 우월감에 젖어있었다. 사회적 승리의 가장 비극적 측면은 그 승리자를 오만 속에서 스스로 몰락하게 만든다는 사실이다. 물론 이 몰락은 즉시로 나타나지 않는다. 먼저 이 몰락이 정신적 피폐함으로 내재할 뿐이다. 이 상투성이 바로 "의미"이다. 기득권 계급은 삶과 세계에 직면하지 않는다. 그들은 물론 삶이나 세계에 직접 대면할 필요는 없다. 그

▼ 귀스타브 쿠르베, [오르낭의 매장], 1849~1850년

들이 지닌 돈과 권력이 그들로 하여금 적나라한 삶의 현장에서 살아야
할 필요를 없게 만들어 준다. 따라서 이들은 삶에 대해 심리적 거리를
유지할 수 있다. 그들은 통속적 삶은 모면한다. 그러나 부르주아의 삶은
왕왕 위선적이었다는 점에서 통속적 삶이 지니는 솔직성을 지니지 못했
다. 그들은 삶과 유지해야 할 심리적 거리를 의미를 뒤집어쓰고 나타나
는 키치 사이에서 유지했다. 역시 거기에서도 의미가 매개체였다.

사실주의 예술가가 의미를 부정한 것은 아니었다. 그러나 그 의미는 삶과 유지하는 거리에 의해 가까스로 조성되어야 할 것이었다. 부르주아는 여기에서 실패한다. 최초의 키치는 이렇게 나타나게 된다. 그들은 미리 조성된 기득권적 의미로 관심의 초점을 옮기도록 유도하는 예술을 최선의 것으로 칭찬한다.

부르주아 계급과 인상주의 화가들 사이의 충돌은 미술사에서 획기적인 에피소드가 될 정도로 극적인 것이었다. 이때 처음 동시대의 가장 탁월한 예술가가 지배적인 계급과 전면적인 투쟁을 벌인다. 또한 이때 처음으로 감상자와 예술가 사이의 간극도 크게 벌어지게 된다. 예술가는 더 이상 장인적인 기술에 의해 예술가일 수는 없었다. 예술적 기술이 예술을 결정짓지 않게 된다. 상식적인 시지각과 예언적인 시지각이 전면적으로 충돌하게 된다.

모더니즘과
키치

Modernism and
Kitsch

1

그리스와 로마의 예 ;
실재론과 유명론(합리론과 경험론)

Examples of Greece and Rome ;
Rationalism and Empiricism

역사가에게 가장 어렵고 중요한 과제는 구분된 시대의 포괄적 개념을 포착하는 것이다. 물론 시대구분 자체도 어려운 문제이다. 그것이 어려운 이유는 그 분절articulation의 기준이 여러 개일 수 있다는 것이 첫 번째이다. 만약 우리가 시대구분을 철학적 인식론에 의해 시도한다면 신석기시대와 이집트는 구분되지 않는다. 여태까지의 시대구분은 고대, 중세, 근대, 현대였다. 우리가 아는바 최초의 단절은 중세 초에 발생한다. 물론 구석기, 신석기, 이집트로 이어지는 역사에서 그리스, 로마가 이룬 도약은 엄청난 것이었다. 역사시대 이후로 처음으로 그리스인들은 인본주의의 이념을 도입하며 인간이 세계의 주인임을 표방한다. 만약 우리가 시대 구분을 인식론에 준해 새롭게 재편한다면 그리스와 로마는 같이 묶일 수 없다. 둘 사이의 차이는 도시국가와 제국의 차이만큼 크다. 두 공동체의 대비에서 우리는 이미 실재론과 유명론의 극적 대비를 본다.

그리스인들의 인본주의는 로마를 자못 혼란스럽게 한다. 로마인들은 개인으로서의 인간을 중시하는 것이 이상으로 집단의 영광과 보존을 더 중시했기 때문이다. 로마는 제국에 이르기까지 로마 고유의 이념과 그리스로부터 유입된 인본주의가 충돌하는 상황에 처한다. 처음으로 그리스 문명에 접한 공화정 로마는 그리스의 화려한 정신적 유산에 매혹되는 한편 그것이 제국을 가능하게 할 로마 고유의 이념과는 배반 관계에 있다는 사실을 깨닫는다. 이것은 스키피오와 카토의 대립에서 보인다.

결국, 로마의 이념이 이긴다. 로마인들은 근본적으로 경험론적이었다. 경험론적 세계관은 힘의 표방과 그 행사에 있어 노골적인 솔직함을 제시한다. 로마인들은 거리낌 없이 "힘이 곧 정의"라고 생각했다. 제국 말기의 항제의 조상statue이 때때로 공허하고 때때로 야만적인 것은 경험론 철학의 최선의 모습과 최악의 모습을 각각 보여주는 것이다. 그리스인들은 실재론적 이념을 믿는 가운데 개인의 완성 가능성을 가장 소중한 것으로 평가했다. 인본주의와 개인의 완성, 곧 보편적 인간상 l'uomo universale은 함께한다. 그리스의 부조와 조상이 인간의 얼굴 모사를 중시한 채로 제작되고, 그것도 고요하고 단정한 모습으로 이데아에의 추구를 보여주는 모습으로 만들어진 이유는, 그리스들이 인간이 그 최선의 모습일 때의 지혜의 모습의 시각적 응고화에 집중하기 때문이다.

조상이나 회화에 있어 확고하고 단정하게 이상화된 두상의 표정은 그 예술이 인간의 보편적 지성을 중시하는 이념에 준한다는 사실을 말한다. 너무도 표현적이어서 거기에 어떤 이상화도 없을 때 그 예술은 인간 지성의 쓸모를 무시하는 이념에 입각한 것이며, 얼굴 표정의 선명함이 사라지고 멍한 모습으로 묘사될 때에는 그 예술은 인간 지성의 무력함이라는 다른 이념에 입각한 것이다. 우리는 전자의 예술이 제국 초기에 팽배했다는 사실을 알고 있고 후자의 예술이 제국 말기에 등장했다는 사실을 안다.

전통적인 로마인들은 그들의 경험론 철학에 입각하여 인간의 지적 성취의 가능성이 본래적인 무지에 의해 차단될 수밖에 없다고 생각했고, 따라서 부조나 조각에서의 제국 말기의 마르쿠스 아우렐리우스 황제의 얼굴 표정을 그 공허함과 무력함, 의기소침함에 의해 단지 한 명의 늙은이 외에는 어떤 것도 표상하지 않는 것으로 묘사했다. 그의 표정은 실재의 포착에 있어서의 실패가 그 모습을 어떻게 변화시키는가에 대한 충격적 사실을 보고하고 있다. 이 황제는 의미를 구할 수 없고, 실재에 착륙할 수 없는 인간은 견인불발의 스토아주의를 수용하여 단지 살기 위해 살고, 투쟁하기 위해 투쟁해야 한다는 사실을 몸소 실천한 사람이었다. 그는 재위기간 내내 게르만 족과의 전투를 치렀으며, 로마의 황제궁에서보다 전장의 참호 속에서 훨씬 더 많은 시간을 보냈다.

경험주의 철학은 이러한 스토아주의와는 상반된 우상화된 힘

▲ 마르쿠스 아우렐리우스 황제, 121~180(재위 161~180)

idolized power 을 불러들인다. 경험주의 철학은 겸허와 분투에 대해 말하면서 동시에 삶의 규준을 공허 속으로 옮긴다. 이 규준의 소멸이 가장 상스럽게 인식될 경우 그것은 향락주의와 힘의 우상화를 부른다. 지성이 우상화되는 이상으로 힘이 우상화된다. 경험론 철학이 실재론이나 합리론적 철학에 대해 진보적일 수 있었던 이유는 경험론 철학은 우상화된 지성, 즉 "의미meaning"를 "가치value"로 대체하는 종류의 인식론이기 때문이다. 의미는 견고하고 내재적이지만 가치는 가볍고 외재적이며, 의미는 불변하지만 가치는 발전과 변화에 대해 열려 있다.

의미는 실재의 다른 이름이다. 실재라고 인정받는 의미는 먼저 우상화를 요구하고 다음으로 불멸의 영광을 요청한다. 그리스 인들의 이데아나 중세인들의 신이 불멸과 항구성을 보증받은 것은 그들이 그들의 지성과 개념을 의미로서 응고시켰기 때문이었다. 성 안셀무스St. Anselm의 신은 신이라는 의미의 응고일 뿐이다. 이와는 반대로 경험론 철학은 의미에서 가치가 연역되었다고 가정하지 않는다. 오히려 가치가 의미 — 만약 거기에 그러한 것이 요구된다면 — 를 요청한다고 생각한다. 따라서 의미는 언제라도 우상이기를 그치고 새로운 가치에 따라 재조정되어야 한다.

실재론하에서의 권력자는 자신의 힘이 의미 — 주로는 정의라고 불리는 — 에서 연역되었다고 말한다. 이것은 피타고라스 정리나 아폴로니우스(Apollonius, BC262?~BC200?)의 정리 모두가 최초의 다섯 개의 공준에서 연역되었다고 믿는 것과 같다. 여기에서 사회적 정의와 기하학적 공준 등은 모두 우상화된 의미idolized meaning이다. 그러나 경험론적 세계관하에서 그들은 단지 힘과 정리만을 믿을 뿐이다. 힘과 정리는 현존의 문제이며 가치value의 문제이다.

비트겐슈타인이 요소명제가 사실로서의 명제의 분석에 의해 거기에 이미 있다고 말할 때 그는 철저히 경험론적 입장을 견지하고 있다.

우리가 세계를 이해하는 것은 사실에 의하여서이다. 세계의 이해는 거기에 먼저 있는 단순자들the simples로부터의 명제의 유출에 의하여서가 아니다. 오히려 단순자들은 분석에 의해 거기에 있을 것이 요청된다. 연역은 없고 분석만이 있다. 이것이 경험론자들의 인식론이다.

로마인들은 힘이 정의를 요청한다고 생각했다. 따라서 현재의 권력자는 언제라도 힘의 변전에 따라 권력을 내놓아야 한다. 이것이 그들에게 겸허와 조심성을 주는 한편 야만과 상스러움을 동시에 준다. 현존을 넘어서는 실재를 인정하지 않을 경우 한편으로는 실존주의가 다른 한편으로는 향락주의가 번성한다. 실존주의는 의미의 증발에서 슬픔과 겸허의 동기를 발견하고, 향락주의는 그 증발에서 무한대의 물질적 향락과 힘의 우상화를 발견한다.

각각의 이념의 윤리적 대응은 따라서 그 자체로 선하지도 악하지도 않다. 실재론 혹은 합리론은 그 최선의 상태에서 이상주의적 인간상의 구현에 애쓰게 되고, 구성원을 독려하여 모두가 이데아의 접근에 의해 공동체의 개선을 향한다. 반면에 유명론 혹은 경험론은 역시 최선의 상태에서 모든 인간의 평등을 강조하며 다른 한편으로 사회 구성원에게 겸허를 가르친다. 우리는 최선의 실재론으로 플라토니즘Platonism을 꼽을 수 있고, 최선의 유명론에서 로마의 만민법을 꼽을 수 있다. 확실히 실재론은 사회의 계층화를 불러들인다. "알 수도 있다"는 가정은 일부의 지성인과 나머지 전체의 무식한 구성원을 가정한다. 그러나 최선의 상태에서 실재론은 누구라도 노력에 의해 이데아에 다가갈 수 있으며 따라서 스스로의 전인적 인간상을 구현하는 것을 삶의 목표로 제시한다.

유명론은 먼저 "누구도 안다고 말할 수 없다"는 언명에 기초해 모든 구성원이 실재로부터 차단되어 있다는 점을 강조한다. 이것이 공동체 구성원의 평등을 구현한다. 실재의 포착의 실패에 있어 로마황제와 가장 비천한 속지의 농부는 대등하다. 따라서 로마는 비천한 계급 출신에게도 출세의 길을 열어 놓는다. 게르만인 누구라도 제국의 수호를 피해 공헌했다면 황제가 될 수 있었으며, 심지어는 노예출신 일지라도 자신의 타고난 역량과 노력에 의해 황제가 될 수 있었다. 이러한 공동의 무지라는 평등의 이념이 로마가 만민법을 제정하게 만든다. 이것이 유명론 혹은 경험론의 최선의 모습이다.

2

두 개의
인식론

경험론은 지성의 행사를 매우 제한적인 것으로 본다. 그것은 기껏 해야 경험의 종합자일뿐이지 경험의 인도자는 아니다. 거기에 선험적인 지성은 없다. 있다 해도 포착되지 않는다.

문제는, 우리가 경험에서 비롯된 습관에 필연성을 부여하는 데 있다. 필연성에의 희구가 우리로 하여금 우상을 숭배하게 만든다. "태양은 동쪽에서 뜬다."는 언명이 어떤 근거에 의해 필연성을 부여받는다면 동일한 근거에 의해 "태양은 서쪽에서 뜬다."는 언명 역시도 필연성을 부여받아야 한다. 과거와 현재의 사건에서 미래의 사건을 추론할 수 없다는 것이 경험론의 논리이다. 이것이 인간이 지성의 종합능력을 근거 없는 것으로 보고 따라서 지성을 최고의 가치로 보는 인본주의 — 엄밀하게는 인간중심주의 — 를 부정하게 만든다. 경험론의 겸허는 이와 같다.

물론 실재론과 유명론, 혹은 합리론과 경험론의 두 세계관 역시 타락에 의해 고유의 악덕을 보일 수 있다. 실재론만이 위계를 불러들이지 않는다. 경험론도 물론 위계를 불러들인다. 단지 실재론은 선험적 위계를 주장하지만 경험론은 경험적 위계, 즉 노력에 의한 위계를 불러들일 뿐이다. 이 차이는 작지 않다. 플라톤은 그의 공화국에서 이른 시기에 청소년을 여러 계급으로 가를 것을 원한다. 천품 속에 이미 사회적 계급을 타고난다고 생각하기 때문이다. 그러나 경험론은 천품에 대해 알 수 없다고 생각한다. 이것은 경험론이 제시하는 인식론상 당연한 것이다. 경험론은 실증적 사실을 제외하고는 무엇에 대해서도 "안다고 말할 수 없다"는 것을 가정하기 때문이다. 사회에 계급이 없을 수는 없다. 각각의 인간의 사회에 대한 기여, 이를테면 사회적 부가가치 혹은 사회적 생산성이 같을 수는 없기 때문이다. 따라서 사회적 평등의 문제는 위계의 근거의 문제이지 불평등 그 자체의 문제는 아니다. 사회는 어쨌건 평등할 수 없다. 각자의 생산성은 곧 차별화를 부른다.

　　최선의 실재론은 위계의 근거를 먼저 기득권이나 혈통에 입각한 것으로 보지 않는다. 플라톤은 그의 시민들의 출발을 기득권에 입각시키지 않는다. 모든 청소년은 매우 평등하게 기회를 가진다. 다만 플라톤은 이 평등한 기회균등으로부터의 차별화는 그들의 타고난 천품에 의한다고 말할 뿐이다. 최선의 경험론 역시도 기회의 균등을 전제한다. 그러나 이 기회의 균등은 천품의 우열을 가리기 위한 것이 아니라 그들 삶의 과정에 의해 드러나는 각각의 가치의 우열을 가리기 위한 것이라는 점에서 실재론과 다르다. 경험론은 모든 실재와 의미에 대해 "말해질 수 없는 것"으로 치부한다. 우리가 알 수 있는 것은 현재 그의 역량일 뿐이다. 어떤 사람의 역량이 탁월하고 높은 사회적 부가가치를 가진다 해도 경험론은 그것을 그의 천품에서 연역되었다고 생각하지 않는다. 천품이라는 실재는 "말해질 수 없는 것"이기 때문이다. 그들은 오히려 그의 경험적 역량이 천품을 요청demand한다고 생각한다. 확실히 거기에 플라톤이 말하는 바의 천품이 있을 수도 있다. 경험론자들은 천품이 없다고 말하지 않는다. 그들은 단지 판단의 기준을 현존의 역량에 놓을 뿐이다. 따라서 입증되지 않는다면 그 천품은 없는 것이나 마찬가지이다.

예술사상의 사실주의와 모더니즘의 차이는 먼저 그 형이상학적 측면에 있어 경험론의 인식론적인 결론에 대한 두 가지 태도에 의해 갈린다. 사실주의 이념도 경험비판론이나 실증주의 등의 경험론에 기반을 둔다. 사실주의는 그러나 경험의 결과로서의 의미를 상정한다. 문제는 경첨이 어떻게 비판되어 경험이 어떤 요소가 잘려나가야 하는가에 달려 있긴 하지만 결국은 그 경험의 응고가 유의미를 가진다고 사실주의가 생각하는 반면 모더니즘은 그것조차도 유의미의 획득이라고 생각하기보다는, 다시 말하면 인간의 인식에서 독립한 객관적 지식체계라고 생각하기보다는 그것을 단지 우리에게 귀속해 있는 하나의 규약agreement이라고 생각한다. "규약적 체계"라는 어구를 빼고 모더니즘을 이해할 수는 없다.

따라서 19세기의 사실주의는 먼저 경험의 결과에 대한 유의미한 응고를 가정한다. 그러나 이것이 궁극적으로는 경험론의 부정적 측면으로 변화해 나간다. 물론 실재론도 마찬가지로 부정적 측면으로 전환될 위험성이 있다. 실재론은 최초의 공준의 참임이 혹은 단순자가 건전하고 밝은 지혜에 의해 자명하다고 생각하거나 혹은 후자의 경우에는 그 존재가 입증되었다고 생각한다. 이때 현존은 거기에서 연역된다. 논리학에 있어서 연역이 가진 위력은 필연성necessity에 있다. 실재론의 문제는 그 필연성에 있기보다는 세상을 필연으로 만드는 동기에 있다. 경험론적 입장에서의 연역추론은 동일률the principle of identity에 지나지 않는다. 이것은 매우 중요한 가정이다. 실재론이 필연성을 불러들일 때 그 담당자들은 실재론이 귀납추론을 필연화한다고 경험론자들은 비판한다. 동일률이 아닌 한 필연은 없다는 것이다. 실증주의의 귀결은 필연적이다.

앞에서 누누이 말한 바와 같이 경험론상의 무지는 모든 사람에게 해당하지만 실재론상의 앎은 일부의 사람에게 한정된다. "닫혀 있다"의 반대 개념은 "닫혀 있지 않다"이기 때문이다. 이 일부의 안다고 믿는 사람들이 만약 그들의 앎에 있어 개방적이고 자기가 믿는 바의 준수에 대해 자유로운 선택의 여지를 준다면 실재론 자체가 문제를 가지지는 않게 된다. 그러나 이 지적 특권에 처한 사람들이 자신의 이념과 관련하여 다른 사람의 동의 없는 구속력을 행사한다면 그때부터 이 특권적 사람들은 독단dogma를 행사한다. 이것이 정치철학으로는 과두정(寡頭政)으로 드러나게 된다. 실재론이 바람직하게 작동될 경우 귀족정이 되고 그 반대의 경우 과두정이 된다.

　　문제는 이 실재론의 위험이 단지 여기에 그치지만은 않는다는 사실이다. 다음과 같은 예를 상정해 보자. 어떤 지적 특권층에 속한 사람이 그의 동료 시민들에게 다음과 같이 말한다고 하자.

　　"인도에는 뭄바이란 도시가 있고, 칠레에는 산티아고라는 도시가 있다. 또한, 한 변이 1인 정사각형의 대각선의 길이는 $\sqrt{2}$이다. 이 사실은 언제라도 여러분의 검증에 의해 확인될 사실이다. 또한 안드로메다 성운에 속한 한 행성에는 라틴어로 대화를 하는 당나귀 족속이 있다. 내가 인디아와 수학에 대한 통찰에 있어 옳고 따라서 나는 지식인이라는 권위를 부여받았다. 여러분은 나의 권위에 따라 어떤 종류의 당나귀에 대한 나의 통찰에 동의해야 한다."

　　실재론은 먼저 권위에 의한 지성의 응고를 가정하고 그것을 의미로 전환시킨다. 이때 아주 많은 것들이 그의 권위에 의해 인정받아야 한다고 실재론자들은 주장한다.

　　실재론의 가능한 부정적 결과는 여기에 그치지 않는다. 실재론은 현존을 공준에서 유출시킨다고 생각하는 이념인바, 여기에서는 최초의 공준, 즉 단순자가 가장 중요한 요소가 된다. 현존은 단지 단순자의 종속변수에 지나지 않는다. 금화를 제시하면 잔돈푼은 언제라도 여기에서 떨어진다. 이때 가장 큰 위험은 공준이 사회구성원 모두에게 공유되지 않을 때 발생한다. 즉 특권계급이 자의적인 현존을 위해, 다시 말하면 그들의 이익을 위해 공준을 멋대로 규정할 때 실재론의 가장 커다란 악덕이 제기된다. 이때 실재론은 형식에 거짓내용을 채우는 것이 된다.

중세에 교황청이 성경의 유출을 엄격히 금한 동기도 기독교의 공준이라 할 만한 성경의 내용이 말해지는 것과 자신들의 멋대로의 이익이 충돌할 위험이 있었기 때문이다. 따라서 루터의 성경의 독일어로의 번역은 교황청의 입장에서는 당연히 파문의 동기가 된다. 공화정 시절의 로마의 평신도들이 법률의 성문화를 위해 농성을 벌인 것도 사회적 행위의 공준을 밝혀 달라는 요청이었다.

공준을 독점한 채로 현재의 이익을 위해 그 공준을 멋대로 변경시킬 때 실재론의 위험이 가장 크게 된다. 가우닐로, 로스켈리누스(Roscellinus, 1050~1125), 오컴 등이 실재론을 붕괴시키려 한 것은, 그것이 그 자체로 나쁘기보다는 멋대로 제정되고, 멋대로 해석되는 공준을 아예 없애고, 판단의 중심을 현존으로 옮김에 의해, 다시 말하면 공준을 현존에 의해 요청하게 함에 의해 현존에 없는 것은 공준에서 없다고 말하기 위해서였다. 교황청이 명령은 언제나 신의 의지라는 공준에 입각한 것이었다. 그러나 실재론이 붕괴된다면 단지 속인lay people뿐만 아니라 교황조차도 신에 대해 "안다고 말할 수 없다"는 사실에 의해 등거리에 있게 된다. 교황청에 대한 유명론의 가장 위협적인 요소는 바로 이것이었다.

오컴이 당시의 유명론을 집대성함에 의해 중세 말의 알프스 이북의 세계는 지중해 유역의 국가들과 분리되기 시작한다. 다시 말하면 유럽으로 밀려들어 온 야만적이었던 프랑크족은 그 지적 세계에 있어서도 지중해 유역의 고대문명의 영향력에서 벗어나 스스로 설 수 있는 기반을 마련하기 시작한다. 이것이 예술사상의 고딕이었다. 그때 이후로 로마네스크적 성당은 알프스 이북에서 사라지기 시작한다. 그러나 알프스 이남은 고딕의 진공상태가 계속된다. 유명론과 그것을 기반으로 한 고딕성당은 고대의 실재론과는 상반되는 것이었기 때문이다. 지중해 유역은 실재론을 벗어날 수가 없었다. 그것이 그들의 정체성 그 자체였기 때문이다.

유명론은 겸허와 동시에 실증주의를 부른다. 거기에 현존이라는 단일 차원만 있을 뿐이다. 실재론에는 언제나 복수의 차원이 존재한다. 먼저 실재reality의 차원이 있고, 다음으로 현존existence의 차원이 있다. 이때 실재가 본질적인 차원이고 현존이 유출된 차원이다. 다시 말하면 실재가 현존보다 높은 차원에 있게 된다. 이러한 사고방식은 언제나 실재론에 존재한다. 어쩌면 이것 자체가 실재론이다. 실재론의 근대적 변용이 합리론인바 대륙의 합리론자들은 인과율을 구성함에 있어 원인에 의해 결과가 규정되는 데에는 보편성과 필연성이 존재한다고 믿었다. 인과율이 중요한 것이 아니라 거기에 부여되는 "필연성"이라는 신념이 중요하다. 이것이 원인을 실재로 만들기 때문이다.

비트겐슈타인은 "세계의 의미는 세계 밖에 놓인다. 세계에서는 있는 것은 그대로 있고, 발생하는 것은 그대로 발생한다"고 말한다. 그는 의미, 지성, 필연은 같은 개념의 다른 표현일 뿐이고, 현존은 단지 우연이라는 것을 예리하게 포착하고 있다.

　다음과 같은 예들이 이해를 돕는다. 먼저 실제적인 예를 들어보자. 어린아이 열 명이 표류 끝에 어떤 무인도에 도착했다고 하자. 인간이라면 사회적이다. 어떤 사회고, 그것이 유지되기 위해서는 나름의 사회적 준칙, 즉 법률이 필요하다. 그때 법률은 그 사회에 있어 주도적인 인물, 혹은 주도적인 세력에 의해 제정된다. 이때 주도적인 입장에 있지 않은 한 소년이 이 법률에 대해 의문을 제기했다고 하자. 그의 말은 다음과 같다.

　"우리에게 부과된 법률에 대해 나는 가끔 의심이 든다. 우리에게 그것은 필연적이고 항구적인 의미를 지닌 것으로 강제되고 있다. 나는 이 필연성, 항구성, 의미 등이 어떻게 해서 우리 법률의 성격이 되었는지 궁금하다. 누군가 그 이유를 말해 주기 바란다."

　최초의 도전에 직면한 주도 세력은 어찌 되었건 그 필연성을 설명해야 한다. "너희가 모두 잠들어 있을 때 나는 배를 타고 나가 우연히 어른을 만났다. 이 법률은 경험과 판단력에 있어서 우리보다 훨씬 탁월한 어른의 세계에서 온 것이다. 우리 법률의 필연성의 근거는 그것이다. 나를 제외하고 누구도 어른을 만난 사람은 없다. 나는 어른 세계의 준칙을 알고 있고 그것을 여기에 도입했다. 따라서 우리 법률은 우리보다 높은 차원에 의해 그 필연성이 보증되며 나 또한 어른 세계의 이념의 전달자로서 너희와는 차별된다. 너희는 모르는 인간 군상에 속하지만 나는 우

리 세계가 무엇을 닮아야 하는지 알고 있다. 따라서 너희는 내게 의존해
야 한다."

실재론 혹은 합리론의 세계는 이와 같다. 실재론은 먼저 "복수의
세계the world of plurality"를 가정한다. 이것은 두 개의 차원을 의미한다.
하나는 천상적 차원이며 다른 하나는 지상적 차원이다. 전자는 세계 바
깥에 있으며 세계에 의미와 필연성을 부여한다. 플라톤은 이데아, 성 아
우구스티누스는 신, 데카르트는 필연적 운동법칙 등의 다른 차원을 가
정했다. 세계는 이데아, 신, 운동법칙을 닮아야 한다. 그것들은 의미와
지성과 필연의 고형물이기 때문이다. 이렇게 되어 지상적 세계에 필연
성이 도입된다. 그 세계는 다른 것이 되어서는 안 된다.

수학적 예를 들어 보기로 하자. 다음과 같은 항등식을 가정하자.

$$(x-1)(x^2+1)f(x) = x^4 - ax^2+b$$

우리는 상수 a, b의 값을 구하라는 명령을 받았다.

이 항등식은 f(x)라는 미지의 함수를 지니고 있으므로 좌변을 0으
로 만들어야 한다.

x =1을 양변에 대입하면,

$0 = 1 - a + b$ ─ ①

$x^2 = -1$을 똑같이 대입하면,

$0 = 1 + a + b$ ─ ② 가 된다.

①과 ②를 연결하면, a = 0, b = −1이 되고 우리는 매우 만족스럽다. 이제 우리는 실수체계에 속한 하나의 과제를 해결했다. 그러나 여기에 커다란 문제가 있다. $x^2 = -1$이라는 가정은 허수의 도입을 의미하기 때문이다. 다시 말하면 실수체계에서는 제곱에 의해 마이너스가 되는 수는 없다. 우리는 여기서 매우 간단하지만 혼란스러운 상황에 직면하게 된다. $x^2 = -1$이 되는 x값, 즉 ±i라는 새로운 수학적 개념을 도입해야 하기 때문이다. 이것은 매우 이상한 상황이다. 존재할 수 없는 수가 존재해줘야만 존재를 보증받아 온 실수체계가 필연적인 세계가 되기 때문이다. 만약 ±i를 도입하지 않는다면 이 정식은 미지의 상수를 포함하고 있으며 따라서 이 항등식은 어떤 필연성도 주장할 수 없다.

이러한 상황은 단지 대수학의 문제만은 아니다. p라는 명제에 대해 ~p(not p)라는 다른 언명을 생각해 보자. 이 세계의 어디에도 ~에 해당하는 것은 없다. 만약 우리가 "명제의 총체, 즉 사태state of affairs의 총체가 세계"라고 주장하는 비트겐슈타인에 동의한다면 — 경험론을 수용한다면 동의하지 않을 수 없는바 — ~p는 명제가 아니다. 명제에 있어서의 ~은 대수학에서의 허수에 속한다.

위 항등식의 해결은 결국 상상의 세계의 도입을 통해야만 해결될 수 있다. 확실히 수학은 필연성에 기초한다. 흄이 말하는바 이 논증적 지식demonstrative knowledge은 항상 참이어야 하기 때문이다. 그러나 흄이 간과한 것은 이 논증적 세계 역시도 환각의 힘을 빌리지 않으면 필연성을 보증받을 수 없다는 사실이다. 수학세계에 복소수a complex number

를 도입한 이유는 실수체계에 필연성을 도입하기 위해서였다. 즉 복소수라는 높은 차원이 도입되어야만, 다시 말하면 그보다 낮은 수학적 체계의 필연성이 보증받기 위해서는 반드시 그 바깥 세계의 개입이 있어야만 한다. 그렇다면 복소수 체계는 어떻게 되는 것일까? 그 체계 역시도 필연성을 보증받기 위해서는 그 바깥 세계의 도움을 받아야 한다. 단지 현재의 수학은 또 하나의 바깥 세계의 도움을 요청하지 않을 뿐이다. 중세인들은 그 바깥 세계를 신이 라고 보았다. 그렇다면 그들은 마치 a + bi로 복소수를 정의하는 것처럼 "인간 + 인간 × 신"의 세계를 정의했다. 이 세계의 필연성은 어떻게 되는 것일까? 중세의 신학자들이 신이 최초의 원인causa prima 혹은 원인 그 자체causa sui라고 말한 이유는 "인간 + 인간 × 신"의 체계를 궁극적인 것으로 만들기 위해서였다. 마치 수학에서 a + bi를 궁극적인 체계로 보는 것처럼.

인간의 무의식과 관련한 지그문트 프로이트의 꿈에 대한 연구도 사실이 이와 같다는 것을 말한다. 우리는 내내 꿈은 단지 환각이며, 삶에 필요 불가결하다고는 생각해오지 않았다. 그러나 실제의 삶의 영위가 필연적인 것이 되기 위해서는 꿈이라는 다른 차원이 필요하다는 것은 프로이트의 꿈에 대한 연구에서 확고하게 밝혀졌다. 꿈은 원망충족wish- fulfillment이라고 그는 말한다. 우리는 욕구하는 이드id와 규제를 가하는 슈퍼 에고super ego 사이에 처한다. 우리의 이드는 물론 자기의 욕구를 모든 충족시킬 수 없다. 모두는커녕 충족되는 요구는 이드의 욕구의 아주 일부분, 즉 빙산의 물 위의 부분에 지나지 않는다. 그러나 이드의 욕구는 우리의 의식적 삶을 지배할 만큼 강력하다. 이 문제를 꿈이 해결해 준다. 꿈은 실제의 삶에서 이룰 수 없는 욕구를 잠든 상태에서 해결해 주기 위한 것이다. 만약 우리가 꿈꿀 수 없다면 우리의 현존은 불가능해진다. 노이로제에 의해 현존의 삶은 완전한 피폐에 처하고 결국은 몰락과 소멸이 우리를 기다리게 된다.

우리의 실제의 삶은 그 영위와 상당기간의 존속이 필연적인 것이 되어야 한다. 적어도 노년에 의해서나 뜻하지 않은 질병에 의하지 않는 한 생물적 삶은 그 현존에 있어 항상성을 가져야 한다. 그러나 이것은 꿈이라는 다른 차원의 개입에 의해 가능하다. 역시 여기에서도 "현실 + 현실 × 꿈"이라는 일종의 복소수를 가정해야 한다.

다리 위에 집을 지을 수도, 농경을 할 수도, 목축을 할 수도, 공장을 지을 수도 없다. 그러나 다리가 없다면 두 개의 도시 사이에 교류와 융성은 불가능해진다. 융성을 위해 다리라는 환각은 꼭 필요하다. 마찬가지로 꿈은 이드와 그 충족 사이에 다리를 놓고는 스스로는 환각으로 남는다.

그러므로 복소수의 세계는 그 자체로서는 문제가 없다. 빈 자루는 똑바로 서지 않는다. 그것이 서는 것은 우리가 거기에 무엇을 집어넣는가에 달려있다. 실재론은 그 자체로서는 의미를 부여받지 않는다. 그것은 단지 빈 자루와 같다. 우리가 다른 차원에 실재성을 부여할 때 문제가 생긴다. 허수, 꿈, 다리 등은 실재가 아니다. 그것들은 단지 현존을 위한 환각일 뿐이다. 신도 마찬가지이다. 그것은 실재로 확인되지 않는다. 만약 실재로 확인된다면 세계는 필연에 처한다. 신이 실재라고 주장하는 것은 표류한 아이들 중의 입법자가 어른을 만났다는 사실이 실재라고 주장하는 것과 같다.

이것은 매우 중요한 요점이다. 다른 차원의 중재를 부정할 수는 없다. 현존에 필수적이기 때문이다. 우리가 신을 부정할 수는 없다. 이것은 신을 긍정할 수 없는 것과 같다. 문제가 되는 것은 그 환각에 실재성을 부여하는 것이다. 오컴, 흄, 비트겐슈타인 누구도 그것의 존재를 부정하지 않는다. 그들은 단지 그것에 실재적 박진성을 부여하는 것을 부정하고 있다. 인과율에 대한 믿음이 미신이라면 그것의 부정 역시도 미신이다.

실재론자들의 편협과 독단은 이 환각에 실재성을 부여한다는 데에 있다. 확실히 이것들이 실재하지 않는다고 말할 수는 없다. 그러나 실재한다고도 말할 수 없다. 그렇기 때문에 단지 "말해질 수 없는 것what cannot be said"이지 "실재하지 않는 것what does not exist"이 아니다. 말해질 수 없는 것을 말하는 것이 독단이다.

어른을 만났다는 한 아이의 주장은 입증되지 않는다. 또한 허수도, 꿈도 그 실재가 확인되지 않는다. 이것들은 단지 실수 체계를 필연적(논증적 지식의 경우)으로 만들거나, 삶의 영위를 가능하게(꿈이나 신) 만들기 위한 것이다. 우리는 꿈 없이 살 수 없듯이 신 없이 살 수 없다. 물론 신은 세계의 의미, 혹은 삶의 목적 등으로 대체될 수 있다. 우리는 세계의 의미, 삶의 목적 등을 손에 쥘 수는 없다. 경험론적 입장에서는 이것들은 다가가기 위한 것이지 손에 쥐기 위한 것은 아니다. 쥐려 해도 쥐어지지 않는다.

실재론이 그 최선의 양상에 있기 위해서는 다른 차원을 모든 사람에게 개방하는 것이며 개방된 실재로부터 현존으로의 연역과정이 공정해야 한다. 표류한 열 명의 아이들의 경우에는, 한 소년이 만났다고 하는 어른이 매우 공정해야 하며, 누구라도 이 어른의 금언을 듣고자 하는 사람이 있다면 그것을 확인할 수 있어야 한다.

환각에 빠지지 않는 한 고립된 무인도를 빠져나갈 방법은 없다. 다시 말하면 누구도 어른을 만날 수는 없다. 사실 어른을 만났다는 그 소년은 자신의 환각에 대해 말하고 있거나 거짓말을 하고 있다. 이 경우의 어른은, 비트겐슈타인에 따르면, 세계 밖에 있는 것이며 따라서 언급될 수 없는 것이다. 거기에 있는 것은 단지 어른으로 왔다고 가정되는 행위의 준칙, 즉 아이들의 법률체계만 있을 뿐이다. 이것은 말 그대로 합리적이어야 하며, 모든 사람에게 공개되어야 한다. 또한 거기에서 연역되는 하위의 구체적인 법률들도 합리적이어야 하고, 모든 사람에게 동일하게 적용되어야 한다. 모든 사람들은 현존의 욕망과 방해에도 불구하고 자신의 자유의지free will를 적극적으로 발휘하여 여기서 닿아야 한다. 꿈을 실현해야 하고, 신을 닮아야 한다. 이것은 물론 실재론을 수용할 때의 문제이다.

여기에서 문제가 되는 것은 "어른을 만났다"거나 "신을 확인했다"거나 "우리 세계는 세계 밖의 준칙에 준하여 필연성을 가진다"는 확고한 주장이다. 물론 그들은 진실을 말하고 있을 수도 있다. 그것이 불가능하다는 것도 하나의 편견일 뿐이고, 유명론 혹은 경험론의 주장일 뿐이다. 문제는 이 의미의 덩어리가 감춰진 채로 행사될 때이다. 이것이 독단이고 실재론의 가장 나쁜 양상이다.

유명론 혹은 경험론은 표류하여 무인도의 유폐된 아이들의 법률에 대해 다른 종류의 원리를 부여한다. 이쪽 세계관은 거기에서 의미와 필연성을 밀어낸다. 일단 어떤 아이도 어른을 만날 수는 없다. 누구도 실재를 만날 수는 없다. 만약 실재가 있다면 그것은 새롭게 요청되어야 한다. 삶은 어차피 부조리하다. 그들은 그들 세계에 갇혀 있을 뿐이다. 그들의 법률은 힘에 의해 결정되었을 뿐이다. 누군가 여기에 정의라는 것을 덧붙인다면 그것은 "정의는 강자의 이익"이라는 견지에서일 뿐이다. 따라서 그들의 사회적 준칙은 단지 힘에 의해 규정된 것이고, 힘이 변전되는 데 따라 변하는 바, 그들의 법률도 필연적인 것은 아니다. 간단히 말해 그들의 세계는 우연이다. 거기에 필연성을 부여할 어른을 만났다고 주장할 근거가 없기 때문이다.

바깥 세계에 어른이 있을 수도 있다. 유명론자는 거기에 어른이 없다고 말하지는 않는다. 유명론자들이 말하는 것은 그 어른을 확인했다고 말할 근거가 없다는 것이다. 또한, 유명론자들은 수학은 단지 논증적인 하나의 가상적 언어체계라고 본다. 그것은 물리적 세계를 읽기 위해 만든 독특한 언어일 뿐이다. 실재론과 수리철학자는 물론 우리의 감각인식을 넘어선 곳에 수학이 실재한다고 생각한다. 그것은 하나의 이데아로서 존재하게 된다. 수학을 이렇게 정의할 경우 복소수의 존재는 매우 애매한 상황에 처한다. 실수체계는 확실히 보편적인 것으로 하나의 의미로서 받아들여진다 해도 복소수는 거기로부터 연역되는 실재를 가지지 않는다. 복소수는 하나의 가언적 체계이다.

이 문제에 관한 한 유명론(경험론)의 이념이 훨씬 유리하다. 유명론의 경우 수학을 단지 자의적인 언어로 바라보기 때문에 어떤 가공적 체계도 받아들일 수 있다. 복소수라는 언어가 유용하다면 그것은 언제라도 만들어지고 이용될 수 있다. "하나의 기호는 쓸모없으면 의미 없다(오컴)." 복소수는 실수체계를 하나의 논증적 지식demonstrative knowledge 체계로 만들기 위해 필요하다. 그러나 수학은 그 자체로서는 아무것도 아니다. 그것은 현존에 대응하지 않는다. 그것은 단지 가공적인 언어에 지나지 않는다. 수학적 지식은 우리에게 새로운 지식을 주지 않는다. 그것은 단지 분석적 지식이기 때문이다. 따라서 당연히 필연적이어야 한다.

유명론은 그러나 우리의 법률, 우리의 지식, 우리의 존재, 우리의 세계는 실재와 교류할 수 없다고 말한다. 우리는 닫힌 집합의 각각의 원소일 따름이다. 표류한 아이들의 준칙은 우연히 그렇게 정해진 것이다. 힘이나 세력은 우연한 것이기 때문이다. 따라서 우리는 모두 실재에 대해 "말할 수 없다"는 등거리에 있게 된다.

3

윤리학적
귀결

유명론 혹은 경험론의 윤리적 귀결은 스토아주의이다. 우리는 실재에 대해 말할 수 없다. 우리는 단지 거기에 다가감에 애쓰면서 그것을 "행위"에 의해 보여줄 수 있을 뿐이다. 이것이 비트겐슈타인이 말하는 바, "말해질 수 없는 것은 보여져야 한다What cannot be said must be shown"는 것이 뜻하는 바이다. 경험론은 실재에의 추구를 부정하지 않는다. 경험론에 대한 가장 흔한 오해는 그것이 세계를 닫히게 하며 따라서 모든 의미에의 추구를 포기하면서 현실적 삶을 살라고 말하는 것으로 이해할 때 생겨난다. 현실적 삶을 사는 것과 현재를 사는 것은 다르다. 스토아주의는 현재를 살라는 이념이지 현실을 살라는 이념이 아니다. 실재론이 영혼의 구원에 의한 시간적 영속을 누리라고 말할 때, 유명론은 끝없는 극기주의적 삶에 의해 현재를 무한으로 만들 수 있다고 말한다. 여기 어디에도 현실적 삶은 없다. 현실을 충족하는 삶의 이념은 경험론 윤리의 최악의 결과를 부른다. 이것은 이 챕터의 나중 부분에서 자세히 밝혀질 것이다.

경험론은 그 최선의 국면에서 실존주의 — 그 고대의 양상은 스토아주의 혹은 견유학파 인바 — 를 부른다. 실재와 현존은 부조리에 의해 차단되어 있다. 이때 인간이 할 수 있는 것은 두 가지이다. 먼저 인간은 창조의 자유를 가진다. 실존주의는 실재를 줄 수 없다는 절망감과 동시에 실재를 닮았다고 생각하는 세계를 창조하여 과거의 세계를 대체할 수 있다는 희망을 품는다. 인간은 작은 신(神)이 된다. 실존주의는 한마디로 자유이다. 실존적 자유는 동시에 결정론적 자유determinate freedom라는 사실을 이해하는 것이 중요하다. 실재론 혹은 그 근대적 변주인 합리론은 자유의지와 구속을 동시에 지닌다. 실재론은 확정된 "의미"를 제시하는바, 거기에 다가가는 것은 전적으로 개인의 자유의지에 의한다. 구교가 개인의 자유의지를 강조하는 것은 구교의 이념이 실재론적이기 때문이다.

유명론과 경험론은 자유의지를 부정한다. 거기에는 의미가 확정된 것으로 존재하지 않기 때문이다. 경험론은 "과거와 현재의 행동에서 미래를 추론할 수 없다"는 인식론을 주장한다. 자유의지론은 물론 연역적 행동 양식이다. 우리는 우리의 자유의지에 의해 삶의 준칙을 실행한다. 거기에 추구해야 할 의미가 있다. 경험론은 의미의 존재를 부정하지 않는다. 경험론이 부정하는 것은 "의미에 대한 우리의 앎"이다. 즉 우리는 어느 누구도 의미에 대해 "안다고 말할 수 없는" 처지에 있다. 비트겐슈타인은 의미에 대한 우리의 추구를 "마음의 경향"이라고 표현하는바 우리는 단지 분투의 자유를 지닌다. 우리가 새장bird cage에 갇혀 있는 것은 사실이다. 그러나 우리는 새장을 새로 지을 자유는 지닌다. 우리는 먼저 새로운 새장을 지으려는 노력에 있어 자유롭다. 그것은 전면적인 자유이다. 합리론이 확정된 토대에 착륙하기 위해 노력하는 이념이라면 경험론은 완전히 뿌리 뽑힌 채로 착륙을 위한 분투만을 할 뿐이다. 경험론의 착륙은 계류장을 고정시킨 비행에 의해 가능한 것은 아니다. 경험론도 물론 착륙을 위해 노력한다. 문제는 그 계류장에 대해 모른다는 것이다. 따라서 합리론에서의 목표나 휴식도 경험론에 있어서는 허용되지 않는다. 경험론자들은 단지 "노력하고 있는 나"로서 "목표에 도달하고자 하는 나"를 대체할 뿐이다. 우리는 적어도 새장을 갱신할 자유를 지니기 때문이다. 그러나 새로운 새장도 실재의 보증을 지니지는 못한다. 그것은 잠정적인 것이며, 단지 새로운 새장을 위한 도약대가 될 뿐이다.

말해진 바대로 하나의 세계는 밖의 더 높은 차원의 가정 없이는 필연적인 것이 될 수가 없다. 그러나 경험론은 밖의 실재에 대한 무지의 고백에 의해 세계를 우연적인 것으로 만든다. 우연적 세계는 경험론적 윤리학에 대응한다. 우리는 우리 운명의 궁극적인 양상에 대해 어떠한 영향력도 행사할 수 없다. 거기에 자유의지 같은 것은 없다. 우리가 어찌해볼 수 없는 운명은 이미 결정되어진 운명이다. 여기에서 우리가 할 수 있는 것은 기껏해야 분투밖에 없다. 합리론이 목적론적일때 경험론은 단지 과정에 처하는 인간만을 요구할 뿐이다. 다시 말하면 인간세계는 분투하고 있는 자기 자신, 순간을 살고 있는 자기 자신 외에 어떤 인간도 가정하지 않는다. 이것이 실존주의이다.

경험론은 고대의 스토아주의, 중세의 고딕 신앙, 루터의 종교개혁, 현대의 실존주의 등을 인식론적으로 뒷받침한다. 이때 경험론은 가장 위대한 양상을 지닌다. 경험론은 인간이 신이 되는 것을 허용하지 않는다. 또한 누구도 신 혹은 실재와 소통하는 것을 부정한다. 따라서 경험론은 먼저 "겸허"를 요구하며 그 결과로 인간의 평등을 불러들인다. 경험론이 인식적 측면에 있어 생득적 지식을 부정하듯이 존재론적 측면에서는 선택된 인간을 부정한다. 누군가가 차별적 고귀함을 지닌다면 그것은 그의 삶의 결과로 보여지는 것이지 그의 타고난 특권에 의해 운명 지어진 것은 아니다.

경험론은 따라서 선험적 지성의 응고물인 지성과 의미와 입체와 필연적 세계를 부정한다. 우리 지성은 경험의 종합자이지 경험의 지도자가 아니다. 감각에 선행해서 존재하는 연장extension은 없다. 따라서 세계는 우연으로 하강한다. 먼저 신석기 회화는 정면성과 평면성의 기법을 사용한다는 사실, 엄청난 기술적 진보 — 이것이 바로 신석기인바 — 를 불렀다는 사실, 카탈 후유크의 벽화에 이미 표음문자로 보이는 문양이 있다는 사실에 의해 경험론적 세계였다고 추정된다.

기술과 과학은 우리가 생각하는 바의 상관관계를 지니지 않는다.

기술과 과학은 기술과 철학이 서로 다른 것 이상으로 다르다. 과학은 순수하지만 기술은 실천적이다. 기술은 과학보다는 오히려 경영학이나 의학에 훨씬 가깝다. 과학은 확실히 기술에 대한 하나의 공준이 된다. 미지의 기술은 언제라도 과학에 의해 그 작동이 설명될 수 있다. 과학은 기지의 기술을 포괄한다. 그러나 설명된다는 것과 종합된다는 것은 전적으로 다르다. 피타고라스 정리는 하나의 종합이다. 그러나 이 종합은 연역에 의한 것은 아니다. 그것은 차라리 하나의 발명이다. 모든 단어를 다 수집해 놓는다고 거기서 《카라마조프가의 형제들》이 나오지는 않는다. 물론 그 소설이 이 단어들에 의해 가능하다는 것은 사실이다. 어떤 정리가 증명되어 공준에 닿는다는 것과 그 정리가 공준에서 연역된다는 것은 전적으로 다르다. 증명과 연역은 논증의 한 양식이지 정리의 발견이나 기술의 발명을 가져오지는 못한다. 피타고라스 정리의 증명은 상당히 복잡하다. 증명의 반대 방향이 연역이다. 이 정리가 이렇게 선행되는 복잡한 연역과정에 의해 나왔다는 것은 어불성설이다.

과학은 기술의 참고사항일 뿐이지 출발점은 아니다. 기술적 발명은 직관에 의한 기적이다. 그것은 어떤 물질의 벽에 부딪힌 사람이 활로를 모색하던 중 불현듯이 그의 노역이 그의 가슴을 치는 무엇인가에 의해 보상받았다고 말해질 수 있는 것이다. 스티븐슨(George Stephenson, 1781~1848)이나 카트라이트(Edmund Cartwright, 1743~1823)의 발명이 과학에서 출발했다고 말할 수는 없다. 그들은 과학에 대한 식견이 전혀 없었다. 과학은 그들의 기술적 창안을 설명할 수 있다. 그러나 창안의 탄생은 과학에 빚지지 않는다.

과학과 기술은 엄격하고 틀에 박힌 아버지와 재기발랄한 아들의 관계와 같다. 과학은 기술의 파격을 막는다. 기술은 과학에 의해 제한된다. 만약 그 고지식한 아버지의 요구를 그대로 따른다면 거기에 기술적 진보는 없다. 기술적 발명은 모험이지만 과학은 안전한 은신처이다. 따라서 과학은 마치 엄격한 아버지처럼 기술에 한계를 긋지만 재기발랄한 아들은 실패의 가능성에도 불구하고 제멋대로의 활로를 구해나간다. 그러므로 과학은 기술에 대해 때때로 협조적이고 때때로 불만족스러워한다.

실재론하에서는 기술이 과학에 종속된다. 실재론은 무엇이든 상위의 이데아를 닮을 것을 요구한다. 또한 실재론은 실천적이고 감각적인 인식을 경멸하면서 추상적 사유를 할 것을 권한다. 과학은 단지 우리 사유의 상상력의 소산이다. 과학은 하나의 이데올로기이지 실천적인 것은 아니다. 그것은 단지 세계의 물리적 실재에 대한 공동체의 합의된 신념일 뿐이다. 따라서 과학은 기술보다는 철학을 닮았다. 실재론이 기승을 부릴 때에는 거기에서 기술을 비롯한 실천적 삶의 양상이 경멸된다. 아리스토텔레스는 살라미스 해전을 승리로 이끈 테미스토클레스(Themistocles, BC528~BC462)를 '불구'(바나위시아)라고 부른다. 실천적 역량에도 불구하고 테미스토클레스(Themistocles, BC528?~BC462?)는 일반적인 교양에 있어서 무능했기 때문이다.

신석기 혁명, 농업혁명, 산업혁명, IT 혁명 등의 기술적 혁명은 경험론을 배경으로 한다. 경험론은 "쓸모 있으면 의미 있다What is useful is meaningful."고 말한다. 경험론은 의미와 가치 중 가치를 선행시키면서 의미를 가치에 구속되도록 만든다. 실재론은 의미를 설정하고 거기에 다가가도록 하지만 경험론은 단지 가치에 의해 얻는 것을 설명한다. 경험론이 계몽서사와 거대담론, 즉 모든 응고된 의미를 부정하는 것은 이것이 이유이다.

경험론은 그러나 바로 그것이 지닌 솔직성에 의해 그 가장 부정적인 측면으로의 방향전환을 할 수도 있다. 실재론은 이상주의적이지만 때때로 공허하고, 유명론 혹은 경험론은 실천적이지만 때때로 상스럽다. 솔직함은 그것이 품위를 잃었을 때 뻔뻔스럽고 야비해진다. 삶이 지향해야 할 목표, 즉 삶의 이데아가 상실되었을 때 경험론의 윤리적 태도는 두 개로 갈리게 된다.

4

스토아주의와
실존주의

Stoicism

and Existentialism

　실존주의가 물론 경험론의 가장 이상적인 윤리적 태도이다. 그것
은 한때 영국의 청교도가 그러했던 것처럼 매우 견유주의적인 냉소로
삶을 바라보며, 오로지 행위에 의해 고결함과 성실성을 보인다. 그 성실
성은 때때로 절망적이고 필사적인 것처럼 보이기도 한다. 공허와 무의
미에서 구원받기 위해서는 단 한 순간, 단 한 국면도 태만과 향락에 물
들게 해서는 안 된다. 아직도 남아있는 마르쿠스 아우렐리우스의 조상
statue 의 표정은 때때로 공허하고 때때로 멍해 보이지만, 주로는 결의와
용기를 보여준다. 그는 평생을 군대의 참호와 막사에서 지냈다. 삶의 어
떤 안일함도 용납되지 않기 때문이다. 마찬가지로 청교도들도 암울하고
무심한 가운데 자신들의 소명에 엄청난 집착을 보인다. 유럽의 역사에서
"근로를 위한 근로"는 이렇게 생겨난다. 자본주의와 개신교는 베버(Max

Weber, 1864~1920)가 말하는 바와 같이 뗄 수 없는 관계를 지닌다.

목적의 미확정은 그러나 부정적 방향으로도 무한대의 악덕을 보인다. 경험론의 이 부정적 측면은 베케트(Samuel Beckett, 1906~1989)의 《고도를 기다리며》의 뽀조에게서 잘 보여지고 있다. 뽀조는 이유를 묻는 고도와 디디에게 거기에 어떤 이유가 있느냐고 되묻는다. 세계는 우연이다. 나는 어느 날 절름발이가 되었고, 럭키는 어느 날 장님이 되었다. 이유를 물을 필요가 없다고 그는 말한다.

확실히 이유를 물을 필요가 없다. 자기 행위에 대해서도 정당화의 이유가 없다. 실재를 상실했을 때 동시에 모든 원인cause도 소멸했기 때문이다. 경험론적 세계관에서는 자신의 의지 이외에 자신을 구속하는 다른 원리는 없다. 실재를 향하는 자유의지는 이렇게 부정된다. 경험론의 궁극적 양상의 가장 부정적 측면은 그 가장 긍정적 측면인 "무한대의 자유", 즉 자기 윤리적 행위의 토대에 의한 스스로의 건설이라는 동전의 이면이 된다. 실재론의 자유의지는 목표의 설정에 기초한다. 유명론의 결정론은 목표의 상실에서 도출된다.

실재론은 법에 대한 도덕의 우위를 가정하고, 경험론은 도덕에 대한 법의 우위를 가정한다. 엄밀히 말하면 경험론에 있어서 도덕과 같은 것은 없다. 거기에는 단지 법이 있을 뿐이고 도덕은 법의 유효성이 미치지 않는 영역에 대한 기만적 규정이 된다. 이것은 예를 들면 인디아의 암소숭배에 대한 마빈 해리스(Marvin Harris, 1927~2001)의 고찰에서도 분명히 드러난다. 인디아의 암소숭배는 다른 모든 문화가 그렇듯이 인디아인들의 물질적 존속을 위한 것이라고 마빈 해리스는 말한다. 인디아와 같이 토양이 척박하고 부양인구가 지나치게 많은 곳에서 암소는 도살되어 고기로 사용되는 것보다는 그 우유와 배설물이 사용되는 것이 경제적으로 훨씬 큰 이득을 준다. 이득 이상이다. 그것은 인디아인들의 생존과 직접 맺어진다. 고기보다는 우유가 훨씬 더 큰 열량을 제공할 수 있기 때문이다. 인디아인들은 암소도살을 처음에는 법으로 금지했을 것이다. 그러나 이 법은 때때로 위반된다. 인디아인들이 암소 고기를 안 먹지는 않았다. 늙어서 더 이상 젖을 낼 수 없는 암소나 사고에 의해 죽은 암소는 얼마든지 식용으로 사용될 수 있다. 따라서 법망을 피해 암소가 도살되고 그 고기가 식용으로 사용되는 경우가 빈번했을 것이다. 이때 인디아의 지배계급은 암소도살은 단지 법의 문제가 아니라 신의 명령이라고 규정한다. 법망이 미치지 않을 경우에도 그것을 하늘이 보고 있다. 따라서 암소도살은 신에 의해 포착된다. 혹은 그것은 신의 율법을 어기는 것이다.

실재론의 입장에서는 물론 "법은 도덕의 최소한"이다. 행위의 이데아가 인간행위에 대한 포괄적 규준을 제시하지만 이것은 상징적 구속력에 그치는 것이므로 그중 사회의 유지를 위해 절박한 필요를 지니는 행위의 준칙을 법으로 성문화한다. 그러나 유명론 혹은 경험론의 입장에서는 이것은 뒤집어서 이해되어야 한다. 거기에 법이 먼저 있었다. 쓸모는 의미의 어머니이다. 그 법 중 일부가 응고되고 의미를 획득하게 된다. 즉 너무도 절박한 요구, 전면적인 요구는 법을 넘어서는 규범에 의해 다시 설정되어야 한다. 그러므로 도덕은 환각이고 기만이다. 이것은 하나의 이데올로기이다.

카뮈는 그의 두 소설을 통해 경험론의 긍정적 양상과 부정적 양상을 문학적으로 기술한다. 《페스트》는 그 문학적 가치에 있어 경험론의 존재론적 카운터파트인 실존주의가 어떻게 긍정적인 것으로 작동할 수 있는지를 잘 묘사함에 의해 불후의 작품이 된다. 물론 두 소설 모두 실재는 증발되었다는 전제를 도입한다. 페스트가 오랑을 덮쳤을 때 의사 리외와 장을 비롯한 자원봉사자들은 그 질병과 투쟁하기로 결단을 내린다. 그러나 이 투쟁에는 어떤 의미가 개입되어 있지는 않다. 그들은 단지 싸우기 위해 싸운다. 리외는 이길 수 있어서가 아니라 단지 싸워야 할 것 같아서 싸운다고 말한다. 거기에 근원적 의미는 없다. 삶이 죽음보다 낫다는 전제조차도 없는데 삶을 위한 투쟁 어디에 고형적 의미가 있겠는가?

여기에서 인간의 위대성은 밝은 빛을 발한다. 이것은 인간 삶의 무상성gratuitousness에 관한 이야기이다. 거기에서의 투쟁은 보상이 전제되어 있지 않다. 그들은 순간을 사는 사람들이다. 그들의 의지를 뒷받침하는 것은 단지 그래야 할 것 같다는 내적 요구뿐이다. 그들은 모두 스토아주의자이다. 오로지 분투만이 그들 삶을 꾸려 나갈 수 있게 만들기 때문이다. 물론 여기에서 카뮈가 말하는 바의 반항la révolte이 있다. 리외와 장이 그들 행위의 토대로서 개입할 수도 있는 의미를 차단할 때, 다시 말하면 그들 스스로 영웅이 되고자 하는 의지를 구축할 때, 거기에 반항이 있다. 그들은 그들 행위에 도입되는 모든 의미를 차단하며 오히려 그들 스스로 행위 자체를 의미로 끊임없이 전환시켜간다. 그들은 패배를 두려워하지 않는다. 의미를 잃었을 때 그들은 어차피 이미 패배했기 때문이다. 그들은 단지 가치를 도입하여 의미를 대체한다. 거기에서의 가치는 생명의 존속이다. 그러나 이 가치는 인간에서 독립한 것은 아니다. 인간이 죽음보다 삶이 낫다고 규정함에 의해 생명에 가치가 부여될 뿐이다. 물론 이 가치체계는 의미의 규정과는 상관없고, 또한 필연적이거나 항구적이지도 않다. 그 가치는 잠정적인 것이고 다른 새로운 가치에 의해 대체될 것이다. 대체되지 않는 것이 어디에 있겠는가?

경험론의 부정적 양상은 《이방인》에서 드러난다. 뫼르소는 단지 알 수 없는 짜증과 역겨움 때문에 이방인을 살해한다. 재판과정에서 드러나는 그의 행각은 살인자에 걸맞는 패륜과 부도덕의 표상이다. 그는 사형선고를 받는다. 그는 교도소로 찾아온 신부에게 소리친다. "너는 네가 무엇을 하는지도 모르고 있다. 그러나 네 신념은 여자의 머리카락만큼의 값어치도 없다"고.

뫼르소를 고통스럽게 한 것은 역시 의미의 상실이었다. 그러나 그는 여기에서 방황한다. 그는 규준의 상실의 시대에 자기 자유를 어떤 결의 없이 남용한다. 물론 그의 말이 틀리지 않다. 의미와 실재는 상실되었다. 그러나 그 상실이 그의 행위를 정당화하지는 않는다. 그의 자유는 무기력하고 태만한 그의 방종을 위한 것은 아니다. 절망하려거든 성실히 절망해야 하기 때문이다. 그는 심지어 그의 무기력과 태만에 대해 실존적 무의미로 변명을 삼는다. "명제의 의미는 그 명제의 참과 거짓에서 독립한다." 그의 행위가 이해되지 않는 것은 아니다. 그러나 그의 행위는 참된 것은 아니다.

5

힘의 우상화 ;
향락주의

the Idolization of Power;

Hedonism

향락주의는 여기에서 기원한다. 뫼르소는 물론 향락주의자이다. 단지 그에게는 자신의 세속적 욕구를 충족시켜줄 재화가 없었을 뿐이다. 경험론의 윤리적 카운터파트로서 가장 바람직하지 않은 것이 이러한 향락주의이다. 이것은 더구나 방종에 대한 좋은 변명이 된다. 규율이 없을 때 인간의 행위는 끝도 모를 타락으로 이끌린다. 이러한 방종은 또한 힘을 우상화한다. 국가 전체적으로 그 세계관에 있어 경험론을 받아들일 경우 방종과 그것을 뒷받침하기 위한 힘의 우상화는 언제라도 국가를 물들인다.

결국 정의는 법에 의해 요청되고 법은 힘에 의해 요청된다. 인간 행위의 도덕적 규제가 증발될 경우 거기에는 단지 법률만 남을 뿐이다. 이 법률은 강자에 의해 정해지고 그 강자는 정의라는 이익을 더불어 갖는다. 경험론은 언제라도 힘과 권력을 우상화한다. 제국 말기의 카라칼라 황제(L'empereur Caracalla, 188~217)의 조상과 트레보니아누스 갈루스(Trebonianus Gallus, ~253)의 조상은 마르쿠스 아우렐리우스의 흉상과는 완전히 다른 모습으로 묘사된다. 이 두 양식의 차이는 그것들이 동시대의 동일 국가의 소산이라는 사실조차 의심스럽게 만든다. 이 두 양식은 경험론이 어떻게 두 양상으로 전개될 수 있는지를 보여준다. 트레

▲ 트레보니아누스 갈루스 황제, ~253(재위 251~253)

보니아누스 갈루스의 전신상은 힘과 야만과 상스러움이 어떻게 시각적으로 응고될 수 있는지를 보여준다. 이 황제는 그의 전신상이 이렇게 묘사되기를 바랐을 것이다. 거기에는 황제에게 요구되는 숙고와 지성과 통찰의 어떤 모습도 없다. 단지 모든 규제에서 자유롭기 때문에 자기의 힘에 의해 모든 것이 가능하다는 상스러운 야비함만이 있다.

▲ 카라칼라 황제, 188~217(재위 211~217)

이것은 이집트 시대의 파라오의 묘사에서도 두드러진다. 물론 그것은 다른 양식에 의한 묘사이다. 그러나 거기에도 역시 힘의 우상화가 존재한다. 여기에는 중요한 일반화가 전제되어 있다. 그것은 입체와 실재론, 평면과 유명론이 맺고 있는 관계이다. 누차 말해진 바대로 유명론으로의 전개는 입체의 소멸과 공간의 평면화를 부른다. 이러한 전환은 구석기에서 신석기 시대로의 전환에서, 그리스 예술에서 로마예술과 중세예술로의 전환에서, 근대예술에서 현대예술로의 전환에서 그대로 드러난다.

주의할 것은 중세예술은 당시의 실재론에도 불구하고 계속해서 정면성이었다는 예외를 우리가 주시해야 한다는 사실이다. 중세예술은 이념과 관계없이 계속 정면성의 양식이었다. 중세예술은 거기에 세 명의 인물이 있을 경우 마치 세 명의 예술가가 각각의 인물을 묘사하듯이 인물 각각에 대한 서로 다른 시점 ― 정면성의 예술이 항상 그렇듯이 ― 을 부여하고 있다. 이것은 각각의 인물이 모두 정면을 향하고 있는 데에서 드러난다. 또한 중세회화는 입체성을 배제하고 있으며 배경은 단지 금빛으로 처리될 뿐이다.

중세예술은 심지어 실재론이 지배하던 시대 내내 정면성을 견지했고 물론 유명론의 도입 때에도 ― 유명론도 경험론의 다른 이름인바 ― 정면성이었다. 입체의 도입, 즉 회화에 있어서의 환각주의는 언제나 깊이 있는 공간, 즉 원근법과 단축법을 사용한다. 원근법에 의해 처리된 배경은 거기에 "먼저 있는 공간"을 상정하는 것으로, 인간으로부터 독립한 공간이라는 실재를 가정하고 있다는 사실을 의미한다.

중세예술이 당시의 실재론에도 불구하고 계속해서 입체와 공간을 배제한 이유는 그 시대가 인본주의의 시대가 아니었기 때문이었다. 입체와 공간성의 도입, 한마디로 환각주의의 도입은 그것을 지배하는 인식론으로 단지 실재론만을 끌어들여서는 안 된다는 사실을 말한다. 이것은 환각주의의 도입은 그것을 뒷받침하는 실재론이 반드시 인본주의적 실재론이어야 한다는 사실을 말한다. 중세는 인본주의적이 아니었다. 인간은 신에 예속되어야 했다. 바울은 "나도 십자가에 예수와 더불어 못 박혔으니, 이제 내가 산 것이 아니라 주 예수 그리스도가 산 것이다"라고 말한다. 내가 산 것이 아니었다. 나는 나의 이성으로 세상을 독자적으로 포착할 역량을 가지고 있지 않다. 왜냐하면 바울에 따르면 나 자신이 아니라 그리스도가 나의 주인이기 때문이다. 따라서 인간은 스스로의 눈으로 세상을 바라볼 수 없다. 그들의 시지각과 지성은 모두 신의 도구에 지나지 않는다. 이 경우 인본주의는 싹트지 않으며 따라서 신이라는 실재의 가정에도 불구하고 세계는 입체에 의해 분절articulation 되지 않는다.

따라서 실재론이 환각주의와 그 표현의 중요한 수단인 입체와 공간을 도입한다고 말할 때 엄밀하게는 그 실재론이 반드시 인본주의적이어야 한다는 사실을 의미한다. 역사상 가장 완벽한 환각주의 예술을 실현했던 그리스 고전주의와 헬레니즘 초기, 피렌체의 르네상스 시기, 혁명의 이념으로 대두된 신고전주의는 모두 인간 이성의 개가에 입각한다. 그러나 이러한 인본주의적 실재론은 인류의 역사에서 매우 드물게 아주 짧은 기간을 지탱할 뿐이다. 인본주의적 실재론은 심지어 하나의 예외적 사건이다.

여기에서 오해의 소지가 생긴다. 인간에 대한 사회적이고 법적인 보호, 즉 개인 인권의 중시와 인본주의를 혼동하는 것이 그 오해이다. 모든 인간의 법률 앞에서의 평등은 오히려 인본주의와는 상반되는 이념에 의한다. 인본주의는 사회의 계층화를 부른다. 인본주의는 인간의 지성이 세계의 실재를 "안다고 말할 수도 있다"고 생각한다. 이때 실재는 누구에게나 공평하게 알려지지는 않는다. 말해진 대로 무지는 무차별이지만 인식은 차별적이기 때문이다.

　　여기에서 우리는 또 다른 모순에 부딪힌다. 인본주의가 오히려 불평등을 부르고 반인본주의가 세계에 평등을 불러들인다는 것은 매우 이상한 사실이다. 그리스는 고유의 인본주의에 의해 오히려 사회를 계층화시키고, 로마는 고유의 반인본주의에도 불구하고 세계에 평등을 도입했다는 고찰은 매우 혁신적이지만 사실이 그와 같다는 것이 반드시 인식되어야 한다. 역사에 대한 엄밀한 고찰은 우리의 상식과는 상관없다.

　　따라서 예술양식은 다음과 같이 분류되어야 한다. "인본주의적 실재론은 입체와 원근법적 배경과 맺어지고 유명론 혹은 반인본주의적 실재론은 평면과 배경의 소실과 맺어진다." 사실상 인류의 거의 모든 시대는 정면성의 원리에 의해 지배받는다. 단지 그리스, 피렌체, 프랑스의 짧은 기간 동안의 예외만 있을 뿐이다. 삶의 본래적 양상은 무지에 따르는 불안이다. 순진한 자부심의 기간은 우리 유년시절이 그렇듯이 순식간에 지나간다.

　　인간은 물론 세계에 대한 "대자적an sich 인식능력"을 가진다는 점에 있어 독특한 동물이다. 그러나 세계에 대해 이런 방식으로 작동하는 인식능력을 가진다는 것과 그렇게 해서 얻어진 세계에 대한 인식이 필연적이고 선험적인 성격을 가질 수 있다는 것은 전적으로 다른 얘기다. 인간이 다른 동물이 될 수는 없다. 그러나 자기 인식에 확고한 필연성을 부여한 것은 역사상 매우 짧은 기간에 한한다. 그때 인간은 순진한 자신감을 보여줬다.

본래의 주제로 다시 돌아가서 겸허와 평등을 부른 유명론 혹은 경험론이 어떻게 새로운 계층을 구성하는가를 살펴볼 필요가 있다. 말해진 바대로 경험론은 힘을 인정한다. 그리고 정의는 강자의 이익이라고 말한다. 그러나 실재론에서와 같이 어떤 선험적 동기에 의한 계층화를 인정하지는 않는다. 경험론이 계층을 불러들이는 것은 오로지 힘에 머무름에 의해 발생한다. 경험론이 올바른 것이 되기 위해서는 실재의 부재를 가정해서는 안 된다. 실재는 "말해질 수 없는 것What cannot be said" 일 뿐이다. 그것이 존재하는 것이 아니라고 말할 근거는 없다. 그렇다고 실재에 다가가기 위한 우리 노력의 부재가 용인되지는 않는다. 향락주의와 실존주의는 둘 다 절망을 배경으로 하고 또한 둘 모두 "말해질 수 없는 것"에 대한 날카롭고 자기포기적인 인식을 하고 있지만 전자는 머무름과 태만과 반성reflection의 배제에 의해 타락하고, 후자는 분투 — 거기에 실재가 있다는 보증조차 없지만 — 에 의해 절망을 극복한다. "한 마리의 토끼가 절망을 잊게 하지는 못하지만 그것을 쫓아다니는 동안에는 절망을 잊을 수 있다"고 파스칼(Blaise Pascal, 1623~1662)이 말하고 있을 때 그는 신의 부재가 인간 삶의 조건을 어떻게 규정하는가를 정확히 인식하고 있다. 이때 진정한 스토아주의자는 토끼를 쫓아다니며 절망을 잊지는 않는다. 그는 쫓아다닌다. 그러나 토끼를 쫓지는 않는다. 그는 단지 현재를 산다. 그가 쫓는 것은 순간에 대한 진력이다.

그가 행위 자체에 의미를 부여하는 것은 물론 맞다. "말해질 수 없는 것은 보여져야 한다 What cannot be said must be shown"라고 비트겐슈타인이 말하는바, 경험론하에서는 어디에 착륙하기보다는 무엇인가로 향하는 행동을 하게 된다. 그러나 이 행동은 새장 밖의 무엇인가를 향해야 한다. 그는 그 무엇, 즉 의미나 실재를 쥘 수 있다고는 물론 생각하지 않는다. 그는 단지 유의미를 향한 노력 가운데 죽게 될 것이다. 스스로에게 말할 수 있는 것은 단지 하나이다. "나는 노력하고 있다."

향락주의는 결국 힘의 우상화에 이른다. 만약 뫼르소에게 충분한 돈과 권력이 있었다면 그는 아랍인을 쏘는 대신에 감각적 향락에 젖었을 것이다. 그러고는 신부에게 말하듯이 사람들에게 말할 것이다. "내게 너희의 의미와 신념을 들이대지 말라. 그러한 것이 있다는 보증은 없지 않느냐? 또한 신과 의미가 죽었을 때 우리가 삶을 유의미하게 구축할 이유가 없지 않느냐?" 이때 뫼르소에게 중요한 것은 절망보다는 향락의 유지가 된다. 그 향락은 돈의 우상화에 기초하게 된다. 그것만은 확실하니까.

근대는 신의 죽음과 더불어 시작되고 현대는 의미의 죽음과 더불어 시작된다. 근대의 개시는 신을 공화제적 박애와 과학을 가능하게 하는 인간 지성으로 대체함에 의해 가능해진다. 그러나 현대는 이 모든 것을 단지 계몽서사 혹은 거대담론으로 치부한다. 공화제의 이념도 실재에 기초한 것이 아니며 과학도 우리의 규약이었지 물리적 실재에 대한 것은 아니었다. 결국 인간은 신석기 시대, 제국 말기에 이은 또 한 번의 경험론적 세계에 대면하게 되었다.

6

모더니즘 ;
이념과 의미

Modernism ;

Ideology and its Meaning

모더니즘은 이러한 실존적 분투의 한 양상을 보여주는 예술양식이다. 모더니즘은 소쉬르의 일반언어학, 비트겐슈타인의 분석철학, 퍼스의 기호학 등에 대한 심미적 대응물이며 동시에 실존적 분투가 무엇을 위한 것인가를 보여주는 예술양식이다. 모더니즘은 문학에 있어서는 헤밍웨이(Ernest Hemingway, 1899~1961), 피츠제럴드(F. Scott Fitzgerald, 1896~1940), 포크너(William Faulkner, 1897~1962), 엘리엇(Thomas Stearns Eliot, 1888~1965), 로브그리예(Alain Robbe-Grillet, 1922~2008), 회화에 있어서는 젊은 시절의 뒤샹, 몬드리안, 초기 칸딘스키, 음악에 있어서는 쇤베르크, 안톤 베베른(Anton von Webern, 1883~1945), 스티브 라이히, 존 케이지, 건축에 있어서는 기능주의자들 등에 의해 얻은 예술적 표현이다.

문학에 있어서 모더니즘의 가장 중요한 표현은 엘리엇의 객관상관물objective correlative 이론에 의한다. 모더니즘은 무엇인가를 응고화시키는 것을 경계한다. 거기에 의미는 없다. 만약 그것을 사태에 선행해서 사실들을 선택하고 정렬시키는 것으로 보면, 혹은 사실의 정렬에서 그것을 종합하는 것으로 보면 — 그렇게 보지 않을 수도 없는바 — 모더니즘은 어떤 종류의 응고성도 부정한다. 따라서 작가가 판단하거나 종합할 수 있는 것은 아무것도 없다. 작가는 단지 모든 표면적 사실을 건조하게 나열할 뿐이다. 이때 누군가가 "여자"라는 어휘를 많이 사용하면 그는 여자에게 관심을 가진 사람으로 추정될 수 있고, "돈"이라는 어휘를 많이 사용하면 아마도 그는 돈에 많은 관심을 가진 사람일 것이다.

　　작가는 객관적으로 사실을 제시해야 한다. 그러나 그 사실들은 서로 상관된 것이다. 어떤 주인공이 여자라는 어휘를 여러 문장에서 사용한다면 그는 그 상관성에 의해 어렴풋이 어떤 사람인가가 직관될 뿐이다. 단지 "짐작"이라는 사실이 중요하다. 거기에 확고함은 없다. 모더니즘 문학의 이러한 특징이 사실주의 문학과의 차이이다. 사실주의 문학은 사태와 인물의 종합이 객관적이기만 한다면 거기에서 의미를 추출할 수 있다고 믿지만 모더니즘 문학은 거기에 가언적인 세계만을 가정할 뿐이다.

　　모더니즘 문학에서는 의미가 소멸하고 스토리는 필요악이다. 스토리는 단지 언어가 실려 가기 위한 도구일 뿐이다. 따라서 거기에 스토리는 없을수록 좋다. 언어만으로 극이 가능하다면 굳이 스토리가 있을 이유가 없다. 거기에서 세계는 기호화된다. 언어가 무엇인가를 지칭할 수 없을 때 그 문학은 세계로부터 독립하고 자체의 시스템에 의해 닫힌 세계를 구성하며 궁극적으로 기호화를 지향하게 된다. 이 모더니즘 문학의 최종적인 결론이 알랭 로브그리예의 누보로망이다. 그의 소설에는 스토리가 없으며 따라서 의미도 없다. 그것은 단지 세계를 대체할 수 있는 하나의 세계로서 순수하게 그의 상상의 소산이다.

이러한 문학이 회화에 적용될 때 몬드리안의 〈구성composition〉이 된다. 몬드리안이야말로 실존주의 이념과 분석철학, 그리고 공시언어학이 회화에 적용되었을 때 그것이 어떤 양식이 되어야 하는가의 통찰을 날카롭게 한 가장 천재적인 예술가였다. 물론 대상의 추상화는 이미 세잔에서 시작된다. 세잔은 세계의 전통적인 구상성은 우리에게 속한 것이지 세계에 속한 것은 아니라고 생각했던 것 같다. 사물을 정면성의 원리에 입각해서 표현하고 거기에서 입체성을 박탈한다고 해도 이 양식이 만약 최소한의 재현적 요소라도 지니고 있다면 그것은 아직도 세계에 대한 지적 구성이 가능하다고 믿고 있는 것이다. 쿠르베와 모네가 사물을 아무리 납작하게 만든다 해도 그것이 보통명사에서 벗어날 수는 없다. 세잔은 이 문제의 해결을 위해 고심한 듯하다. 그는 먼저 자기에게 떠오르는 세상을 대치하는 중립적 입체들을 배열하고 여기에 허울뿐인 재현을 덧붙인다. 이것이 그의 해결책이었다. 이것은 모더니즘 문학가들이 스토리를 허울뿐인 것으로 치부하는 것과 비슷하다.

▲ 폴 세잔, [대수욕도], 1900~1906년

　　모더니즘은 이 허울마저 완전히 벗을 때 개시된다. 모더니즘은 어떤 종류의 재현도 거부한다. 거기에 일말의 재현이라도 있으면 그것은 의미이며 실재이기 때문이다. 물론 플라톤은 예술이 실재의 모사인 감각적 세계의 또 다른 모사라고 말함에 의해 예술이 세계의 이데아의 모사는 아니라고 생각한다. 그러나 예술을 플라톤이 말하는 바와 같이 규정한다 해도 재현은 대상을 알고 있다는 전제를 가진다. 어떤 특정한 대상에 특정한 묘사가 대응한다면 그것 자체가 대상과 묘사 사이의 대응을 말하는 것이기 때문이다. 대상에 대응하는 묘사는 결국 대상에 대한 정의definition가 된다. 그 묘사는 특정한 어떤 것에 대한 것이고 여기에서는 필연성이 도입되며 따라서 그것은 가능한 여러 묘사 중 하나라기보다는 필연적으로 특정한 대상을 향하는 묘사이기 때문이다. 물론 묘사 없는 세계는 없다. 그러나 새로운 묘사는 대상에 준하는 것이 아니다. 오히려 대상이 묘사에 의해 존재를 얻는다.

"세계의 기저substance는 형식form만을 결정짓지 어떤 물질적 속성을 결정짓지 않는다. 왜냐하면, 물질적 속성이 표상되는 것은 오로지 명제에 의하기 때문이다."(비트겐슈타인) 물질적 속성의 표상, 다시 말하면 어떤 대상은 오로지 기술적descriptive 명제에 의해서만 그 존재를 얻지, 명제가 대상들의 고유성에서 연역되는 것은 아니다.

▲ 피에트 몬드리안, [갈색과 회색의 구성], 1913년

다음과 같은 예를 생각해 보자. a, b, c 라는 동물에 각각, 馬, 象, 犬의 묘사가 대응한다고 하자. 그것은 마치 좌표(a, 馬), (b, 象), (c, 犬)과 같은 것이다. 종속변수 馬는 a에 대한 필연적 묘사, 곧 a의 정의이다. 다른 것도 마찬가지이다. 따라서 종속변수 사이의 교환은 불가능하다. 다른 말로 하면 (a, 象), (b, 犬), (c, 馬)와 같은 좌표는 불가능하다. a는 馬로, b는 象으로, c는 犬으로 정의되기 때문이다.

다른 하나의 문자 체계를 생각해 보자. 그것은 (a, 말), (b, 코끼리), (c, 개) 같이 규정된다. 말이란 낱말은 a의 묘사가 아니며, 코끼리라는 낱말은 b라는 동물의 묘사가 아니고, 개라는 낱말은 c라는 동물의 묘사가 아니다. 그것은 단지 음성의 조각일 뿐이다. 따라서 이 새로운 문자 체계에서의 조합은 필연적인 것도 아니고 또한 문자가 대상에 대한 정의definition로 대응하는 것도 아니다. 아마도 우리가 모르는 태곳적에 분절된 세계와 분절된 음성신호가 맺어졌다. 우리는 그 기원에 대해 알 수 없고 또한 알 필요도 없다. 우리는 단지 이 결합이 필연적인 것은 아니라는 것, 즉 자의적이라는 사실만을 알 뿐이다. 우리는 이때 문자를 통해 그 대상을 본다. 누구도 세계를 더듬지 않는다. 단지 과학책을 볼 뿐이다. 그러므로 우리는 a, b, c라는 동물을 바라보는 것이 아니라 말, 코끼리, 개라는 낱말을 볼 뿐이다. 즉 우리는 낱말을 통해 그 동물을 이해한다. 우리의 입장은 매우 묘한 것이다. 우리의 세계는 매우 자의적인 것이지만, 우리가 세계를 아는 것은 그 자의성에 의하여서이다. 이것이 에드가 모랭(Edgar Morin, 1921~)이 말하는바 "인간은 이제 하나의 행성을 떠맡았다."는 것이다.

우리 세계는 우리에게 귀속한다. 이것이 경험론이 극단에 이르렀을 때의 결론이다. 이때 세계는 추상적인 기호의 체계로 전환된다. "재현은 불가능하다"는 것이 첫 번째 조건이다. 여기에 이어 "세계는 우리의 규약적 체계이다"는 것이 두 번째 조건이다. 세 번째는, 위의 두 조건이 충족되었을 때 "세계의 표상은 그것이 기호의 시스템이 되었을 때 가장 군더더기 없는 간결함을 획득한다"는 조건이다.

하나의 예. 우리는 악보에서 그것이 어떻게 연주될 것인가를 말 그대로 "듣는다". 이것은 우리에게 당연하지만 인식론적으로 그렇게 간단하지 않다. 악보와 연주는 그 질에 있어 현저히 다른 것이기 때문이다. 악보는 단지 기호의 체계적인 집합일 따름이다. 그것이 실제의 음악으로 쉽게 전환되는 이유는 어디에 있는가? 그것은 악보가 어떤 규약적 체계에 의한 연주의 대체물이기 때문이다. 우리는 어떤 음악을 알기 위해 반드시 연주회에 갈 필요가 없다. 우리는 매우 가볍고 투명한 기호에 의해 음악적 세계를 대체한다.

현대예술은 세계란 우리의 규약적 기호체계 이외에 아무것도 아니라는 사실에 기초한다. 예술적 표현이 세계를 닮을 필요가 없다. 어떤 의미로는 세계를 닮아서는 안 된다. 그것은 실재를 가정하기 때문이다. 연주가 먼저 있었던 것이 아니라 악보가 먼저 있었듯이 세계에서 표상이 연역된 것이 아니라 세계가 기호로 대체되었다.

모더니즘 문학에서는 더 이상 줄거리가 의미를 지니지 못한다. 헤밍웨이의 《태양은 또다시 떠오른다》나 윌리엄 포크너의 《내려가라, 모세여》 등의 소설은 우리에게 삶과 우주에 대해 어떤 유의미한 정보도 이념도 전달하지 않는다. 그것은 단지 표층을 구성하는 언어의 나열일 뿐이므로. 이것이 글 전체를 매우 건조하고 얇게 만든다. 거기에서 언어는 극단적으로 정련되어 단지 사태의 표면만을 스치고 지나간다. 저자는 독자가 언어나 문장 혹은 줄거리에 머무르지 말 것을 권한다. 세계는 어쩌다 그렇게 묘사된다. 이것은 저자가 세계를 대치할 다른 하나의 기호 체계를 제시했고 독자의 동의 — 그것이 세계에 대한 심미적 대체물로써 — 를 요청하고 있다. 이렇게 되어 세계는 새롭게 통일되며 그것은 투명성을 지닌 기호에 의해 창조된다.

여기에서의 윤리 역시도 거기에 내재한 의미를 지닌 어떤 윤리적 강령에 의하지 않는다. 그것은 단지 순간에 머무르는 윤리이며 행동이고 결의일 뿐이다. 《태양은 또다시 떠오른다》에서 브렛은 어린 투우사를 돌려보낸다. "어쩐지 그게 옳다는 기분이 들어서." 이것이 모더니즘의 윤리학이며 그것이 모더니즘이 실존주의의 심미적 대응이라는 사실을 말한다. 《페스트》에서 의사 베르나르 리외는 단지 "그것이 옳은 것 같아서" 싸웠다고 말할 뿐이다.

몬드리안 역시도 자기 작품에 어떤 의미도 부여하지 않는다. 그는 단지 세계는 스스로 독립적이기보다는 우리의 창조이며, 그것도 궁극적으로는 기호적 체계의 소산이라는 사실을 그의 기하학적 추상을 통해 보여준다. 그것은 직선에 의해 구획 지어진 채색된 사각형들의 체계일 뿐이다. 카탈 후유크Catal Huyaic의 벽화가 다시 깨어났다. 그 구성 composition이 세계를 심미적인 것으로 대체한다.

현대예술은 추상abstraction 없이는 논의조차 될 수 없다. 칸딘스키, 몬드리안, 후안 미로(Joan Miro, 1893~1983) 등은 비트겐슈타인, 소쉬르, 오스틴(John Langshaw Austin, 1911~1960) 등의 철학에 대한 회화적 카운터파트이며 새로운 예술이고 새로운 세계관이다. 세계는 그들에 의해 한결 가뜬해졌으며 한결 투명해졌다. 이제 설계도가 건물을 대신하고, 과학 교과서가 물리적 세계를 대신하고, 심미적 기호체계가 "자연의 모방"을 대체하게 된다.

예술사상의 모더니즘은 많은 예술사가들에게 혼란스러운 개념이었다. 그것은 때때로 계몽을 의미하기도 했고, 아니면 현대 초에 발생한 모든 예술을 마구잡이로 병렬해 놓은 것이기도 했다. 그러나 이러한 마구잡이 병렬은 벼룩시장이지 예술사는 아니다. 모더니즘은 하나의 양식이지 발생 시기에 의해 규정될 벼룩시장이 아니다. 하나의 양식은 반드시 그것을 결과로써 유출시키는 형이상학적 원인 위에 기초한다. 물론 그 역은 성립하지 않는다. 동일한 세계관에 대한 다채로운 대응은 언제라도 발생할 수 있다. 이것이 논증에 있어서의 연역이 삶과 세계에는 적용되지 않는 이유이다. 그것도 단지 수학적인 체계, 즉 닫힌 집합 안에서만 가능한 것이다.

모더니즘과 포스트모더니즘은 동일한 출신 성분을 가진다. 그것들은 모두 의미의 상실과 독립된 세계의 몰락이라는 새로운 이념에 대한 각각 다른 대응이다. 모더니즘이 아마도 논리학이 어떻게 예술로 표현될 수 있는가를 보여주는 양식이라면 포스트모더니즘은 논리학만 남은 이 절망적인 세계에서 어떻게 가언적인 다채로움으로 살아나갈 수 있는가를 보이는 양식이다. 모더니즘은 물론 논리학의 예술적 대응물이다. 만약 세계가 단지 우리의 명제의 집합 이외에 아무것도 아니라면 먼저 과학적 명제를 수집하고 다음으로 그것이 어떤 기초에 의해 규약으로 남을 수 있는가를 밝혀야 한다.

아리스토텔레스는 형이상학을 "존재하는 것을 존재하게 하는 제1원리에 대한 탐구"라고 규정한다. 우리 시대의 새로운 형이상학은 존재에 대한 것이 아니라 우리의 규약에 대한 것이다. 아마도 분석철학자들은 그들의 임무는 "규약을 규약이게끔 하는 제1원리에 대한 탐구"라고 규정했을 것이다. 물론 그 규약은 자의적으로 선택되고 정렬되어 과학교과서를 구성한다. 여기에 대해 우리가 할 수 있는 것은 없다. 현대에도 어떤 선험성이 남아있다면 우리 모두는 이미 존재하고 있는 명제나 언어의 세계에 강제적으로 편입될 수밖에 없다. 만약 스스로가 이 선험성을 거부한다면 그는 새로운 규약적 체계를 창조해야 한다. 그러나 "현재의 그가 전체의 그이다." 현재 그것을 창조하지 않았다면 그는 그보다 선험적인 체계에 속해있다. 만약 그가 새로운 세계에 창조하여 새로운 선험성을 불러들인다 해도 그것은 스스로도 구속한다는 의미에서 이미 새로운 선험성일 뿐이다. 그가 세계의 선험성을 부정하는 것은 그의 창조의 순간일 뿐이다.

철학자의 임무는 사실상 없다. 그는 기껏 "말해질 수 있는 것"과 "말해질 수 없는 것"을 가려내는 활동에 의해서 철학자일 뿐이며 사유의 명료화를 보여주는 행위에 의해 철학자일 뿐이다. 그러나 그는 논리학자가 될 수는 있다. 즉 "말해질 수 있는 것들"이 어떻게 하나의 세계를 구성할 수 있는가, 즉 명제의 참임이 어떻게 가능한가를 탐구하는 직업에 종사할 수 있다. 이것이 논리학자로서의 철학자의 삶이다. 우리의 명제는 계속 분석되어 요소명제elementary proposition에 닿는다는 가정을 먼저 해야 하고, 세계를 구성하는 명제의 참임은 요소명제가 참임에 의해 보증된다고 가정한다. 물론 단 하나의 요소명제의 예도 제시할 수 없다. 그 예시는 논리학자의 임무는 아니다. 그는 단지 과학 교과서가 어떤 가정하에 참으로서 존재하는가만 보여주면 된다. 논리는 단지 동일률의 전개이다. 거기에는 의미를 가진with sense 명제는 없다. 따라서 논리는 세계에 대한 어떤 지식도 보태주지 않는다. 과학이 사실을 발견할 때 철학자는 그 사실이 어디에 입각해 그 정당화를 요구하는가를 보여주는 것으로 끝난다. 이것이 논리학이다.

모두에게 불가능한 것을 철학자에게 요구하는 것은 부당하다. 누구도 최후의 단순자the simples를 예시할 수 없다. 물리학자는 최후의 소립자는 제시할 수 없고, 생물학자 역시 최초의 생명을 제시하는 것이 불가능하다. 유클리드 기하학에서는 최후의 단순자의 예시가 가능하다. 그러나 공준이라 알려진 그 단순자들은 이번에는 참임의 증명이 불가능하다.

논리학자인 철학자는 따라서 하나의 가언적인 체계를 제시하는 바, 그것은 단지 공유되는 논리적 신념의 체계일 뿐이다. 여기에서 단순 자는 최초의 것이 아니라 "최후"의 것으로 가정된다는 사실이 중요하다. 현대는 단순자로부터 현존을 연역시키지 않는다. 오히려 반대이다. 현존이 있고 그 분석에 의해 단순자가 가정된다. 논리학자는 단지 현존이 어떤 가정 위에 세계를 대체하는가를 보여주면 된다. 이때 단순자는 논리적 귀결로서 그 종단에 위치한다. 다시 말해 "단순자의 요청demand for the simples"은 말 그대로 요청이지 확인은 아니다. 따라서 존재의 시작은 논리의 종착역이 된다.

모더니즘이 논리적이라고 종종 말해지는 이유는 이것이다. "자연을 닮은 예술"은 반드시 이데아로서의 자연을 묘사해야 했다. 이때 자연은 사실은 "실재로서의 자연"이다. 레오나르도 다빈치(Leonardo da Vinci, 1452~1519)의 〈성 안나와 성모자〉에서의 성 안나는 자연으로서의 여성의 모습이다. 거기에는 자식과 예수가 겪어야 하는 슬픈 운명에 대한 공감, 초연, 안타까움 등이 모두 담겨있다. 따라서 이 회화에서의 성모나 성 안나의 모습은 사태의 감각적 외양을 뚫고 인물들의 내면과 본질에 육박했을 때에 포착될 수 있는 것이었다. 레오나르도가 그리고자 했던 것은 이를테면 가장 깊이 있는 슬픔을 지닌 여성의 공준이었다.

▲ 레오나르도 다 빈치, [성안나와 성모자], 1510년

7

모더니즘의 표현양식 ;
하나의 예증

E x p r e s s i v e   W a y s
o f   M o d e r n i s m

모더니즘은 이와는 반대의 작업을 해나간다. 만약 모더니스트 화가가 성 안나와 성모의 모습을 그린다고 하자. 그는 이때 자기가 포착하고자 하는 실재가 없다는 사실에 먼저 좌절한다. 의미와 실재와 독립적 세계의 소멸은 화가가 재현해낼 소재를 소멸시킨다. 중요한 것은 슬픔, 공감, 초연함의 모성적 요소가 어떻게 한다 해도 "말해질 수 없는 것"이란 사실이다. 그것들은 어떻게 한다 해도 가시적 구속성을 지닐 수 없는 것들이다. 그것들은 단지 행동에 의해 보여줘야 할 요소들이다. 따라서 화가는 그것들을 화폭에 고정시킬 수 없다. 그것은 "말해질 수 있는 것"에 의해 암시적으로 드러나야 — 그렇지만 필연적 암시로서는 아닌 — 한다. 또한 말해질 수 있는 것은 단지 기호의 체계로서 공동체의 규약에 의해 성립한다.

먼저 화가는 성모의 영혼이 어떠한 것인가에 대해 상상해야 한다. 이들의 비극적 운명을 알고 있는 어머니, 그러나 그 운명은 피할 수도 없고, 가치가 없는 것도 아니라는 사실을 알고 있는 어머니. 왜냐하면 그 죽음은 인류가 지은 원죄 이래의 모든 죄를 대속하기 위한 것이므로. 여기에 더해 삶이 죽음보다 낫다는 사실을 누가 알겠는가. 제우스는 아들들의 지복을 바라는 어머니의 소원을 아들들을 평온히 죽게 함에 의해 들어준다. 제우스의 행위에 의해 그리스인들은 평온한 소멸이 구차한 생존보다 더 낫다고 생각했다.

현재의 입장에서 바라보았을 때 본질essence은 알 수 있는 어떤 것이 아니다. 즉 실재에 대해 알 수 없다. 그러므로 삶과 죽음과 고통에 처해 그것의 행·불행 등의 본질적인 요소를 말할 수는 없다. 그러므로 성모의 표정은 그녀의 복잡하고 불분명한 심적 상태를 반영하여 슬픔과 초연함이 뒤섞인 복잡한 것이 된다.

이제 화가의 사유의 두 번째 단계는 그것을 어떻게 표현하느냐이다. 그러한 성모의 표정을 그대로 재현한다면 그것은 또다시 실재에 대해 말하는 것이 된다. 왜냐하면 이번에는 "어머니의 복잡한 심경"이라는 실재를 표현하는 것이 되기 때문이고 그것은 그러한 심경의 본질을 포착했다고 말하는 것이기 때문이다.

화가는 복잡한 심경이 요청demand될 수도 있는 가언적이고 추상적인 회화를 창안해야 한다. 화가는 거기에서 모든 전통적이고 인간적인 요소를 배제해야 한다. 그는 단지 선과 면과 색만을 사용해야 한다.

거기에 어떠한 구상적인 요소라도 있다면 그것은 곧 재현이며 따라서 실재의 포착을 의미하는 것이기 때문이다. 그는 어떤 분위기만을 연상시키는 점·선·면·채색의 배합을 화폭에 표현해야 한다. 그것은 전적으로 화가의 재량, 곧 자의적인 것이다. 확실히 우리의 언어, 우리의 과학은 우리에게 자의성을 주지 않는다. 우리는 그것들이 우리가 모르는 아득한 시기에 어떤 계기에 의해 세계와 일종의 계약을 맺었다고 추정한다. 이것이 언어와 과학 등의 자의성이다. 우리는 이 자의적으로 추론되는 체계에 강제적으로 편입된다. 누군가 언어가 본래 자의적인 것으로 추정되므로 이 자의성에 준하여 스스로만의 언어 혹은 과학을 구사한다면 그는 정신병원에 갇힐 것이다. 물론 그는 새로운 언어와 새로운 과학을 만들 수 있다. 이것이 실존주의가 말하는 자유와 창조이다. 그러나 이 새로운 언어와 과학은 동료와 시민의 비준을 받아야 한다.

예술도 마찬가지이다. 성모를 그리겠다고 마음먹은 화가는 어떤 한 젊은 여성, 슬픔과 초연함과 자기포기의 복잡한 심경으로 뒤얽힌 한 여성을 추상적으로 제시해야 한다. 왜냐하면 현대예술이 세계와 맺은 계약, 비준에 따라 규약으로 바뀐 예술은 비구상이기 때문이다. 현대는 재현을 거부한다. 또한 현대는 세계를 기호화된 체계로 대치한다. 우리가 묘사해왔고, 또한 우리가 실재라고 믿은 재현은 사실은 우리가 보는 바의 세계였지 세계 자체는 아니었다. 만약 우리 인식이 세계라면 우리의 세계는 기호의 세계여야 한다. 기호는 그 완전한 비구상성에 의해 철저히 중립적인 것이며 또한 그 간결함과 가뜬함에 의해 매우 용이하게 구사되기 때문이다. 만약 누군가가 설계도를 들고 세계를 요청한다고 가정하자. 그 설계도는 기호의 체계이다. 거기에서 평면은 어떤 기호에 의해 밑변을 의미하기도 수직적 벽체를 의미하기도 한다. 또한 배관과 화장실과 사무실 등도 모두 기호로 처리된다. 이것이 우리로 하여금 건물을 요청하게 하는 것은 먼저 비트겐슈타인의 "그림이론picture theory"에 의한다. 우리는 그 기호의 체계가 어떤 그림을 묘사하는 것인가를 규약에 의해 훈련받는다. 현대는 기호체계를 세계로 보는바 그것은 우리가 악보를 보며 음악을 예상하는 것과 같다.

그러한 기호의 회화적 표현이 추상예술이다. 문제는 언어나 과학의 기호체계는 규약에 의해 그 그림이 정해져 있지만 예술에는 그러한 것이 없다는 사실이다. 현대에 들어 예술가의 역할이 매우 의심스러운 것이 되고 또한 그 표현양식이 매우 제멋대로인 것처럼 느껴지는 이유는 여기에 있다. 예술가는 심미적 규약 자체를 창조해야 하는 입장에 있지만 그 심미적 규약은 사실은 "말해질 수 없는 것"이다. 추상화는 단지 감상자들의 선택의 문제이다.

성모를 그리는 임무에 처한 예술가는 먼저 어떤 분위기 — 이 경우에는 슬픔, 초연함, 자기포기 등의 — 를 추상적인 선·면·색조 등의 요소로 배열한다. 이것은 세계로부터 나온 것은 아니다. 다시 말하면 이것은 "자연의 모방"은 아니다. 그것은 예술가의 심미적 창조성에서 나온 것이다. 세잔은 그러한 스스로의 창조에 재현적 요소를 덧붙임에 의해 추상과 구상의 중간쯤에 위치한다. 세잔의 재현적 덧붙임이 완전히 사라졌을 때 현대예술은 시작된다. 현대의 초상화가는 따라서 그 추상에 대한 추상적 묘사를 그의 영혼에서 *끄*집어내야 한다. 그것은 이를테면 심미적 기호이다. 성모의 아들에 대한 모든 애상은 이제 그 추상에서 요청demand된다. 성모의 애상으로부터 성모의 추상적 초상화가 그려진 것이 아니다.

먼저 예술가의 영혼 속에서 무엇인가가 솟구쳐서 화폭에 나열된다. 그리고 그것이 성모와 결합한다. 우리는 성모를 보는 것에 의해서가 아니라 그 기호적 추상을 바라봄에 의해 성모를 요청한다. 거기에 실재로서의 성모는 없다. 성모는 우리가 아는 바의 성모일 뿐이다. 그 성모는 추상적 성모에 지나지 않는다. 그것은 성모를 닮아서는 안 된다. 아니, 물론 닮아도 된다. 그 닮음은 전통적인 재현적 닮음이어서는 안 된다. 재현의 순간 성모는 고정되기 때문이다. 그는 단지 그의 추상화를 내던지고 그것이 성모의 초상이라는 공동체의 동의를 구해야 한다. 여기서 실패한다면 그의 예술은 실패한 것이다. 성공했다 해도 그것은 예술품으로서는 아니다. 그 성공은 예술가의 하나의 지향성의 흔적으로써이다. 심미적 성모라는 막연한 주제에의 추구가 잠정적으로 머무를 때 우리는 그것을 흘낏 볼 뿐이다.

이것이 모더니즘의 원칙이며 논리학이다. 모더니즘은 세계를 대체하는 상상속의 미학적 시스템을 제시한다. 어떻게 말하면 예술가가 대체할 세계란 없다. 왜냐하면 우리 모두는 세계에 대한 우리의 언어를 바라볼 뿐이지 세계 자체를 바라볼 수는 없기 때문이다. 과학자는 먼저 규약에 의해 정해져 있는 과학 교과서를 이해하고 그 교과서의 내용을 응용하고 심화한다. 즉 과학자는 선험적 명제들 안에 갇힌다. 그가 하는 일은 과학 교과서의 연구다. 물론 과학자는 때때로 세계를 창조하기도 한다. 코페르니쿠스(Nicolaus Copernicus, 1473~1543)나 아인슈타인 등은 새로운 과학을 창조했고 과학 세계는 이것을 승인했다. 이것이 과학 혁명이다. 과학혁명은 하나의 기적으로서 과학 세계에 있어 드물게 나타난다.

예술가는 항상 양식혁명의 상황에 처한다. 물론 예술가 역시도 전통적으로 정해진 양식을 자기 방식으로 그리고 세련된 방식으로 표현할 수 있다. 그러나 이것은 실재론의 시대에 해당하는 예술일 때에만 그렇다. 다시 말하면 각각의 작품이 내재적 의미를 지닐 때에 해당하는 이야기이다. 이때 같은 양식하에서는 변주가 가능하다. 따라서 르네상스는 어떤 의미로는 지오토Giotto di Bondone의 변주 이외에 아무것도 아니다. 이리한 변주는 안드레아 델 사르토(Andrea del Sarto, 1486~1530)의 혁명에 의해 끝을 맺는다. 따라서 심미적 측면으로는 아닐지라도 심미적 인식론에 있어서는 델 사르토가 레오나르도 다빈치나 라파엘로보다 위대하다. 음악에 있어서도 마찬가지이다. 바로크를 불러들인 클라우디오 몬테베르디(Claudio Monteverdi, 1567~1643)가 바흐(Johann Sebastian Bach, 1685~1750)보다 위대하다.

현대예술가는 누구나 지오토가 되어야 하고 몬테베르디가 되어야 한다. 경험론의 시대에 처한 예술가는 변주가 무의미하다는 사실을 알아야 한다. 경험론의 시대에는 오로지 새로운 양식의 창조만이 예술로서 존립이 가능하다. 따라서 모든 현대예술가는 — 만약 그가 쓸모있는 예술가라면 — 각각 지오토나 몬테베르디가 되어야 한다. 다시 말하면 현대예술은 오로지 새로운 세계의 창조와 감상자들의 승인에 의해서만 존재를 보증받을 수 있다.

▲ 안드레아 델 사르토, [성인과 함께한 피에타], 1523~1524년

언어의 예를 들어보자. 우리 모두는 확정된 언어의 시스템에 편입된다. 우리는 한국어 시스템에, 영국인은 영어에, 프랑스인은 프랑스어의 시스템 등에 편입된다. 이들에게 언어는 따라서 선험적인 것이 된다. 어떤 개인도 새로운 언어로 기지의 언어를 대치할 수 없다. 물론 여기서 얘기하고 있는 언어는 고유의 언어체계에 대해 말하고 있다. 각각 개인이 자기 언어에 대해 할 수 있는 것은 그 언어를 새롭게 배열하여 그 언어를 더 명석하고 더 세련된 것으로 만드는 것 외에 없다.

예술의 경우에는 그러나 이렇게 확정된 세계가 없다. 예술가는 언어와 같이 이미 고정된 세계를 가정할 수가 없다. 언어는 선험적transcendental이다. 예술은 언어와는 다르다. 세 개의 세계가 있다. 말해질 수 있는 세계, 이미 말해진 세계, 말해질 수 없는 세계, 첫 번째 세계가 현존이고, 두 번째 세계가 논리(명제, 언어의 형식)이고, 세 번째 세계가 신, 윤리, 예술 등의 세계이다. 현대예술이 처한 딜레마는 말해질 수 없는 것에 어떻게든 대응하려는 시도에서 생겨난다. 만약 그 세계가 단지 보여져야 할 세계라면 — 달리 생각할 수도 없는바 — 예술가가 가시적 응고물을 내놓을 수는 없다. 진정한 현대예술가들이 작품을 상품이나 부르고 아틀리에를 공장이라 부르는 이유는 그들이 스스로의 예술작품이 내재된 미에 의해 기능하는 것이 아니라 단지 자기 활동의 한 흔적으로 기능하고 따라서 호기심과 재미에 입각한 상품에 지나지 않는다는 사실을 자조적으로 인정하고 있는 소이이다. 그는 스스로가 하나의 언어를 새롭게 창조해야 하는 상황, 즉 말해질 수 없는 세계를 고형화시켜야 하는 상황에 처했다는 사실을 안다. 물론 어떤 개인이 새로운 언어를 불러들이는 시도를 하거나 새로운 과학을 불러들일 수 있다. 이것은 불가능한 시도이거나 혹은 하나의 기적이다. 그러한 일은 거의 가능성이 없다. 일군의 언어종사자들이 범세계적인 새로운 언어를 불러들이는 시도를 한바 이것이 에스페란토어이다. 그러나 이 시도는 실패한다. 언어의 역사는 소멸의 역사이지 생성의 역사는 아니다. 고전 그리스어가 사라졌으며 라틴어도 사라졌고 현재도 많은 언어가 아프리카와 아마존의 밀림에서 사라지고 있다.

과학의 경우에는 새로운 과학은 인류의 길고 긴 역사에서 단 몇 번 발생했을 뿐이다. 아마도 프톨레마이오스의 천문학이 새로운 천문학으로 바뀐 사건, 케플러에 의한 공전 궤도의 새로운 발견, 운동에 관한 뉴턴의 역학, 시·공간에 관한 아인슈타인의 새로운 가설 등이 아마도 과학에서 발생한 새로운 세계의 창조일 것이다.

예술가는 모두가 코페르니쿠스, 케플러, 뉴턴 등이 되어야 한다는 의무와 에스페란토 등의 새로운 언어를 불러들여야 한다는 임무에 처한다. 예술은 먼저 그것이 실천적 요구에 부응하는 것이 아니기 때문에, 다음으로는 우리의 지성보다는 우리의 직관에 호소하는 것이기 때문에, 마지막으로는 그것은 "말해질 수 없는 것"이기 때문이다. 우리에게 예술은 필요불가결한 것은 아니다. 우리는 그런 것 없이 살 수 있다. 예술에서 즐거움을 얻는다는 것은 인간의 미덕이지 의무는 아니다. "취미 판단에는 구속력이 없다"는 판단력 비판의 명제는 예술과 관련하여 언제나 유효하다. 예술에는 정해진 규약이 없다. 칸트는 물론 양식 자체의 선택에 있어서의 무차별을 말하고 있지는 않다. 그의 시대에 신고전주의가 아닌 시모네 마르티니나 두치오의 회화를 선택하지 말아야 한다는 것은 구속력 있는 명제가 된 것이다.

예술은 당시의 세계관에 준해야 한다. 현대예술은 거기에 확정된 독립적 세계란 없다는 세계관에 준해야 한다. 취미판단에 관한 한 각각의 개인은 자유롭다는 칸트의 언명은 따라서 동일 양식 내에서의 여러 예술작품에 관한 것으로 한정되어야 한다. 현대예술가들의 난국은 현대의 세계관이 무한한 자유와 무한한 창조에 관해 열려 있다는 사실에 의한다. 현대의 세계관은 적극적으로positively 규정되지 않는다. 현대는 세계가 이러저러하다고 말하지 않는다. 단지 "세계는 이러저러하다고 말할 수 없다"라고 규정한다. 이때 세계를 지배하는 원리principle는 단지 규약에 의한다. 이 규약은 우리의 실천적 요구에 준한다. 예를 들면 과학, 법률, 언어 등은 규약에 의한다. 공동체를 공동체로 만드는 가장 중요한 요소 중 하나는 세계에 대한 공동의 물리적 종합, 즉 과학이다. 그것이 없다면 그것은 이미 공동체는 아니다. 또한 공동체의 사회적 행위의 종합적 합의인 법률이 없다면 그것은 공동체일 수 없다. 언어도 마찬가지이다.

예술은 그러나 공동체를 위해 필수적인 것은 아니다. 우리는 예술 없이도 공동체를 구성할 수 있다. 따라서 예술은 굳이 규약으로 정할 필요가 없다. 이것은 비단 예술만의 문제가 아니다. 형이상학, 미학, 정치

철학, 윤리학 등은 모두 공동체를 구성하기 위한 필연적 규약은 아니다. 다시 말하면 비트겐슈타인이 말한바 "말해질 수 없는 것"은 모두 공동체의 규약적 체계가 아닌 것들이다. 규약을 벗어나는 이러한 것들, 즉 우리가 하나의 "의미의 응고체"라고 말할 수 있는 것들은 확정될 수도 고정될 수도 없다. 그것들은 행위에 의해 보여져야 할 것들What must be shown이다.

　따라서 현대예술가는 작품을 창조하고 그것에 머무르기 위해 예술 활동을 하는 것이 아니라 단지 예술 활동을 위한 예술 활동을 해야 한다. 이것이 "예술을 위한 예술art for art's sakes"의 본래적인 의미이다. 이것은 심지어 예술만의 문제가 아니다. 우리의 도덕은 도덕을 위한 도덕이며, 우리의 삶은 단지 삶을 위한 삶이어야 한다. 따라서 단지 순간에 처하는 예술가의 "예술 활동"만을 볼 수 있을 뿐이다. 현대예술 작품이라고 일컫는 것은 단지 예술가들의 활동과정의 잔류물이며 찌꺼기일 뿐이다. 우리가 그 작품을 보고 있을 때 예술가들은 이미 재빨리 달아나고 있다. 활동을 위한 활동을 위해.

　의미의 소멸이 현대의 비극이며, 무한대의 자유가 그 반대급부로 현대에 주어졌다. 우리의 과학이나 법률 등이 우리에게 구속력을 행사하는 것은 그것이 그것들이 의미를 지녀서는 아니다. 그것은 단지 필요에 의해서이다. 그러나 예술, 도덕, 형이상학 등은 쓸모를 주장할 수 없다. 더구나 쓸모에 정해지는 의미조차도 실체를 지니기 때문에 의미를 지니는 것은 아니다. 그것은 가언적으로 존재한다. 다시 말하면 그것은 단지 수사적rhetoric인 것이다. 만약 어떤 것이 쓸모 있다면 그것은 우리에 의해 의미 있다고 가정되는 것이지 전통적인 견지에서의 고형화된 의미는 아니다. 따라서 지상에 존재하는 것은, 다시 말하면 새장에 존재하는 것은 단지 가치일 뿐이다. "세계의 의미는 세계 밖에 놓인다." 이 세계에서는 있는 것은 그대로 있고, 발생하는 것은 그대로 발생한다The sense of the world lies outside the world. In this world everything is as it is and happens as it does.

도덕, 형이상학, 예술 등은 세계 밖에 놓여진다. 왜냐하면 이것들은 의미체계the system of sense이기 때문이다. 이때 우리는 행동으로 새장 밖의 세계로 향하고 있음을 보여야 한다. 물론 우리는 무엇을 지향하고 있는지 모른다. 심지어는 거기에 무엇인가가 있다는 확신조차 할 수 없다. 그러나 우리는 "말해질 수 있는" 이 세계에 머무를 수만은 없다. 우리에게는 도덕과 형이상학과 신앙과 예술을 향하는 충동이 있다. 물론 세계 내에 머무른다고 해서 거기에 어떤 오류가 있는 것은 아니다. 그것도 좋다. 어차피 의미를 알 도리가 없다면 의미가 구속력을 지닐 수는 없다.

이때 스토아주의와 향락주의가 갈라진다. 전자의 태도가 새로운 스토아주의라 할 만한 실존주의이며 후자가 향락주의이고 힘, 혹은 돈의 우상화이다. 따라서 도덕, 형이상학, 신앙, 예술 등은 의무가 아니다. 의무는 단지 지상에 있어서의 규약의 이행이다. 만약 그가 세계 밖의 무언가를 향한 끊임없는 노력을 행위로 보인다면 그는 확실히 의무를 넘어서는 무엇인가를 하고 있다.

모더니즘 양식은 가치체계를 차갑게 묘사한다. 모더니즘 양식의 의의는 "말해질 수 있는 것"만을 건조하게 묘사함에 의해 이 세계에는 의미를 위한 장소는 없다는 것을 보이는 데 있다. 따라서 모더니즘 예술은 한편으로 초연하며 다른 한편으로 냉담하다. 그것은 세계가 어떠한가를 보임에 의해 거기에서 모든 낭만을 제거해 버린다. 이 세계에서는 희망을 가질 수도 확신을 가질 일도 없다. 모두가 가치의 체계에 예속된 채로 덧없는 삶을 살아갈 뿐이다.

모더니즘은 현대 문명의 긍정이라는 얼치기 철학자와 비평가의 평가는 그야말로 얼빠진 판단이다. 묘사와 긍정은 전적으로 다른 것이다. 어떤 경우 묘사description는 비극성을 보인다. 그러나 모더니즘 예술가들은 비판도 없다. 모더니즘은 단지 우리 삶을 매우 중립적인 것으로서, 그것은 의미도 목적도 지니지 않는다는 것을 보일 뿐이다. 기술 명제descriptive proposition가 전체 세계이다. 헤밍웨이는 슬픔도 기쁨도 없이 단지 살기 위해 살아가는 인간 군상을 그릴 뿐이며 몬드리안은 우리가 세계라고 부르는 기호적 체계를 제시할 뿐이다. "술에는 감상을 섞지 말라. 술맛을 망친다." 감상은 의미이기 때문이다. 세계 내에 의미가 들어와서는 안 된다.

8

키치의
문제

the Case

of Kitsch

모더니즘 시대에는 두 종류의 키치가 번성한다. 어떤 견지에서 보자면 키치가 본격적으로 유행하기 시작하는 것은 바로 이 시대이다. 특히 모더니즘 시대에서의 키치는 시대착오에 의한다. 사실주의와 인상주의 시대에서의 키치는 선험적 의미를 도입함에 의해서였다. 모더니즘 시대에 들어와서의 의미는 그것이 선험적이건 경험적이건 무조건 키치이다. 실존주의와 그 심미적 카운터파트인 모더니즘은 물론 강인하고 결의에 찬 인생관을 요구한다. 그것은 부조리에 의해 조건 지워진 것이다. 이 윤리의 예술적 대응이 비구상이다. 재현은 안일한 모방이다. 이 것은 베낄만한 모범이 있을 때에 해당한다. 다시 말하면 현대의 윤리가 매 순간의 갱신을 요구하며 모방적 삶을 거부할 때 현대예술은 재현을 거부하며 매 순간의 갱신에 매달린다.

간단한 질문을 예술가에게 할 수 있다. 작업의 순간에 재현과 추상 중 어느 것이 더 힘들게 느껴지는가? 모든 현대예술가들은 추상이 어렵다고 답한다. 이것은 윤리에 있어서도 마찬가지이다. 어떤 윤리적 사람을 닮으려 노력하는 것과 스스로 매순간 윤리를 갱신해 나가는 것 중 어느 것이 더 어려운가?

다음과 같은 예를 들어보자. 매우 초라한 행색의 불구자가 추운 겨울날 거리에서 구걸하고 있다고 하자. 우리의 가장 흔한 대응은 우리가 배운 바의 윤리적 행위를 하는 것이다. 이것은 매우 쉽다. 우리는 그 행위를 재현, 즉 모방하면 된다. 이러한 모방의 자선은 한동안 계속될 수 있다. 그러나 그의 마음속에 어떤 의심이 싹튼다. 그것은 배운 바의 윤리적 행위가 과연 실재reality인가이다. 현대철학이 "우리는 실재에 대해 안다고 말할 수 없다"라고 규정할 때 윤리에서 규범으로 살아야 할 윤리적 행위가 동시에 증발한다는 것을 그는 느낀다. 그는 윤리적 행위에 있어 모든 것은 스스로의 자발성과 창조에 달려있다는 사실을 알게 된다. 다시 말하면 법의 영역에 있지 않은 모든 사회적 행위에는 어디에도 구속력이 없다는 사실을 알게 된다. 이제 그 불행한 사람과 관련해서 어디에도 지침은 없다. 그는 스스로의 윤리에 관한 한 거기에 말해질 것은 없으며, 단지 행위만이 남고 그 행위는 더구나 전적으로 자신에게 달려 있다는 사실을 깨닫게 된다.

그는 그 자선이 유효한가에 대해 의심을 품는다. 그것은 사실 그 사람의 독립성과 자발성을 꺾을 수도 있다. 장애인이 만약 자선에 의지해서만 산다면, 그리하여 자립의 의지가 그에게서 소멸한다면 그는 먼저 인간으로서의 자부심과 자존심을 모두 잃게 된다. 과연 자선이 옳은 것인가? 만약 옳다면 그 한계는 어디인가? 자선과 독립에의 촉구의 경계는 어디인가? 그것은 계량화될 수 있는가?

만약 그 장애인을 자선과 독립에의 촉구와 우리의 도움에 의해 사회적으로 가장 이상적인 상태에 가져다 놓는다면 이제 우리가 그에 대해 할 수 있는 것은 다 한 것인가? 그러나 우리는 곧 알게 된다. 우리의 최선이 그 장애인의 궁극적인 행복을 불러오지 않는다는 사실을. 우리는 사회적 행위를 다함에 의해 혹시 자신의 윤리적 가책을 모면하려는 것은 아닌가? 그 행위는 혹시 감상에 의한 것은 아닌가? 아니면 단순한 감정이입에 의해 자기 역시도 사회적 약자의 입장에 처할 수도 있다는 이기심에 의한 것은 아닌가?

가장 궁극적인 중요성을 가지는 것은 그 장애인의 행·불행이다. 우리는 곧 안다. 그 장애인은 우리의 사회적 도움에 의해 극단적인 고통을 벗어났을 뿐 행복하지는 않다는 사실을. 그의 장애 자체가 어찌해 볼 수 없는 고통이라는 사실을. 그것은 먼저 그의 운명에 의해 조건 지어져 있다는 사실을. 우리가 그 사람이 되지 않는 한 자신은 그의 불행에 대해 안다고 말할 수 없음을. 이러한 고통이 아마도 부처를 보리수 아래에 가져다 놓았을 것이다. 인간이란 생로병사에 지배받는 한심하고 불쌍한 존재라는 사실이.

그의 윤리적 행위는 매 순간 갱신될 수밖에 없다. 그가 어떤 윤리적 행위에 머무른다 해도 그의 윤리적 책임감에는 끝이 없다는 사실을, 결국 매 순간 새로운 윤리적 행위의 창조상태밖에는 할 수 있는 일이 없다는 사실을 알게 된다. 가출과 고통이 윤리의 끝이라면 왜 부처가 보리수 아래에서의 단식을 해야 했겠는가? 부처는 깨달았을 것이다. 생로병사에 대한 그의 윤리적 행위는 그것을 직시하고 매 순간 공감과 감정이입에 의해 새로운 연민과 나눔을 실천하는 것임을.

예술도 이러한 심미적 갱신의 운명에 처한다. 그는 심미적 이상은 말해질 수 없는 것임을 알고 있다. 그러므로 모방 혹은 재현으로서의 예술은 불가능하다는 사실을 깨닫는다. 그렇다면 그의 심미적 행위는 어떠한 것이 되어야 하는 것일까? 그는 먼저 전통적인 규범을 따른다. 그것은 아카데미에서 배운 것이다. 그러나 곧 알게 된다. 그것은 거짓된 미임을. 그는 나름대로 이런저런 심미적 시도를 한다. 이것은 물론 전적으로 추상이다. 그러면서 그는 그의 그림 안에 심리적 요소를 고정시키려는 시도를 한다. 다시 말하면 그는 "아름다움"은 말해질 수 없는 것이고 따라서 고정시킬 수도 작품에 내재시킬 수도 없다는 사실을 어렴풋이 알고 있을 뿐 그것을 전적으로 벗어나지는 못한다. 자신은 궁극적으로 자유로운 사람, 그러나 그 자유는 전적인 창조를 조건으로 하는 것임을 어렴풋이 알고 있을 뿐이다. 누구도 그에게 그의 자유와 창조에 의해 말해주지 않는다. 그것을 말해줄 사람들은 영원히 만날 수 없다. 그들은 이미 소멸했다. 칸딘스키, 몬드리안, 미로, 마르크(Franz Marc, 1880~1916) 등은 이미 사라졌다. 그는 홀로 분투해야 한다.

만약 그에게 천재성이라는 저주가 내려졌다면 그는 어느 순간 갑자기 모든 것을 알게 된다. 그가 딛고 설 땅은 없다는 사실을. 그는 전적인 자유라는 선물을 받았지만 창조 가운데 살고 창조 가운데 죽어야 한다는 사실을. 휴식이란 그에게 곧 죽음이란 사실을. 결국 아름다움은 실재가 아니라 추구였다. 예술작품이 중요한 것이 아니라 현재 예술적 가치를 추구하는 그 행위, 그렇게 매 순간을 살고 있는 내가 중요했다.

위대한 오컴은 그의 면도날로 신과 인간의 세계를 가른다. 이것은 인간이 아니라 신을 구원하기 위해서였다. 그는 신이 인간의 언어 가운데 끝없이 타락해가는 것을 참을 수 없었다. 천상과 지상을 갈라 인간의 구속력 있는 언어는 단지 인간에게만 행사될 수 있어야 했다. 왜 세계를 이원화하는가? 왜 두 세계를 가정하고 한갓 인간의 발명에 지나지 않는 개념 안에 신을 가두려 하는가? 인간은 인간의 세계에 머무르고 신을 거기에서 배제함에 의해 세계는 일원화되어야 한다. 천상은 단지 우리가 말할 수 없는 세계이다.

비트겐슈타인도 같은 것을 말하고 있다. 그는 "말해질 수 있는 것"과 "말해질 수 없는 것"을 그의 면도날로 가름에 의해 규약과 규약이 아닌 것을 가른다. 신, 윤리, 예술 등은 인간적 삶에서 잘려나간다. 그것은 말해질 수 없는 세계에 속한다. 우리는 단지 일원화된 세계에서 살게 되었다. 그러나 그의 이러한 언명은 신과 윤리와 예술을 무의미한 것으로 돌리기 위한 것은 아니었다. 오히려 그것들을 보호하기 위한 것이었다. 그는 인간들이 그것들을 포착하여 인간적 언어로 설명하는 것은 그것들에 대한 모욕이라 생각했을 것이다. 그것들은 인간 가운데 머물러서는 안 되는 것이었다. 그것에 대한 우리의 언명은 불가능하다. 그것을 향한 우리 행위만이 남아 있을 뿐이다. 따라서 예술가는 끝없는 추구 가운데 살고 영원한 추구의 가능성 가운데 죽게 된다. 그는 매 순간 새로운 창조의 순간에 있다. 그에게 있어 더 이상 아무 의미도 지니지 못하는 예술작품이라는 잔류물을 유성의 꼬리처럼 남기고 예술가 자신은 이미 은하계를 벗어나 버린다. 따라서 예술작품은 더 이상 감상자에게 주의 깊은 감상의 대상이 되지 못한다. 예술가는 거기에 의미를 담지 않았다. 따라서 전통적인 의미에 있어서의 미는 거기에 없다. 그것은 그가 저버리고 새로운 세계로 진입하기 위한 도약대로 작동할 뿐이다. 그것 자체가 도약이 아니다.

그것은 마치 부처가 "빈자의 일등(貧者一燈)"을 들고 나온 그 여인네가 지닌 헌신과 처연함에 대한 연민과 존중이 뒤섞인 복잡한 심정으로 어깨를 만져주는 것과 같다. 만약 어깨를 만졌다면 그렇다. 이것이 물론 부처와 관련하여 아무런 의미도 지니지 못하는 것은 아니다. 오히려 반대이다. 그러나 이 행위가 부처의 수행과 도덕률의 모든 것이 담긴 것은 아니다. 그것은 부처가 남겨놓고 가는 하나의 흔적이다. 이것을 안다고 해서 부처와 그 수행에 대해 알 수 있지도 않고 더구나 거기에 부처와 불교를 고정시킬 수도 없다. 우리는 부처에 대해 단지 알기 위해 노력할 뿐이다.

작품으로서의 현대예술도 이와 마찬가지이다. 그것은 단지 본질적인 것의 가시적인 흔적일 뿐이다. 작품에는 어떤 포괄성도 궁극성도 없다. 이것은 부처가 그 여인네의 어깨를 한번 만지는 것과 같이 그의 끝없는 심미적 노력 가운데 가시적으로 보여지는 하나의 이정표일 뿐이다. 그러므로 그것 역시도 행동 자체는 아니고 그 잔류물일 뿐이다.

키치는 작품 자체에 무엇인가를 고정시키려 한다. 무엇인가를 고정시키기 위해서는 의미를 불러들여야 하고 의미는 우리가 궁극적인 무엇인가를 알며 그것을 닮을 수 있다는 것을 가정하고 있다. 따라서 현대에 있어서의 모든 재현은 키치이다. 사실주의와 인상주의 시대에는 경험의 종합 이전에 존재한다고 가정되는 실재의 모방이 키치였다면, 현대예술에 있어서는 모든 재현이 키치이다. 신사실주의 예술은 물론 무엇인가를 재현하지만 그것은 재현을 부정하기 위한 재현이고 키치를 부정하기 위한 키치일 뿐이다.

다시 부처의 예로 돌아가 보자. 부처가 그 여인네의 어깨를 만진 것은 그 행위가 도덕이나 신앙의 본질 혹은 실재를 포괄하는 것으로서가 아니다. 부처는 단지 그때에는 그것이 옳다는 심정적 동기에 의한 것이다. 같은 상황에 부딪혔을 때 부처는 그 여인네에게 동일한 공감의 표시를 하지는 않을 것이다. 그것은 이미 하나의 형식이 되고 형식은 소멸되어야 하기 때문이다. 그것은 갱신되어야 하는 행위가 된다.

마르셀 프루스트는 그의 《잃어버린 시간을 찾아서》에서 성당의 자애와 관용이 형상화된 여인들의 조상의 표정을 보는 마르셀이 거기에서 무엇인지 모를 역겨움을 품는 것을 묘사한다. 주인공은 후에 성장하여 만난 사람 중에 진정한 자애와 관용을 가진 사람들은 그러한 겉으로 드러나는 미덕의 표정보다는 오히려 냉정하고 차가운 표정을 지니고 있으며 불행과 고통을 직시한다는 사실을 기술한다. 자애와 관용은 그것을 형상화할 실재를 고정시킬 수 없다. 따라서 자애와 관용은 그것이 모방할 대상을 찾지 못한다. 거기에 자애와 관용은 없다. 거기에 있는 것은 무엇인지 모를 인간적 공감을 향해 노력하는 자신만 있을 뿐이다.

어쩌면 부처는 일등을 든 그 가난한 여인네에 대해 순간적으로 공감을 고정시켰을 수도 있다. 그러나 이것은 거기에 머무르기 위한 것은 아니다. 그것은 새로운 연민으로 갈 때의 하나의 흔적일 따름이다. 마찬가지로 몬드리안의 구성은 세계의 심미적 실재와 관련된 것이 아니라 심미적 실재의 탐구과정의 하나의 행위일 뿐이다. 부처의 연민이 순간적으로 그 여인네의 어깨에 고정되듯 몬드리안의 세계는 순간적으로 그의 구성에 머물렀다. 부처님의 행위는 윤리를, 몬드리안의 구성은 심미적 실재를 대체했다. 그러나 이것은 그야말로 순간적인 것이며 새로운 것으로 갱신되기 위한 것이다.

잠정적인 세계, 버려질 세계는 재현적일 수 없다. 재현적 세계는 거기에 의미를 담는 것이며 따라서 모든 것의 공준, 윤리학에서의 행위의 원칙, 예술에서의 이데아의 모방이기 때문이다. 부처의 하나의 행위가 어떻게 윤리를 유출시키는 행위의 준칙이 될 수 있겠는가? 따라서 현대에 들어 모든 재현, 모든 포괄성, 모든 휴식은 키치이다. 그것은 거기에 없는 품위와 진실을 주장하며 거드름을 피운다. 그것은 어쩌면 한때 재현이 유의미했던 과거 예술의 잔류물이다. 그러나 그것은 시대착오이고 따라서 키치이다.

키치가 의미를 끌어들이며 갱신을 향하는 우리의 발을 묶어 두기 위한 것이라는 사실을 명심하자. 또한 그것은 언제나 "이차적 눈물"인 것을 명심하자. 이 추상의 시대, 행동의 시대에 읽혀질 수 있는 고형적 대상을 제시하는 것은 따라서 모두 키치이다. 그것은 갱신을 향하는 우리를 안일과 의미 속에 안주하도록 기만한다. 리하르트 슈트라우스(Richard Strauss, 1864~1949)와 구스타프 말러는 쇤베르크, 안톤 베베른 등이 무조성을 도입하여 음악에서의 조성체계라는 이데아를 구축해내려 애쓸 때 여전히 전통적인 음악 어법 속에서 번성한다. 이들의 음악은 전자의 경우에는 키치적 허장성세이며 후자의 경우는 눈물에 젖은 시큼한 키치sour Kitsh이고 어느 경우에나 "구토"이다.

통속예술이 그 통속성에 솔직한 한 키치는 아니다. 그것은 값싼 소비제이다. 통속예술의 특징은 변치 않는다는 것이다. 그것은 언제나 재현적이다. 그러나 그 재현성이 변주된 모습으로 스스로가 현대예술과 명예를 나누겠다고 덤벼든다면 그것은 키치이다. 이러한 코미디는 예술시장에서 계속 있어 왔고 현재도 있다. 현대의 중국예술이나 한국예술 대부분은 재현을 변주한다. 그러면서 그 변주가 지워지기 위한 것도 아니다. 그럼에도 그것은 진지한 존중을 원한다. 따라서 그것들은 키치이다.

재현적 키치만 키치인 것은 아니다. 어떤 경우 키치는 칸딘스키나 몬드리안을 흉내 내기도 한다. 그들은 나름의 만족감에 젖을 수도 있다. "나는 칸딘스키나 몬드리안의 예술을 훨씬 다채롭고 아름답게 만들었다." 그러나 말해진 바대로 현대예술은 창조의 과정만 있지 창조의 응고물은 없다. 있다면 그것은 하나의 계기이고 하나의 잔류물이다. 창조와 모방은 새롭게 갱신된다. 하나의 양식의 공유는 이미 키치이다. 공유된 양식 내에서 각각의 개성에 의해 예술가일 수 있었던 시기는 실재론의 세계에서였다. 이때 양식은 이데아였다. 그러나 이데아에 대해 말할 수 없게 된 새로운 세계에서는 예술은 새로운 양식의 창조가 아닌 한 무의미하다. 거기에서 공유되는 양식은 없다. 그러므로 칸딘스키나 몬드리안의 양식을 흉내 내는 것은 이미 예술적 행위는 아니다.

이것 역시도 양식의 창조에서 창조된 양식으로 눈을 돌림에 의해 "이차적 눈물"이 된다. 따라서 키치이다. 얼마나 많은 얼치기 예술가들이 이러한 원숭이가 되어 스스로를 장엄한 예술가로 만드는가를 생각하면 예술사의 임무는 분명히 드러난다. 비트겐슈타인이 철학은 단지 하나의 활동 — 학문이 아닌 — 이며, 그것도 단지 "말해질 수 있는 것"과 "말해질 수 없는 것"을 가리는 활동이라고 말했을 때 그는 철학자의 역할에 대해 매우 분명한 현대적 개념을 말하고 있다. 마찬가지로 미학자나 예술사가의 임무는 예술과 키치를 가르는 활동을 하는 것이다. 이때 하나의 양식의 창조와 그 양식의 모방을 먼저 갈라야 한다.

현대예술은 따라서 두 개의 기생적 예술을 가지는바, 하나는 시대착오에 기초한 재현적 예술이고 다른 하나는 양식의 모방이다. 다시 말하면 현대에 와서 키치는 본격적으로 융성하게 되었으며 그것도 가치 있는 예술을 압도할 정도로 번성하고 있다. 물론 무엇이 예술이고 무엇이 예술이 아닌가는 결국 미술 시장에서의 가치체계 이외에 없게 되었다. 실존은 본질에 앞서는 것처럼 가치는 의미에 앞선다. 어떤 예술작품이건 거기에 내재한 의미에 의해 예술이 되지는 않는다는 사실은 누차 얘기된 바이다. 이때 예술의 가치는 그 외연적인 요소, 즉 예술 시장에서의 값에 의해 갈리게 된다. 이러한 결론은 진정한 예술과 그 가치에 대한 매우 당황스러운 결론을 내포한다. 누구나 알고 있다. 어떻게 봐도 전혀 무가치한 예술작품이 자본, 거짓, 선전에 의해 얼마든지 가치 있는 작품으로 변모하고 매우 비싼 값에 거래되고 있다는 사실을. 그러나 이러한 상황에 대해 우리는 역시 현대적인 방법에 의해 해결해 나갈 수밖에 없다. 그 작품들은 물론 가치이다. 그러나 그 작품들이 비싸다면 그것이 걸작이다. 그렇지 않다고 생각하는 사람들은 이제 투쟁해야 한다. 그 사람들은 끊임없이 말해야 한다. 그것들은 무가치하다고. 그것들이 왜 진정한 예술이 아닌가를. 적어도 그들에게 이러한 자유는 있다. 만약 이것이 실패한다면 실패하고 있는 그동안에는 여전히 그 작품들이 걸작이다. 가치가 의미를 요청한다. 값이 그것들이 걸작임을 요청한다. 이것이 키치를 삶에서 구축(驅逐)하는 유일한 길이다.

9

영혼과 키치 ;
모더니즘과 키치

현대의 신앙도 윤리나 예술과 같은 상황에 처해있다. 우선 신과 거기에 준하는 율법은 "말해질 수 없는 것"에 속한다. 따라서 거기에서 신은 사라지고 믿는다는 사실만 남는다. 우리가 신에 대해 안다고 말할 수 없을 때 기독교적 신 혹은 이슬람의 신 등은 의미를 잃는다. 이제 신앙은 단지 믿기 위해 믿는다는 것 아외에 아무것도 아니다. 우리의 마음속에 있는 무엇인지 모를 무한을 향하는 성스러운 마음, 그리고 거기에 준하는, 경건하려 애쓰는 나의 행위만이 유일하게 가능한 신앙이 된다.

예술에서와 마찬가지로 신앙에서도 우리는 신을 향한 추구와 단련 가운데서 때때로 신과 신앙을 고정시키기도 하지만 그것은 단지 갱신되기 위해서이다. 우리는 "매일 파산한다." 구체적인 신앙의 행위는 따라서 소멸하게 된다. 우리의 신앙이 미사 전례나 혹은 예배의 형식 가운데 고정된다면 그것은 이미 신앙이 아니다. "말해질 수 없는 것"은 가시적인 것이 아니다. 윤리에서 말해질 수 없는 것을 이 세계에 끌어들일 때 거짓예언자가 되고, 예술에서의 같은 행위는 키치를 부르며, 신앙에서 신을 고정시켜 가시적으로 만드는 것은 곧 우상숭배이며 미신의 행위이다. 신앙에서의 우상숭배는 예술에 있어서 통속예술에 해당된다. 상상 속의 신은 단지 위안을 위한 소비의 대상으로 기능한다. 이때 신은 사라지고 신앙만이 있게 된다. 교파와 종교를 가르는 경계는 허물어진다. 신에 대해 안다고 말할 수 없을 때 거기 어디에 예수와 알라가 있겠는가? "예수가 누구의 이름으로 십자가에 못 박혔는가?"

현대에 들어 전 세계적으로 기독교의 인구가 급격히 줄어드는 이유가 여기에 있다. 신은 어두운 성당이나 성경 안에 존재하지 않는다. 신앙은 형상에 입각하지 않는다. 물론 현대에 더욱 공격적으로 변해가는 신앙이 있다. 그러나 그것은 우리 고찰의 대상조차 되지 않는다. 사실주의 시대 이후 세계의 중심은 의미에서 가치로 이동했다. 우리에게 "말해질 수 있는 것"으로 남은 것은 단지 가치뿐이다. 과거에는 의미에서 가치를 연역했다. 교권계급은 의미의 자리에 신을 가져다 놓았다. 이들에 따르면 세계는 모두 신으로부터 유출된 것이었다. 신이 그들의 공준이었다.

현대는 그러나 과거에 "유출된 것"으로 여겨지던 현존을 의미에 앞선 것으로 본다. 즉 현존이 먼저 있으며 의미는 — 만약 그러한 것이 필요하다면 — 가치에 의해 요청된다. 따라서 신은 무한한 것을 향하는 우리의 일상적 삶에 의해 요청된다. 만약 루터가 그의 이념을 끝까지 밀고 갔다면 거기에서 기독교적 신은 사라질 것이었다. 그러나 루터는 그의 이념에서 후퇴한다. "오로지 신앙만으로"가 "오로지 성경만으로"로 바뀌게 된다. 개신교는 근본적으로 나의 모든 순간에 있어서의 열성과 성실이 구원을 위한 간접적 증거라고 생각한다. 이것은 그들의 현존에 의해 신, 즉 구원이 요청되고 있는 것이었다. 기독교에 있어서는 이미 16세기에 매우 현대적인 실존적 신앙의 가능성이 있었다. 그러나 그들은 거기까지 가지 못했다. 결국 신앙과 이익의 충돌에서 이익이 또다시 승리했다.

일부의 종교는 아직까지도 신에게서 가치를 유출시킨다. 그러나 이것은 기만, 무지 혹은 절망의 결과이다. 기만과 무지는 신앙을 미신으로 만든다. 이것은 단지 통속적 신앙이다. 그러나 절망은 작은 문제가 아니다. 가치 경쟁에서의 패배자는 제일 먼저 의미에서의 우월의 가능성으로 후퇴한다. 현존에서의 비참함은 무엇인가에 의해 보상받아야 하기 때문이다. 이 후퇴의 토대는 무엇이라도 될 수 있다. 그것이 핍박받는 사람들에 대한 헌신이 될 수도 있고, 학문이 될 수도 있고, 신앙이 될 수도 있고 심지어는 환경보존이 될 수도 있다. 이것들은 엄밀한 의미에서 모두 키치이다. 현존에의 직시와 거기에서의 분투는 먼저 의무이다. 여기에 쏟아져야 할 노력이 원인으로서의 의미를 끌어들이는 것이 되면 이것은 모두 이차적 눈물이다. 수많은 인문학 교실이나 독서클럽이 가치체계에서의 패배자들로 메워진다. 여기에 매진하는 사람 대부분은 키치를 하고 있다. 왜냐하면 그들은 그것을 토대 삼고 거기에 착륙하기 때문이다. 신앙이 때때로 이러한 키치가 되고 만다. 그러한 자칭 독신자들은 현존은 신앙을 위해 희생할 값어치가 있다고 말한다. 그러나 이것은 "신 포도"이다. 그들에게 그럴듯한 현존이 없기 때문에 위안이 필요하다.

  이러한 경향이 극단적일 경우 근본주의fundamentalism가 된다. 즉 키치가 자체적인 증식에 의해 더욱 고집스럽고 파괴적인 자기주장까지 하게 된다. 키치는 현대 분석철학의 두 귀결의 사이에 있으며 두 귀결 모두의 전복을 꾀한다. 그들의 절망감은 복수를 원하기 때문이다. 말해진 바대로 경험론의 현대적 양상은 한편으로 향락주의와 다른 한편으로 실존주의이다. 키치는 제3의 양식이다. 향락주의는 주로 가치체계에서의 승자가 그들의 과실을 어떤 반성적 태도 없이 향유할 때 생겨난다. 키치는 위선적 향락주의이며 이차적 향락주의이고 무능한 향락주의이다. 그들은 의미를 가치로 둔갑시켜 나름의 승리 가운데 자족한다. 만약 그들이 가치체계의 승자였다면 그들 역시도 향락주의자였다. 그러나 그들은 거기에서 패배했다. 따라서 경쟁자가 없는 영역에서의 독단적 승리를 가치체계에서의 패배와 바꾼다. 그들의 의미는 곧 가치이기 때문에 또한 이차적이다. 진정한 현대인이라면 가치의 문제는 관심사조차도 아니다. 마르쿠스 아우렐리우스는 시노페의 그 냉소적인 철학자를 부러워했을 것이다. 그러나 욕구의 충만과 그 충족의 결여로 고통스러워한다면 통속적이거나 키치적이다. 이러한 일이 가장 극적으로 발생하는 예가 종교적 원리주의이고 이념적 민족주의이다. 그들은 현존의 세계에서 어떤 희망도 자부심도 느낄 수 없다. 그들은 패배했으며 또한 미래에도 승리할 가능성은 없다. 그들의 운명은 가난과 모멸감 속에서의 삶이다. 그들도 가치체계에서 승리하고 싶으며 향락을 누리고 싶다. 그러나 희망 없다. 이때 그들은 원리주의에 빠져든다. 근대의 상승하는 중산층 the rising middle class은 위로는 전제를 막아냈고 아래로는 원리주의의 부상을 막아냈다. 중산층의 존재는 그 사회의 구성원 전체에게 희망과 미래를 보장한다. 누구라도 역량과 성실성에 의해 중산층이 될 수 있다는 희망을 주기 때문이다. 물론 그 중산층은 향락주의라는 동기에 의해 추진력을 얻은 사람들이다. 그러나 누가 향락을 거부하겠는가? 모든 원리주의는 향락에 대한 질투심이 그 동기이다. 따라서 상당한 비율의 중산층의 존재만이 원리주의와의 전쟁에서 승리를 보장한다.

원리주의는 향락을 향하는 시각을 그들의 종교나 민족으로 돌린다. 키치가 언제나 그렇듯이 이들은 위선자가 되어 자기욕망을 의미로 둔갑시킨다. 통속적 욕구를 진지하고 심각한 의미로 둔갑시키는 것, 이것 역시 이차적 눈물이며 따라서 키치이다. 이슬람 원리주의는 이슬람 국가의 가난과 희망의 소멸에 의해 자양분을 얻고는 가난한 사람들의 의미가 되고 만다. 그들은 알라를 부르짖지만 사실은 충족될 수 없는 욕구, 즉 현세적 불만을 신에 의해 해소하고 있다.

다른 모든 것들이 의미가 될 수 없는 것처럼 종교도 의미가 될 수 없다. 하물며 특정 종교가 존재 의의를 가질 수는 없다. 기독교의 신, 이슬람교의 신, 힌두의 신 등을 말하는 순간 이들은 세계 밖의 의미를 세

계 안에 끌어들이고 있다. 이것이 키치이다. 모든 의미는 신과 관련해서
도 키치이다.

10

민족주의와
키치

N a t i o n a l i s m

a n d   K i t s c h

민족주의도 마찬가지이다. 민족주의를 통해 자기의 질투심을 해결하고자 하는 사람들은 먼저 국가가 민족에서 연역되었다고 주장한다. 이들은 민족을 등에 업은 전체주의자가 된다. 현대적 이념에 의하면 민족이란 환각적 집합이다. 거기에 말해질 수 있는 대상으로서의 민족은 없다. 다만 국가만이 현존해 있을 뿐이다. 민족과 같은 개념이 정말 필요하다면 국가에 의해 요청될 뿐이다. 부족 구성원들로부터 생겨난 민족은 사실은 허상이다. 족외혼이 아니라면 어떤 부족원도 생존할 수 없기 때문이다. 동일한 사회적 규약에 의해 경계가 그어지는 국가, 주권이라는 불가분의 최고권을 지닌 사회는 존재한다.

민족주의 역시도 국가적 조직, 즉 현실적 가치체계에서 실패한 사람들이 세계화를 반대하며 부르짖는 이념이다. 그들은 현실적 가치체계에서의 경쟁에서 패배했으며 또한 확대해 나가는 국가의 가치체계에서도 성공할 가능성이 없는 사람들이다. 혹은 소기의 성공의 가능성이 있다 해도 그것이 자신들의 역량과 의미에 대한 응분의 보상은 될 수 없다고 생각한다. 자신들은 일반적인 우매한 대중, 혹은 부패와 야비함에 젖은 중산층보다 훨씬 유의미한 사람들이므로. 그들 스스로는 모든 가치체계를 초월해서 존재하므로.

히틀러(Adolf Hitler, 1889~1945)의 나치즘 역시 민족주의를 교묘하게 이용했다. 그것은 이를테면 아리안 민족주의이다. 나치는 아마도 키치의 기만성과 잔인함을 가장 잘 이용한 예일 것이다. 그들은 국가라는 이념을 민족에서 연역함에 의해 국가를 우상화할 수 있었다. 헤겔의 국가관 역시 이러한 잔인한 어리석음에 기초했다. 그는 국가는 개인의 의미이며 국가의 개화가 모든 인간적 가치의 궁극적인 것이라고 말한다. 그러나 국가는 필연적인 것이 아니다. 지상세계의 모든 것이 우연이듯 국가 역시도 우연이다. "모든 것은 존재하는 그대로 존재한다." 그러나 민족을 국가에 앞서는 것으로 규정하는 것은 본질을 실존에 앞서는 것으로 규정하는 것과 같다. 어느 국가라도 민족주의라는 배타적 우월성에 의해 스스로 몰락할 가능성이 있다. 키치는 언제라도 건전한 불행을 병든 행복으로 교체함에 의해 발생한다. 병든 행복은 결국 병든 파국이 되고 만다. 독일이 일으킨 양차 세계대전은 키치가 인간을 어떻게 잔인하게 만들어서 어떻게 몰락시킬 수 있는가를 보여주는 하나의 예에 지나지 않는다.

우리가 키치를 경계해야 하는 것은 그것이 단지 하나의 거짓된 양식이기 때문만은 아니다. 그것은 자체로서 모든 좋은 것들, 모든 선을 향한 노력, 모든 분투 등을 헛된 것으로 돌리면서 스스로는 위선, 자기만족, 자기 우월성, 야비함, 잔인함에 잠기기 때문이다. 상스럽고 천한 향락주의는 노골적이다. 그렇기 때문에 삶을 좀먹는다 해도 경계의 가능성에 열려 있다. 그러나 키치는 위선과 거짓 속에 가장 상스러운 감정을 숨기기 때문에 더욱 위험하다. 어차피 적은 싸워서 이겨내야 할 상대이다. 그러나 우군을 주장하며 숨어드는 적은 거기에 저항할 기회조차 없애며 우리를 몰락하게 만든다.

11

지적
키치

지성의 반대개념은 놀랍게도 무지가 아니다. 무지는 언제라도 지성에의 추구에 열려 있다. 그러나 지성을 위장하는 무지는 스스로의 자기만족적 오만과 새롭게 닥쳐드는 깨달음의 기회에 이미 문을 잠그고 있기 때문에, 다시 말하면 무지와 오만이라는 이중의 악덕 가운데, 삶과 사회와 스스로를 몰락시킨다. 물론 당사자가 가장 먼저 그리고 가장 전면적으로 겪을 운명이다. 문제는 이러한 지적 키치는 몰락조차도 자기반성의 기회로 삼지 않는다는 데에 있다. 그들의 몰락은 이해받지 못하는 지성인이라는 자기변명과 세상에 대한 원망의 동기 제공에 의해 무가치해진다. 그들은 영원히 갱신될 수 없다. 이것이 키치가 통속성보다도 훨씬 더 부정적인 이유이다. 문제는 여기에 그치지 않는다. 지적 키치는 스스로 몰락할 뿐만 아니라 주변을 모두 파괴한다. 주변에 어떤 진정한 지성에의 요구를 지닌 사람은 언제나 스스로의 무지에 대한 자각 때문에 겸허하다. 자기 자신일 수 있는 사람은 겸허하다. 키치의 특징 중 하나는 그것이 절대로 자기 자신일 수 없다는 사실이다. 키치는 가식과 허위의식을 자양분으로 한다. 지적 키치에 잠긴 사람들은 겸허하게 진실을 추구하는 사람들을 열등감과 두려움 속에 잠기게 하여 그 심리적 근거를 붕괴시키려 시도한다. 그들은 진정한 사람들의 소박한 노력을 공공연하게 모욕한다. 수준 낮고 시대에 뒤떨어진 쓸모없는 지적 노력을 하고 있다고. 지성적 키치가 어떤 노력이라고 한다면 그것은 그들의 우월성을 과장하기 위한 허식적 지식의 수집을 위해서이다. 그들은 동료를 구한다. 그러나 그들이 동료를 구하는 양식은 모욕에 의하여서이다. 진정한 지성은 이렇게 소멸하고 만다.

　이러한 지적 키치는 그러나 단순히 스스로의 거짓 우월을 주장하기 위해서만은 아니다. 같은 얘기이긴 하지만 지적 키치는 삶과 현실에 대한 비겁하고 왜곡된 도취를 위해서도 공헌한다. 말한 바대로 현대는 가치가 의미를 대신하는 시대이다. 우리가 가치에 대해서 말하는 순간 더 이상 말할 것은 없다. 어떤 숫자가 새겨진 주화인가가 중요하지 주화의 지면을 이루는 금속에 대한 탐구는 진행될 여지가 없다. 가치체계의 패배를 보상할 수 있는 것은 스스로가 가치에 무심해지는 — 즉 그것을 의식하지 못하는 — 방법밖에는 없다. 가치를 부정할 수는 없다. 단지 그것의 부재 속에서 사는 것만이 가치체계에 대응할 수 있는 유일한 방법이다. 이것이 현대인에게 요청되는 품위이고 초연함이다. 의미에의 추구에 의해 열정을 고취 받은 사람은 자신의 가치를 묻지 않는다. 열정적 추구에 의해 자신을 보살피면 이번에는 가치가 그 사람을 돌본다. 그러나 가치의 돌봄이 뭐가 중요하겠는가?

가치체계의 의식은 거기에서의 승리자와 패배자 모두에게 고통을 준다. 승리자에게는 높은 획득을 위한 초조감 혹은 획득된 것에 대한 대견스러움을 주고, 패배자에게는 열등감과 분노와 질투를 준다. 확실히 거기에 가치체계는 있고 우리가 말할 수 있는 것은 그것밖에는 없다. 그러나 어떤 것의 존재와 그 존재를 전부로 아는 것과는 전적으로 다르다. 키치는 사실상 이 가치체계에의 집착에 의해 생긴다. 그들은 스스로의 패배를 가치체계보다 더 고상한 무엇인가에 의해 보상하고 있다고 믿지만 사실은 그것 역시도 가치체계에의 왜곡된 집착이고 따라서 전도된 가치체계에의 숭배다.

가치체계에 대한 탐구가 지성일 수는 없다. 그것은 단지 기능이며 지식이다. 우리의 공학, 의학, 법학 등은 모두 기술과 관련한 지식을 위한 것이지 본질적으로 지성을 위한 것은 아니다. 여기에 지성이 있다면 그것은 단지 부산물로서이다. 지성의 첫 번째 특징은 순수한pure 노력 가운데 실천적 요구를 잊는 것이다. 이러한 탐구는 그러나 "말해질 수 없는 것"에 대한 탐구이다. 따라서 거기에는 탐구만 있지 그 대상은 없다. 이것은 심지어 시간적 계기도 갖지 않는다. 이러한 탐구는 시간을 무로 돌리기 때문이다. 이러한 등식을 생각해 보자.

$$\lim_{a \to \infty} \frac{a}{x} = K$$

여기에서 K는 시간적 지속temporal duration으로서 물리적인 시간이고 한 사람의 일생이라는 한정된 시간이다. 따라서 그것은 유한확정값determinate value이다. 이때 a, 즉 활동이 무한대로 간다면 시간 역시 무한대로 가며 결국에는 사라지고 만다. 이것이 "시간의 소멸timelessness"이다.

만약 우리가 가치에 무심해지며 오로지 순수한 지성적 노력만을 한다면 그것은 a를 무한대로 가져가는 것이다. 이것이 비트겐슈타인이 말하는 바의 "행동으로 보여져야 할 것"에의 매진이다. 현재를 사는 것이 무한을 사는 것이다. 가치체계에 머무르는 것에 어떤 문제는 없다. 그것은 통속적인 삶이고 대부분의 사회 구성원들이 매몰된 삶이다. 누군가가 여기에서 희망 없음과 절망을 발견하고 행동으로 나선다면 그는 a를 증대시키기 위한 첫걸음을 내디딘 것이다. 여기에 완전한 몰두를 보여준다면 그에게 가치체계는 존재하지 않는 것이 되며 그는 한 명의 견유주의자가 된다. 이제 그는 죽음조차도 극복하게 된다. 내가 그것을 의식하고 두려움에 의해 그것을 승인해야만 죽음이 있다. 그러나 의식되지 않는 것이 존재할 수는 없다. 이것은 "존재란 곧 피인식Esse est percipi"이라는 버클리의 금언이 말하는바 대로이다. 죽음은 나의 문제이지 물리적 소멸의 문제가 아니다. 내가 죽음을 의식하지 않는다면 거기에 죽음은 없다. 죽음이란 죽음에의 의식이기 때문이다. 고통도 기쁨도

나의 의식 외에 아무것도 아니다.

키치는 행동을 하지 않으면서 행동을 위장하거나, 거기에는 없는 고형성 위에 착륙하고자 한다. 그들은 그 의미의 돌덩이를 가치체계에 내던진다. "너희는 극복할 수 있다." 그러나 가치체계는 무엇에 의해 파괴되기 위해 거기 존재하지 않는다. 또한 그것은 파괴되지도 않는다. 그것이 가치가 된 것은 이미 모든 지상적인 것들을 이겼기 때문이다. 승부는 결정되었다. 가치가 이겼다.

이것은 다음과 같은 예에서도 보여진다. 누군가 수학등수에서 뒤처졌다고 하자. 거듭된 노력에도 불구하고 성적에서 계속 패배했다고 하자. 그는 수리철학에 관한 책을 읽는다. 그러고는 패배를 보상받을 수 있다고 믿으면서 점수에서의 승리자들에게 말한다. "나는 비록 등수에서는 너희에게 패배했지만 수학의 본질에 대해 안다"고.

수리철학과 수학은 그러나 전적으로 다른 것이다. 이것은 과학과 기술이 다른 것 이상으로 다르다. 어떤 철학도 현재 등수에서의 패배를 보상할 수는 없다. 만약 그가 그의 패배를 만회하기 위해서가 아니라 등수에 상관없이 — 등수는 의식하지 않은 채로 — 수학의 본질이 지닌 인식론적 탐구에 매진하여 그 열정으로 심지어 자신을 잊는다면 그는 이제 지성적 노력을 하고 있으며 그 가운데 물리적 시간과 죽음조차도 극복하고 있다. 그러나 이 극복이 좋은 점수를 능가하는 것은 아니다. 이런 사람에게 등수는 이겨내기 위해 존재하는 것이 아니라 의식되지 않은 채로 존재할 뿐이다. 등수와 수리철학은 가치와 의미가 다르듯이 다르다. 그것은 새장 안과 새장 밖의 문제이다.

　새장 안의 세계와 새장 밖을 향하는 노력은 그 성격을 달리한다. 디오게네스(Diogenes, BC412~BC323)나 성 프란체스코나 모두 가치를 의식하지 않는다. 그들은 패배를 의식하지도 않았으며 승리를 원하지도 않았다. 그들에게 가치는 단지 관심의 대상이 아니었을 뿐이다. 키치는 가치를 경멸한다고 말하지만 사실은 가치에 대한 누구보다도 깊은 희구를 품고 있다. 이 가치에의 희구, 충족되지 않은 욕구에의 성마름, 승리자에 대한 분노와 질투, 자기 합리화에 의한 오만한 우월감 등의 복잡한 감정이 지적 키치를 부른다.

　지성은 만약 그것이 진정한 것이라면 무엇을 목적으로 하지 않는다. 지성의 목적은 단지 지성 그 자체이며 지성으로 향하는 행동 자체이고 지성적인 그 순간이다. 단지 경향만을 향한다는 점에 있어 지성은 대상에 착륙하는 가치와 다르다. 모든 순수함은 어떤 대상을 향하지 않는다. 다시 말하면 그것은 목적론적teleological이지 않다. 그것은 베르그송의 표현을 빌리면 단지 순수지속real duration일 뿐이다. 신앙은 헌신과 자기포기로 무한자를 향하는 노력이고, 예술은 무엇인지 확정시킬 수 없는 아름다움을 향하는 노력 자체이고, 지성은 역시 무엇인가로 고정되지 않는 순수한 지적 노력이다. 모든 새장 밖의 말해질 수 없는 세계는 이렇게 끊임없는 노력의 행위 이외에 아무것도 아니다. 새장 밖의 무엇인가를 고정시킬 때, 즉 새장 밖의 의미를 새장 안으로 끌어들일 때,

그리하여 그것들로 하여금 세상을 대체하려할 때, 그것이 키치이며 우리의 정신적 죽음이다.

죽음과 새로운 길

; 종교적 키치, 예술적 키치, 그리고 구원

초판 1쇄 인쇄 2013년 10월 15일
초판 1쇄 발행 2013년 10월 25일

지 은 이 조중걸
발 행 인 정현순
발 행 처 지혜정원
출판등록 2010년 1월 5일 제313-2010-3호
주　　소 서울시 광진구 중곡동 647-23 303호
연 락 처 TEL : 02-6401-5510 / FAX : 02-6280-7379
홈페이지 www.jungwonbook.com

디 자 인 이용희

ISBN 978-89-94886-37-4 03100
값 35,000원